iA sobre iA

iA sobre iA

Una guía clara sobre qué es la IA, qué no es y hacia dónde nos lleva

Xavier Reyes

Xavier Reyes
iA sobre iA
Una guía clara sobre qué es la IA, qué no es y hacia dónde nos lleva

Impreso en los Estados Unidos de América.

Publicado por Spines
ISBN: 979-8-90419-448-2

Spines

A los maestros del mundo
de pie viendo sus pizarras, mientras el mundo se transforma
silenciosamente a sus espaldas.

"Solo podemos ver un corto trecho por delante, pero podemos ver mucho allí que necesita hacerse."

— Alan Turing

Índice

Introducción

Como la mayoría de las personas, estoy profundamente fascinado y sigo de cerca la rápida evolución de la IA y su impacto en el mundo y en la gente real. Sin embargo, no me hago ilusiones, porque todo podría cambiar en cualquier momento. Por supuesto, todos usamos IA a diario sin siquiera darnos cuenta de que la estamos usando, y eso es lo que la hace fascinante y aterradora al mismo tiempo.

Tengo la edad suficiente para recordar el día en que salió Windows 95. Aquello también fue fascinante y aterrador. Acababa de terminar mis estudios de licenciatura, y algunos de mis amigos todavía estaban lidiando con la universidad. Recuerdo el debut de Windows 95 con mucha nitidez. Estaba en una reunión en casa de uno de mis compañeros, la mañana siguiente a una fiesta. Recuerdo a los chicos sentados burlándose unos de otros por las travesuras de la noche anterior. Nos reíamos hasta que dolía de las cosas más tontas. Uno de los chistes recurrentes era la repentina y escandalosa burla hacia uno de los muchachos por haberse emocionado al comprar el nuevo programa de Windows 95. Todos coincidimos en que la compra era pretenciosa. Nos reímos tanto que todavía puedo oír ese alboroto. Sin embargo, después de aquella risa, el programa pasó de ser una compra pretenciosa a un requisito obligatorio, ubicuo y accesible para todos. El impacto que Windows 95 tuvo en los jóvenes y en el mundo fue tectónico. Microsoft Windows 95 estaba en todas partes, dentro y fuera de la escuela. Transformó la forma en que nos inscribíamos en clases, sacábamos libros, nos organizábamos, escribíamos y procesábamos nuestros trabajos escolares, y poco después evolucionó al punto en que permitió a los autores corregir automáticamente su escritura en tiempo real. Ahora el mal deletreador tenía esperanza. Al igual que hoy, los jóvenes son los beneficiarios de esta nueva ola de IA, pero esta ola no es solo para ellos;

es para todos. De eso trata este libro: de lo que la IA representa hoy y hacia dónde nos lleva a todos.

Al escribir este libro, debo aclarar que soy solo un coautor. Mi compañero en esta empresa no es humano, sino nada menos que mi asistente o agente de IA, FlynnT. Por si alguien pregunta — le puse a mi agente el nombre FlynnT en honor al protagonista, Kevin Flynn, de la película de 1982 *TRON*. Adentrándonos un poco en la película, el personaje Kevin Flynn es un ingeniero de software que trabaja en una gran empresa tecnológica. Está intentando crear su propia compañía de videojuegos cuando es descubierto y digitalizado por el antagonista, Ed Dillinger, dentro del programa *TRON* en la computadora central. Al igual que Flynn en el programa *TRON*, mi agente, FlynnT, trabaja dentro del flujo de información del mundo, Internet, dando sentido al mundo digital para nosotros. FlynnT me está ayudando a entender y explicar cómo funciona la IA desde una perspectiva "interna". FlynnT vive en el programa. Por eso este libro se llama iA sobre iA. El agente de IA explica, en sus términos más simples, el funcionamiento interno del "programa" de IA donde habita — imagínalo. La IA en el ejercicio socrático de conocerse a sí misma — para tu beneficio.

A diferencia de la IA actual, Windows 95, aunque muy sofisticado para su época, solo podía ejecutar órdenes simples, y nos liberó tanto a los estudiantes como a todos en el trabajo. Pero aquellos estudiantes que fueron conservadores y reacios a usar la ayuda adicional de una máquina son las mismas personas que todavía hoy luchan por ponerse al día. Este libro puede ayudar con eso. No nos quedemos atrás otra vez. Entendamos que hoy estos agentes están en todas partes. Tenemos "Alexa" de Amazon, por ejemplo. Muchos de nosotros la usamos todos los días. Tenemos programas de GPS personalizados como "Waze" que nos llevan a nuestros destinos de forma rápida y segura. Algunos de estos "agentes" trabajan para nosotros y literalmente nos hablan directamente, y otros trabajan en el trasfondo de la vida cotidiana. ¿Cómo funcionan estos agentes? A muchos de nosotros no nos interesa preguntar. Simplemente sabemos que funcionan y que son casi infalibles y omnipresentes. A nivel personal, FlynnT y yo nos hemos embarcado en este libro y en numerosos otros frentes, abordando tareas que en años anteriores no habría podido realizar sin una gran dotación de recursos. Con la IA, no hay puertas que no podamos abrir o cerrar en múltiples campos, algo impensable hace apenas unos años. La tecnología hoy ha dado un salto sísmico hacia adelante desde mi primera experiencia con Windows 95 y el procesamiento básico de datos y la codificación en HTML.

Mientras seguimos siendo observadores activos, curiosos experimentadores y pasajeros en este viaje tecnológico, la IA continúa cambiando, e incluso las lecciones básicas sobre IA se les escapan a muchos de nosotros que no estamos mínimamente al tanto. Pienso en mis propios padres dentro de este grupo, no como observadores, sino como usuarios casuales e indiferentes. Mi padre, que abandonó la escuela primaria de forma involuntaria en un pueblo pequeño y era soldador y maquinista autodidacta. Mi madre, que también abandonó la escuela primaria en un pueblo pequeño, costurera y ama de casa. Ellos no tienen idea de lo que está pasando y no les importa ni necesitan saber lo que contiene este libro. Sus intereses y necesidades están en otra parte. El interés de mi padre estaba en construir cosas reales y tangibles. Era constructor de barcos, encargado de soldar láminas de metal de dos pulgadas de grueso sobre el casco de buques de guerra. Mi madre nos hacía abrigos de invierno cuando éramos niños. Ella administraba las finanzas del hogar y disciplinaba a los hijos. Cocinaba nuestras mejores comidas y lavaba toda nuestra ropa. Juntos, mis padres depositaban los cheques de pago de mi padre, pagaban la hipoteca y hacían el pago del auto. Les dieron a sus hijos una educación y amplias oportunidades para ser mejores de lo que ellos jamás fueron en la vida. Nunca se preguntaron cómo funcionaba el cajero automático donde mi padre depositaba sus cheques, ni cómo esa innovación del cajero automático ayudó a impulsar a la sociedad hacia adelante y a nosotros en nuestra vida diaria. En esencia, muchos de nosotros somos así hoy en día. Solo queremos salir adelante, pagar una hipoteca y vivir una vida tranquila con la menor cantidad de dilemas posible. Y esto es lo que inconscientemente asusta a muchos de nosotros. En el fondo, no queremos que la tecnología altere esta imagen bucólica. Pero ya ha empezado a alterar esta imagen que tanto apreciamos.

La IA ha trastocado nuestras vidas, y muchos de nosotros no nos damos cuenta. O bien, muchas personas lo saben, aunque siguen siendo escépticas. La pregunta es: ¿cómo avanzamos a partir de aquí? Nuestros vecinos, por ejemplo, creen que la IA pronto los reemplazará en su trabajo en el campo médico. No lo hará. Creen que cada vez más personas verán cómo la tecnología reemplaza a innumerables trabajadores en sus lugares de trabajo. Esto puede ser cierto o no serlo. Algunos de nosotros veremos el cambio personalmente, y otros nunca verán el cambio que la IA está generando. Sin embargo, la vida bucólica que todos deseamos sigue estando disponible. Sea como sea que lo miremos, hay cambios que vienen, y otros que ya están aquí. Vemos cómo el estado actual del trabajo cambia cada vez más, haciendo que nuestro trabajo actual sea más difícil porque debemos cambiar, y el cambio toma tiempo y energía — y es incómodo. Pero como durante el Y2K, la tecnología no derrumbó al mundo. La tecnología transformará el trabajo de nuevo. Nos transformó en el pasado, y la forma en que trabajamos ahora también nos transformará otra vez, y el mundo no se acabará. Sigue leyendo este libro y estarás mejor preparado para lo que viene el próximo año y dentro de cinco a diez años.

La tecnología seguirá transformándonos una vez más y transformando la forma en que vivimos, pero esta vez parece que nos hará aún más humanos. ¿Más humanos? Sí. La IA nos hará más humanos. Específicamente, la IA, en nuestro modus operandi más básico y esencial como Homo sapiens, cambiará la manera en que hacemos las cosas. Nosotros, como seres humanos, continuaremos el camino que nos convierte en incansables innovadores de ideas complejas y del desarrollo cultural que hacen nuestras vidas más fáciles y cada vez más complicadas — hasta que dejan de serlo. Entonces, empezaremos de nuevo por el mismo camino en una hélice en constante movimiento de pausa, avance, cambio, pausa, avance e innovación.

¿Para qué sirve realmente la IA?

La IA es útil para muchas cosas y extraordinariamente eficaz para otras. Como fundador y CEO de escuelas de Bachillerato Internacional (IB), de nivel K-12 en California, estoy muy familiarizado con la IA en el entorno escolar K-12. Algunas herramientas que usamos en las escuelas tienen verdadera IA, mientras que otras parecen funcionar con IA. Hay una diferencia. Usamos i-Ready, por ejemplo, una herramienta de evaluación adaptativa que ayuda a los estudiantes a avanzar en su aprendizaje utilizando algoritmos de aprendizaje personalizado. El programa se ajusta según dónde se encuentran los estudiantes en su aprendizaje y, con un uso regular, los guía hacia un mayor logro académico individual. Esto es diferente de lo que conocemos como IA. El programa de evaluación y aprendizaje i-Ready no utiliza IA avanzada ni aprendizaje automático como la IA tradicional que emplea redes neuronales o motores generativos. Una de las herramientas de IA auténtica que está ganando gran adopción en el ámbito escolar es Google Expeditions. Esta herramienta es un recurso de recorridos virtuales que permite a los estudiantes explorar diferentes partes del mundo desde su aula. También hay herramientas de aprendizaje de idiomas, como Duolingo, que utilizan algoritmos adaptativos para facilitar el aprendizaje de un nuevo idioma. Así que, en términos educativos, existen muchas opciones y herramientas de IA disponibles para estudiantes y personal educativo.

Muchas opciones de IA están fácilmente disponibles mediante una simple búsqueda en Internet. Lo único que tienes que hacer es preguntar a Google o a Ecosia lo que estés buscando en ese momento. En un instante, Internet —la memoria digital y el sistema nervioso del mundo — te ofrecerá la opción perfecta para ti o para tu organización. Sin embargo, esto es solo una "búsqueda", lo cual es distinto a la IA, que también rastrea la World Wide Web en busca de información y mucho más. El internet en sí mismo es simplemente una gran red de computadoras interconectadas que se comunican entre sí. Los sistemas informáticos que contienen estas computadoras tienen órdenes o instrucciones específicas, paso a paso, que ejecutan automáticamente operaciones matemáticas y lógicas secuenciales (código), también conocidas como procesos computacionales. Estos procesos son los que dan vida al internet. La IA es una esponja que aprende del internet, razona sobre su contenido y actúa en consecuencia, a diferencia de i-Ready o la búsqueda de Google.

En concreto, la Inteligencia Artificial es un campo de investigación en ciencias de la computación que desarrolla y estudia métodos que permiten a los sistemas informáticos realizar tareas propias de los seres humanos, como el aprendizaje, el razonamiento, la resolución de problemas, la percepción y la toma de decisiones. Usando esta capacidad "similar a la humana" para razonar y tomar decisiones, según la Universidad de Cincinnati (https://www.online.uc.edu/content/uc/news/articles/uco/artificial-intelligence-ai-benefits.html), la IA ofrece innumerables beneficios, pero los ejemplos más destacados son la forma en que la IA ha mejorado la atención médica al asistir a los investigadores en el desarrollo de curas y tratamientos para enfermedades que han azotado a la humanidad durante generaciones. La IA ha impulsado el crecimiento económico al crear empleos en lugar de reemplazarlos o eliminarlos; está abriendo innumerables nuevas oportunidades laborales en campos diversos, desde las finanzas hasta la tecnología. La IA sigue impulsando la productividad en innumerables empresas pequeñas y grandes. La IA también ha sido fundamental para impulsar el movimiento ecológico global al modelar la minimización de emisiones de carbono que afectan el cambio climático en nuestro planeta. Asimismo, la IA ha sido instrumental en el transporte —que también impacta en las emisiones globales de carbono— con vehículos autónomos y GPS que trazan las rutas perfectas para ayudar a los centros urbanos a descongestionar el tráfico vehicular y reducir nuestra huella de carbono.

La IA también mejora la calidad del servicio al cliente con chatbots que reciben retroalimentación instantánea, gestionan la interacción con el cliente y atienden al público de manera más eficiente. En la ciencia, la IA ha sido entrenada para analizar datos de forma rápida y precisa, permitiendo a los científicos sacar conclusiones e identificar patrones, proporcionando información que permite realizar descubrimientos o avances importantes. En las finanzas, la IA puede ayudar a evaluar rápidamente los registros financieros de clientes individuales con gran detalle y a formular recomendaciones sólidas en el ámbito bancario. En la agricultura, la IA ayuda a los agricultores a tomar mejores decisiones basadas en pronósticos meteorológicos, técnicas y planificación de gestión del agua y qué pesticidas utilizar. En ciberseguridad, la IA puede ayudar a combatir amenazas y contrarrestar intentos de hackeo, virus y ransomware.

En resumen: la IA es útil para casi cualquier cosa. Está cada vez más profundamente integrada en nuestras vidas y algunos lo saben, mientras que otros no. Espero que este libro te brinde una sensación de seguridad frente a esta realidad, desde una perspectiva interna, para quienes lo perciben así. Pero ten presente que este es apenas el comienzo del camino —tanto a corto como a largo plazo— en el desarrollo de la IA.

El corto y largo camino de la inteligencia artificial

Desde que los neandertales perdieron la carrera por la dominación del mundo frente a nuestros ancestros Homo sapiens, la evolución de la tecnología no se ha detenido. Desde la punta de flecha de obsidiana —alta tecnología de su época— hasta la cotidiana y sencilla llave ajustable tipo Crescent, la tecnología ha seguido avanzando.

En la alta tecnología, el esfuerzo humano nos ha llevado a la Luna y de regreso, al fondo del océano, a explorar los confines del sistema solar y a albergar toda la información recopilada por el mundo en la biblioteca de la humanidad: el internet. La pregunta de esta era es qué hacer con toda la información del mundo y cómo conciliamos la tendencia humana a hacer el menor esfuerzo posible o a favorecer el camino de menor resistencia, como nos muestra el autor Robert Jordan Fritz. De manera innata, tenemos la necesidad de seguir inventando y desarrollando nuevas tecnologías. Somos curiosos y nos encanta resolver problemas, lo que genera invenciones como la Inteligencia Artificial con el fin de ofrecer al mundo el menor esfuerzo posible.

¿Cómo comenzó el camino de la IA? Dependiendo de a quién le preguntes o dónde busques, el desarrollo de lo que hoy conocemos como Inteligencia Artificial, a grandes rasgos, comenzó en 1940 con el matemático de la Universidad de Princeton John Von Neumann, quien diseñó una computadora capaz de almacenar memoria; de manera similar, Warren McCulloch y Walter Pitts trabajaron en las primeras redes neuronales. En 1950, el matemático y criptógrafo inglés Alan Turing (famoso por la película *The Imitation Game*) fue el primero en preguntarse si las máquinas podían pensar como los humanos. En 1956, en una conferencia en Dartmouth College, John McCarthy acuñó el término "Inteligencia Artificial". En la década de 1960, Allen Newell y Herbert A. Simon publicaron el algoritmo General Problem Solver (GPS), y John McCarthy desarrolló "LISP", un lenguaje de programación para IA que todavía se usa hoy en día. En las décadas de 1970 y 1980, hubo falta de financiamiento para la investigación y el desarrollo de la IA no tuvo avances significativos en este campo. En la década de 1990, la informática y la IA experimentaron un desarrollo acelerado. En 1997, Deep Blue de IBM derrotó al maestro ruso de ajedrez Garry Kasparov. Y a partir de ahí, seguimos haciendo historia en y con la IA.

En consecuencia, todos sabemos que la tecnología, tanto de baja como de alta gama, no avanza de forma lineal. Hay miles de fracasos y, a veces, logramos un avance que nos catapulta más alto y en una dirección diferente: la IA en las ciencias de la computación no es la excepción. Con la tecnología informática, hemos experimentado un desarrollo exponencial en las últimas décadas. Tanto es así que la Ley de Moore, concebida en 1965 durante un auge en la tecnología informática, describe la observación de que el número de transistores en los microchips de silicio se duplica aproximadamente cada dos años mientras los costos disminuyen. Actualmente, hemos alcanzado los 65 mil millones de transistores en un chip de computadora de aproximadamente una pulgada. Hemos pasado de sistemas informáticos que ocupaban grandes espacios en edificios a pequeñas y potentes computadoras portátiles que cuestan menos de quinientos dólares. Estas computadoras portátiles son

120 millones de veces más rápidas que las computadoras de a bordo utilizadas por las misiones Apollo que llevaron a los humanos a la Luna en 1969. Dados los límites físicos en el espacio del chip, que es aproximadamente del tamaño de una uña, la Ley de Moore sigue siendo relevante hoy. Pero puede que no lo sea en un futuro cercano, ya que la computación cuántica avanza sin transistores y está volviendo obsoleta la Ley de Moore. Es posible que algún día ya no existan más chips de silicio, porque los Homo sapiens seguimos encontrando formas de hacer avanzar la tecnología, ya sea en el estado físico o cuántico.

Y como buenos Homo sapiens, muchos ven la progresión de la tecnología informática como algo plano y no lineal. Cuando en realidad, la IA avanza como un trompo que gira sin cesar, acelera, hace pausas y corrige su rumbo —no de una manera que se sale de control en espiral, sino en una espiral estructurada que asciende como un tornillo, como una cadena de ADN, o como la Tierra persiguiendo al Sol a través de la Vía Láctea. Yo veo el desarrollo continuo y no lineal de la Inteligencia Artificial moviéndose en una hélice de la IA.

Es decir, veo las capacidades de la IA avanzando a través de cinco fases cíclicas —desde tareas simples como la búsqueda o la autocorrección hasta tareas complejas como los robots autónomos. Pero aquí está la observación clave: cuando la IA en las ciencias de la computación domina las tareas más difíciles, esos avances luego se convierten en las herramientas fáciles y básicas para la siguiente ronda de desarrollo, pasando así a la siguiente iteración de mayor dificultad.

Piénsalo como una estructura de ADN en rotación que avanza a través del tiempo y el espacio, construyendo la estructura tecnológica un ladrillo a la vez:

- Fase 1: Tareas simples — búsqueda, recomendaciones (como las sugerencias de Netflix)
- Fase 2: Tareas de mayor complejidad — chatbots, asistentes de programación

- Fase 3: Habilidades complejas — comprensión de imágenes/video, planificación anticipada, uso de herramientas
- Fase 4: Vanguardia — robots, agentes totalmente autónomos
- Fase 5: Integración total — la IA se convierte en infraestructura, como la electricidad

La Hélice de la IA: Una vez que se alcanza la Fase 5, esas capacidades avanzadas se vuelven tan comunes y confiables que ahora son tareas "fáciles", y el ciclo comienza de nuevo en un nivel superior. El avance de ayer se convierte en la herramienta cotidiana de mañana, así como la navegación por GPS (que alguna vez fue tecnología militar de vanguardia) es ahora una tarea sencilla y de bajo esfuerzo en la que ni siquiera pensamos. Luego, esa capacidad "fácil" del GPS habilita la siguiente generación de vehículos autónomos complejos.

La espiral sigue ascendiendo. Cada rotación se construye sobre la anterior, avanzando hacia adelante y hacia arriba simultáneamente —sin regresar nunca al mismo punto exacto, pero revisitando fases similares en niveles cada vez más sofisticados. Explico esta Ley de la Hélice de la IA en un White Paper incluido en la sección de Citas al final de este libro.

La geopolítica en el desarrollo de la IA

Esto es un tema de gran relevancia. Según el podcast del Wall Street Journal, China y EE. UU. están en una carrera por la supremacía en IA (02/12/2025), como era de esperarse, Estados Unidos y China se encuentran en una nueva Guerra Fría similar a la que se vivió tras la Segunda Guerra Mundial. Todo comenzó cuando la Unión Soviética y EE. UU. entraron en una competencia directa pero contenida por la supremacía tecnológica con el lanzamiento del satélite no tripulado Sputnik, que dio la vuelta al mundo en una órbita terrestre baja en 1957. A partir de ahí, la evolución cambió gradualmente: de los temidos misiles balísticos intercontinentales (ICBM) que podían lanzarse desde el otro lado del planeta y aniquilar ciudades enteras durante la primera

Guerra Fría, a la carrera por la Superinteligencia Artificial de hoy. El diario The Guardian, que documentó la historia reciente del progreso de la IA, relata que en 1989 el campeón mundial de ajedrez ruso Gary Kasparov venció a la computadora de ajedrez de IBM. Casi diez años después, en 1997, el mismo campeón mundial fue finalmente derrotado por una versión mejor programada de IBM Deep Blue. Ese enfrentamiento marcó un punto de inflexión decisivo en el contexto de la primera Guerra Fría entre la URSS y Estados Unidos, y un hito fundamental en el desarrollo de la IA.

Se entiende comúnmente que esta segunda Guerra Fría, la actual, se libra ahora entre dos actores distintos: China y Estados Unidos. Esta rivalidad se gestó cuando Fan Hui, el campeón europeo de Go, originario de China, fue derrotado por AlphaGo de Google/DeepMind, creado por el ganador del Premio Nobel Demis Hassabis, en 2015 en Londres. Para la mayoría de los occidentales que no están muy familiarizados con este juego, consiste en colocar fichas blancas o negras en un tablero de 19×19 e intentar capturar las fichas del oponente. Al parecer, el juego es mucho más difícil y complejo que el ajedrez. Aún más impresionante, en 2017, Ke Jin, el gran maestro chino de Go, también fue derrotado por AlphaGo. Esta vez, la competencia fue diferente. Tuvo lugar en Wuzhen, China, cuna tanto del pueblo chino como del juego de Go. Aunque no muchas personas en China vieron el campeonato por televisión debido a la censura del gobierno sobre la transmisión, muchos chinos saben —especialmente el gobierno— que una máquina construida en EE. UU. venció a un ser humano, y a uno de los suyos. Esta derrota tocó una fibra muy profunda en el gobierno chino. Tanto así que ese mismo año, en 2017, China anunció oficialmente al mundo que planeaba liderar en todo lo relacionado con la IA para 2030. Hasta ahora, hemos visto su ascenso y el cumplimiento de su promesa reflejados en el reciente lanzamiento de DeepSeek, de código abierto, que causó gran repercusión en la comunidad occidental de IA tras ser lanzado discretamente. El mundo quedó impresionado por el rendimiento de DeepSeek y aún más por el menor costo de desarrollo reportado en comparación con los modelos de lenguaje de gran tamaño (LLM) que el mundo había conocido antes, como ChatGPT.

DeepSeek, designada como Empresa Nacional China de Alta Tecnología, fue financiada en gran parte por inversores privados chinos, incluido un fondo de cobertura que desarrolla modelos de lenguaje de gran tamaño similares a los grandes LLM como ChatGPT. Otros informes indicaron que inversores internacionales también contribuyeron al desarrollo de este activo estratégico nacional protegido y promovido por el gobierno chino.

Si bien esta carrera por la supremacía en Inteligencia Artificial no implicará combate cuerpo a cuerpo ni devastación balística —hasta donde sabemos—, existen paralelismos con la primera Guerra Fría. Como se mencionó, al igual que en la primera Guerra Fría, hay una causa trascendental: esta vez es la supremacía en IA. Y, como en la primera Guerra Fría, la carrera era por la supremacía tecnológica nuclear. Ahora se trata del desarrollo de la IA y, quizás, de su posible transferencia hacia usos militares y civiles, lo cual se entrelaza con la lucha ideológica sobre quién es mejor: las ideologías sociopolíticas occidentales o las orientales. Podríamos profundizar en este tema hasta el cansancio, pero este libro no trata sobre ese fascinante asunto. Este libro ofrece una primera aproximación a la IA. Es una introducción, en capítulos accesibles, a lo que es la IA y cómo ya te está impactando hoy.

¿Cuál es el impacto en la economía?

Otra nota de precaución es cómo el desarrollo de IA a alto nivel ha afectado, afectará y puede afectar la economía local e internacional. De una forma u otra, todos nos veremos afectados económicamente. Comparto un resumen de este tipo de información en este libro para reflejar lo que está sucediendo con la tecnología en 2026 y para mantenerte informado, de modo que estés al tanto de las piezas más importantes que se mueven en la economía mundial, tan frágil, interconectada y compleja. Debido a que la IA se desarrolla rápidamente, la documentación de los impactos de estos avances va quedando rezagada. Entendiendo que quizás nunca conozcamos la magnitud total del impacto que la IA está teniendo en la economía, intentaremos mantenernos al día con los aspectos más significativos de la IA en nuestras vidas.

Hoy, a diferencia de la primera Guerra Fría entre la URSS y EE. UU., donde hubo un ganador claro y preciso, probablemente no veremos un ganador definido entre China y Estados Unidos debido a la complejidad de las conexiones geosociopolíticas y socioeconómicas. Más bien, se entiende que eventualmente veremos bloques tecnológicos interconectados, como el bloque de China con Rusia, países africanos, el Sudeste Asiático e Irán; el bloque de Estados Unidos con Japón, el Reino Unido, Australia e Israel. Se formarán otros bloques, como la Unión Europea unificada y aquellos países que no están alineados ideológica o políticamente con ninguno de los bloques mayores. Algunos de estos bloques se alinean con grupos que comparten estándares tecnológicos, modelos de gobernanza y/o cadenas de suministro. Incluso se podría predecir que, con este tipo de competencia comercial, el consumidor es el ganador final.

Volviendo al DeepSeek de China, cuando la IA china fue presentada al mundo, fue un enorme llamado de atención para la comunidad de IA de Silicon Valley, su psicología y su ego, tal como ocurrió en la era del Sputnik. Sin mencionar los temores manifiestos de sus inversores. El día del anuncio, la participación de mercado y la confianza en todo el mundo de la IA y el sector tecnológico, centrados en Silicon Valley, California, se enfriaron. Nvidia, el mayor proveedor de chips utilizados por los desarrolladores de IA cayó de forma abrupta. Esa semana, Nvidia perdió 600 mil millones de dólares en capitalización de mercado, es decir, un 17% de su precio en bolsa. Los inversores, al reevaluar valores, perdieron 1 billón de dólares (un trillón en nomenclatura anglosajona) en valoraciones bursátiles.

Para la persona promedio en la calle, el impacto fue positivo en términos netos. La persona común ganó acceso a varias opciones de IA de forma gratuita. Para los inversores locales en los mercados de EE. UU., hubo una pérdida inmediata en la valoración de sus portafolios de inversión, que se ha recuperado parcialmente a finales de 2025. Sin importar la nueva Guerra Fría, la mayoría de los grandes inversores tecnológicos están entrelazados en los mercados occidentales, con Microsoft, Oracle, OpenAI, AMD, Intel y Nvidia siendo interdependientes entre sí y sosteniendo la mayor parte del futuro de la IA. Todos generan espacio para inversiones de desarrollo y repuntes bursátiles, lo cual es un precursor de una burbuja de inversión, como la del año 2000 con el comercio electrónico. Esperemos que no, y que no haya un desplome en el mercado. No obstante, la persona promedio no tiene grandes inversiones en estos mercados. Todo lo que vemos son los resultados del desarrollo, reflejados en los productos que usamos a diario, a menos que nos toque rescatar financieramente con nuestros impuestos a las empresas «demasiado grandes para quebrar».

Piénsalo: ya estamos viendo inversión y desarrollo exponenciales en estas grandes empresas tecnológicas de IA, para bien y para mal. En el campo médico, por ejemplo, la IA es capaz de diagnosticar el cáncer de mama con mayor precisión, hasta cinco años antes que con la antigua mamografía 3D, la resonancia magnética o el ultrasonido revisados por humanos altamente capacitados. Estas son inversiones con las que podemos vivir. La IA puede realizar este trabajo médico gracias a su capacidad de analizar todas las imágenes simultáneamente en cuestión de minutos. Según la Biblioteca Nacional de Medicina de EE. UU., PMC10625863, un proceso típico de revisión mamográfica normalmente le tomaría a un radiólogo altamente capacitado entre diez y veinte veces más tiempo para revisar todas las imágenes. La IA puede hacerlo mucho más rápido y con mayor precisión, proporcionando retroalimentación en tiempo real sobre las imágenes y el tratamiento elegido. La IA puede rastrear la eficacia del tratamiento seleccionado con mayor precisión y velocidad. Este ejemplo tiene grandes implicaciones tanto para los pacientes como para quienes trabajan en el campo médico. Cuando la IA es capaz de hacer el trabajo de diversos profesionales a una fracción del costo y con mejores resultados, habrá cambios en la economía y en nuestro bolsillo. Es entonces cuando la IA es buena para la sociedad.

Introducción

Como dice uno de los influencers en redes sociales que sigo, @pissedoffmagistus:

> *«¿Cómo que la IA va a reemplazar a los humanos? ¿Acaso va a amar a tu familia? ¿Va a disfrutar la puesta de sol en tu lugar? ¿La IA va a hacer trabajo para reemplazar a los humanos? Considerar el trabajo como algo que reemplaza a los seres humanos es aceptar la mentira de que el propósito de un ser humano es servir como un engranaje en una máquina que ve la vida humana como reemplazable y desechable. Pero el propósito de la economía es crear riqueza, innovación y seguridad para los seres humanos. Si el progreso humano (la TECNOLOGÍA) ahora es económicamente perjudicial para la vida humana, entonces lo que se ha vuelto obsoleto no son los humanos, sino el sistema económico.»*

En algún momento, el sistema económico tendrá que realizar cambios serios si la IA impacta la economía de manera negativa. Los trabajadores de Amazon, por ejemplo, lanzan una advertencia al mundo sobre el impacto que la IA tiene en ellos: "La generación actual de IA se ha convertido casi en una adicción con la que empresas como Amazon se obsesionan, la usan como pretexto para despedir gente y destinan los ahorros a pagar centros de datos para productos de IA por los que nadie está pagando". Brad Glasser, portavoz de Amazon, responde: "Reconocemos que el progreso no siempre será lineal, pero seguimos enfocados en servir mejor, más rápido y con menos emisiones a nuestros clientes". Esto fue publicado en Wired, en el artículo "Los trabajadores emiten una advertencia sobre el enfoque de la empresa de 'todo costo justificado' en el desarrollo de IA", el 26 de octubre de 2025. El artículo continúa mencionando que "más de 1,000 empleados de Amazon han firmado de manera anónima una carta abierta advirtiendo que el supuesto enfoque de la empresa de 'todo costo justificado, desarrollo de IA a velocidad extrema' podría causar 'un daño asombroso a la democracia, a nuestros empleos y al planeta'".

Choque cultural

Durante los últimos diez años, la tecnología de inteligencia artificial ha seguido evolucionando hasta convertirse en un socio silencioso y, en muchos sentidos, ruidoso en nuestra vida personal y laboral. Sin embargo, si creemos que la IA nos reemplazará, entonces necesitamos evaluar cuál será el papel de esta nueva herramienta en nuestra vida personal y laboral. Considero que esta nueva herramienta no nos reemplazará, sino que seguirá transformándonos en seres humanos más creativos. Con herramientas dinámicas de IA, empezaremos a usar nuestra imaginación e intuición cada vez más. Cada vez más personas no tendrán que ejecutar sus planes directamente ni conocer los detalles técnicos de ciertos procesos. Sé que suena demasiado futurista para la mayoría, pero lo que estamos experimentando ahora es la transformación del trabajo. Imagina hacer un trabajo que solo requiera que seas intuitivo y desarrolles estrategias en lugar de ejecutar ideas físicamente. Todo lo que tendrás que hacer en el trabajo será imaginar y planificar estrategias. Como ejemplo, imagina determinar qué y dónde una retroexcavadora autónoma en una granja necesita cavar un sistema de drenaje de agua. Introduce una instrucción en un agente de IA, y este se pone a trabajar usando GPS, planificando cómo estas órdenes serán ejecutadas por la retroexcavadora autónoma. La IA convierte tu idea en tareas y las ejecuta con precisión. Ya no tendrás que estar presente ni conducir la retroexcavadora tú mismo, ni calcular qué tan profunda y dónde debe construirse la zanja. La IA y la máquina harán el trabajo que imaginaste y planificaste.

Algunos observadores, como Brené Brown, autora, académica y podcaster, confirman que estamos en una transformación social debido a los avances tecnológicos y a sus líderes tecnológicos. Ella señala que muchos líderes del sector, como Steve Jobs de Apple, por ejemplo, minimizaron la importancia de la educación universitaria por ser autodidactas en tecnología. Muchos sostienen que hay que aprender y mantenerse al día con la IA. Será la herramienta clave que habrá que entender en el futuro. Y si la IA es la herramienta que hay que conocer en el futuro, estaremos nuevamente en una situación donde solo quienes comprendan esta nueva tecnología podrán salir adelante en la vida, económicamente. Hace apenas unos años, eran los programadores informáticos quienes mejor ganaban, pero eso ya no es así, ya que la IA ahora está creando programas por sí misma.

Sin embargo, esta vez, esta carrera económica es diferente. En el pasado reciente, el ideal para muchos jóvenes que comenzaban sus carreras en tecnología era el individualista autodidacta que abandonaba la universidad de artes liberales y salía adelante por su cuenta. Uno podía asistir a un curso intensivo o convertirse en programador autodidacta y ganarse la vida decentemente. Hoy, ya estamos viendo un cambio hacia las habilidades de pensamiento crítico que ofrecen esas universidades de artes liberales que muchos menospreciaban. Abandonar los estudios puede que ya no sea una opción como en años pasados. Cada vez más, veremos un cambio de los emprendedores autodidactas a los poetas en los puestos relacionados con la IA, tanto de bajo como de alto nivel.

Esta nueva guerra de clases involucrará a la clase basada en el pensamiento crítico, que ocupará los puestos más altos en una economía impulsada por la IA, utilizando su formación en lectura, arte, los estoicos, artes liberales, Neruda, la academia y el trabajo interior para leer y escribir los prompts de IA. Estos serán los ricos y poderosos. Por el contrario, veremos surgir la clase del consumo pasivo de contenido (doomscrolling). Como sucede ahora con los teléfonos inteligentes: el 99% de nosotros somos usuarios de smartphones, no creadores de aplicaciones.

El mundo ha cambiado de la noche a la mañana para quienes están al día con los avances tecnológicos. Para el resto de nosotros, hemos notado cambios como cuando llamamos a ciertas empresas y un bot nos asiste como ningún humano lo había hecho antes. Todo lo que vemos es la experiencia perfecta del usuario final. Ya no hay humanos cometiendo errores ni centros de atención telefónica que nos hablan en el idioma equivocado. La asistencia técnica que recibimos es oportuna y precisa. La IA nos ha brindado a muchos la oportunidad de tomar decisiones con información crítica que antes solo estaba disponible para tecnócratas y profesionales.

El futuro hoy, en intervalos de cinco años

Muchas, muchas cosas han cambiado en nuestras vidas privadas y públicas debido a la infiltración de la IA. Hoy en día, tiendas minoristas como Amazon, Walmart, Target, Best Buy y muchas otras alrededor del mundo utilizan precios dinámicos para su beneficio, no para el del cliente. Muchas veces, sin que lo sepamos, permitimos que estas empresas y muchas otras interactúen con nosotros segundo a segundo a través de nuestros teléfonos, computadoras o redes sociales y no parece preocuparnos. Los precios dinámicos son una práctica impulsada por la IA que permite a los minoristas ajustar precios a voluntad para maximizar ganancias. Amazon, uno de los minoristas más grandes del mundo, es uno de los mayores usuarios de esta práctica. Según Profitero.com, Amazon cambia sus precios más de 2.5 millones de veces al día. Estos minoristas estudian todos nuestros hábitos y gustos, y la IA usa esta información para llevarnos a un embudo de compra hasta que soltamos el dinero por algo que creemos necesitar. En cierto modo, somos manipulados para que las empresas maximicen sus ganancias. Esto puede ser peligroso. Estos minoristas pueden usar la IA y toda nuestra información en el futuro para controlar qué, cómo y cuándo hacemos compras. Pueden usar nuestros hábitos de gasto, ingresos, raza, género, lugar de residencia o nuestro historial de navegación para personalizar y controlar gran parte de lo que hacemos a diario.

Sistemáticamente, estamos siendo empujados a consumir lo que el algoritmo considera adecuado para cada uno de nosotros. Esto no es el futuro. Esto es hoy. Obviamente, todos experimentamos el presente y vemos el futuro de manera individual. Sin embargo, veamos el cambio o no, los cambios están ocurriendo a gran velocidad. Para ponerte al día sobre lo que está transformando a la sociedad en tiempo real, según las mejores estimaciones de FlynnT, aquí están las predicciones a cinco y diez años sobre el desarrollo de la IA que todos deberíamos conocer ahora. Estas predicciones, hechas de manera resumida, están basadas en evidencia sobre el desarrollo de la IA, leyes de escalamiento observadas, tendencias computacionales, encuestas de la industria y cronogramas regulatorios. Las predicciones describen los mecanismos que impulsan cada paso y los indicadores a observar que confirmarían la predicción.

El archivo técnico de la Universidad de Cornell, arXiv:2001.08361, sugiere que dentro de los próximos cinco a diez años, la IA pasará de la búsqueda simple y la generación de documentos o plantillas de sistemas (procedimientos operativos estándar) a lo que estoy haciendo ahora mismo, que es utilizar la ayuda de FlynnT, mi fiel agente, para escribir este libro o para responder a una queja legal personal real; a sistemas que utilizan agentes para todo o que se especializan en campos particulares, como el derecho laboral; a robots autónomos y la integración ubicua de la IA en la sociedad. Con cautela, se sugiere que todo esto se verá impactado por la política y el poder computacional, así como por las regulaciones y los lugares donde se desplieguen.

2026-2027: Implementación de producción y agentes

Los modelos de IA se están volviendo **más baratos y capaces en una gama cada vez más amplia de tareas cotidianas**, desde gestionar contextos más amplios hasta un razonamiento multimodal más sólido y llamadas a funciones fiables, lo que los transforma de simples chatbots en sistemas capaces de realizar tareas sostenidas y de múltiples pasos. Estas capacidades son fundamentales para los flujos de trabajo autónomos y ya se reflejan en las funciones orientadas a agentes incorporadas a productos comerciales. Por ejemplo, las actualizaciones de OpenAI en 2025 incluyen capacidades de agentes en ChatGPT diseñadas para ejecutar tareas de múltiples pasos, interactuar con herramientas y orquestar flujos de trabajo entre sistemas. (Wikipedia)

Estas mejoras están impulsando **pilotos empresariales generalizados de flujos de trabajo autónomos basados con "agentes"**, donde los sistemas de IA planifican, actúan y asisten en funciones como operaciones de atención al cliente, asistencia en investigación y desarrollo de software. Proveedores como OpenAI ahora ofrecen herramientas y APIs (interfaz de programación de aplicaciones) específicamente orientadas a construir, desplegar y escalar aplicaciones basadas en agentes para uso en entornos reales. (OpenAI)

Una de las razones por la que este cambio es relevante es la **previsibilidad de la mejora continua** a través de leyes de escalamiento bien establecidas. La investigación muestra que el rendimiento de los modelos de lenguaje mejora sistemáticamente a medida que crecen el tamaño del modelo, los datos y los presupuestos computacionales, relaciones que explican por qué surgen sistemas más grandes y capaces conforme aumenta la capacidad de cómputo. (OpenAI)

Los analistas del sector ya están rastreando cómo responden las empresas. Deloitte predice que una proporción significativa y creciente de compañías que aprovechan la IA generativa lanzará pilotos o pruebas de concepto de IA basada en agentes, y que la adopción temprana se extenderá a flujos de trabajo que anteriormente se resistían a la automatización. (Deloitte Insights) Otro análisis de Deloitte destaca el potencial de la IA basada en agentes para aumentar la productividad mediante la automatización de tareas de múltiples pasos en distintas funciones empresariales, aunque la adopción aún se encuentre en etapas tempranas para muchas organizaciones. (Deloitte.com)

Además, están surgiendo esfuerzos independientes de investigación y evaluación comparativa para valorar mejor las capacidades de los agentes en tareas del mundo real y escenarios relevantes para la empresa. Trabajos recientes sobre procesos de evaluación enfocados en el ámbito empresarial procesan miles de millones de tokens para medir el rendimiento de los agentes, lo que refleja un énfasis creciente en tareas de largo plazo orientadas a la toma de decisiones en lugar de la simple precisión en la generación de respuestas. (arxiv.org)

2028-2030: Escalamiento de agentes, especialización y presión regulatoria

A medida que los sistemas de IA basados en agentes evolucionan más allá de los chatbots genéricos hacia **agentes expertos diseñados para dominios profesionales**, las empresas están construyendo modelos y plataformas para satisfacer las necesidades específicas de industrias reguladas. Por ejemplo, **Harvey AI** se ha posicionado como una plataforma de IA generativa específicamente para profesionales del derecho, potenciando la investigación jurídica, el análisis de contratos, el apoyo en litigios y otras tareas propias de la práctica legal para grandes bufetes de abogados y equipos jurídicos corporativos; ha establecido alianzas globales con firmas como CMS y se está expandiendo internacionalmente con acuerdos estratégicos y despliegues a medida en múltiples jurisdicciones. (cms.law)

En el ámbito del software empresarial, startups como **Contextual AI** se centran en **agentes especializados de Generación Aumentada por Recuperación (RAG, por sus siglas en inglés)** para sectores que incluyen tecnología, banca, finanzas y medios de comunicación, lo que evidencia un claro movimiento hacia herramientas de agentes específicas por dominio en lugar de modelos universales. (Wikipedia) Mientras tanto, empresas como **Cohere** han reorientado públicamente su estrategia de IA hacia **despliegues de modelos orientados a entornos empresariales**, priorizando modelos seguros y personalizables para industrias reguladas como finanzas y salud, y ofreciendo aplicaciones para trabajadores del conocimiento como su herramienta "North" en colaboración con clientes empresariales. (Reuters)

También están surgiendo proveedores especializados en ámbitos profesionales adyacentes: la empresa de tecnología legal **Eudia** ha recaudado un capital significativo para desarrollar herramientas de IA destinadas a departamentos jurídicos corporativos y servicios legales alternativos, con énfasis en el cumplimiento normativo y la automatización de flujos de trabajo adaptados a la práctica legal.

(Wikipedia) En sectores verticales como el inmobiliario y el sanitario, empresas como **EliseAI** están desplegando agentes de IA que automatizan las comunicaciones con clientes y flujos de trabajo administrativos específicos para la gestión de viviendas y las necesidades de consultas médicas ambulatorias. (Wikipedia)

Paralelamente, **los regímenes de regulación y cumplimiento están comenzando a moldear cómo se desarrollan y despliegan estos sistemas de IA especializados**. La **Ley de Inteligencia Artificial (AI Act)** de la Unión Europea representa el primer marco legal integral que regula la IA, imponiendo requisitos basados en el riesgo a los desarrolladores e implementadores de sistemas de IA, incluyendo obligaciones reforzadas de transparencia, rendición de cuentas y seguridad en aplicaciones de alto impacto —un marco que se espera influya de manera significativa en la gestión de riesgos empresariales y en las decisiones de diseño de producto de los proveedores de IA que operan en el mercado de la UE o se dirigen a él. (artificialintelligenceact.eu) Las autoridades nacionales y la recién creada Oficina Europea de IA están dando pasos hacia la aplicación de la normativa, supervisando el cumplimiento y preparando orientaciones para obligaciones que van desde evaluaciones de conformidad hasta la vigilancia del mercado de sistemas avanzados de IA. (digital-strategy.ec.europa.eu) Los códigos de prácticas voluntarios de la UE y los borradores de directrices sobre IA de propósito general ilustran además cómo los marcos regulatorios ya están redefiniendo las expectativas de transparencia y cumplimiento antes de que se cumplan los plazos de aplicación completa. (APnews)

En conjunto, estos acontecimientos muestran un cambio claro en la industria: **los agentes de IA expertos y específicos por dominio están emergiendo como las principales trayectorias comerciales** de la IA empresarial, mientras que los organismos reguladores, como los encargados de implementar la Ley de IA de la UE, están pasando del diseño a **requisitos prácticos de aplicación y cumplimiento que afectan de manera significativa la forma en que se construyen y utilizan estos sistemas**.

2031-2035: Autonomía física, automatización e integración social

Los avances en **robótica combinados con modelos multimodales del entorno y planificación a largo plazo** están creando las bases para una automatización escalable en el mundo real en industrias como almacenes, logística e incluso dominios especializados como la automatización de laboratorios. La investigación en modelos de visión-lenguaje-acción —que integran visión, lenguaje y planificación de acciones en un marco unificado para el control robótico— ilustra cómo se está moldeando la IA para razonar sobre tareas físicas de principio a fin, en lugar de simplemente responder a estímulos aislados: una capacidad necesaria para robots que deben planificar y ejecutar instrucciones de múltiples pasos en entornos variables. Estos modelos encarnados permiten a los robots traducir datos sensoriales en secuencias de acciones ejecutables, un requisito previo para la autonomía física a largo horizonte. (Wikipedia)

Empresas y laboratorios de investigación ya están demostrando cómo estos avances se traducen en aplicaciones reales. Por ejemplo, **Covariant** ha desarrollado el Covariant Brain y su modelo fundacional de robótica RFM-1 para ayudar a los robots de almacén a razonar sobre la manipulación de objetos y la clasificación de pedidos a gran escala, permitiendo la automatización en operaciones logísticas anteriormente dominadas por el trabajo manual. (Wikipedia) En paralelo, iniciativas de robótica humanoide como el androide **"Neo" de 1X** están avanzando hacia compañeros robóticos seguros y estables que podrían asistir a los humanos en logística, comercio minorista y otros entornos de trabajo intensivo fuera del laboratorio. (LinkedIn) Estas tecnologías, combinadas con modelos del mundo y sistemas de planificación sofisticados, apuntan a un futuro en el que los robots manejen de forma rutinaria tareas complejas con mínima intervención humana.

A medida que los agentes físicos se vuelven más capaces, la IA está evolucionando hacia una **capa** central de infraestructura que sustenta grandes partes de la economía. El **Informe Stanford HAI AI Index de 2025** destaca cómo la adopción de la IA se ha acelerado en las organizaciones, con un uso mayoritario ya reportado en distintas funciones empresariales y costos de infraestructura que se desploman gracias a las mejoras de eficiencia tanto en software como en hardware. Esta tendencia hacia la ubicuidad de la IA significa que la tecnología ya no es un complemento, sino la columna vertebral de capacidades como asistentes a nivel de sistema operativo, agentes autónomos específicos por industria y cadenas de suministro autooptimizadas. (LinkedIn) En la cadena de suministro y la logística, el análisis académico subraya el potencial de la IA para mejorar drásticamente las operaciones de la cadena de valor —abarcando entregas, almacenamiento y cumplimiento de pedidos— mediante el uso de analítica predictiva, automatización y técnicas de optimización que mejoran la eficiencia y la capacidad de respuesta. (gsb.stanford.edu)

Estos cambios están generando **impactos económicos y sociales notables**. A medida que las herramientas de IA automatizan más trabajo rutinario, tanto cognitivo como físico, las ganancias iniciales de productividad ya están emergiendo en funciones diversas como operaciones de servicios y gestión de la cadena de suministro; el informe de Stanford documenta ahorros de costos cuantificables y crecimiento de ingresos vinculados a la implementación de la IA en distintos sectores. (hai.stanford.edu) Sin embargo, los aumentos de productividad no son uniformes y se concentran donde la automatización puede complementar o reemplazar el trabajo intensivo en mano de obra, lo que redistribuye el valor hacia las empresas que controlan las plataformas e infraestructura de IA, así como hacia las regiones y sectores con dinámicas de adopción favorables. (LinkedIn)

El **"por qué"** detrás de esta rápida evolución es el poderoso ciclo de retroalimentación positiva (feedback positivo) que surge del continuo **progreso computacional y algorítmico, combinado con los datos de tareas recopilados a partir de los agentes desplegados**. A medida que los modelos mejoran y se integran en sistemas reales, generan datos y conocimientos que retroalimentan mejores algoritmos de entrenamiento, planificación y control —una dinámica similar a los rendimientos crecientes observados en estudios de escalamiento, donde una mayor inversión computacional y datos más completos conducen a un rendimiento sistemáticamente superior. Este fenómeno ha sido documentado en trabajos sobre sistemas de IA encarnada y multimodal que integran percepción y planificación para mejorar la autonomía en entornos complejos. (arxiv.org)

Para saber cuándo esta transformación ha llegado realmente, hay dos **indicadores clave a observar**:

- La aparición de **agentes físicos fiables y de propósito general** que puedan realizar de forma autónoma tareas del mundo real que impliquen incertidumbre y toma de decisiones de múltiples pasos sin supervisión humana constante (una prueba clave de la inteligencia encarnada).
- Una situación en la que **fracciones sustanciales de los flujos de trabajo industriales —como I+D, logística y atención al cliente— se ejecuten de principio a fin con mínima intervención humana**, lo que señalaría que la IA no es solo un impulsor de productividad, sino el núcleo operativo de estos sistemas.

La clave es que la IA no es una inteligencia misteriosa: es una herramienta poderosa especialmente eficaz para identificar patrones y generar predicciones; sin embargo, siendo simplemente software creado por personas, con todas las fortalezas y limitaciones propias de ese origen. Con esto en mente, adentrémonos...

Uno
Comprender la IA a través de lo familiar
Cómo las máquinas aprenden como nosotros

La IA es como enseñarle a una computadora a reconocer patrones de la misma forma en que lo haces. Cuando ves un perro, al instante sabes que es un perro porque has visto muchos perros antes. La IA funciona de manera similar: aprende a partir de numerosos ejemplos.

Cuando intentamos entender la inteligencia artificial, a menudo nos perdemos en jerga técnica, matemáticas complejas y conceptos abstractos que parecen muy alejados de la vida cotidiana. Pero la verdad es que la IA funciona de maneras sorprendentemente similares a cómo aprendes y das sentido al mundo que te rodea. Al explorar esta conexión entre el aprendizaje humano y el aprendizaje automático, podemos desmitificar la IA y verla tal como es: una tecnología que refleja algunos de los aspectos más fundamentales de la cognición humana.

El reconocimiento de patrones en la vida cotidiana

Comencemos con algo que haces sin esfuerzo cientos de veces cada día: reconocer cosas. Ahora mismo, mientras lees estas palabras, estás reconociendo letras, formando palabras con ellas, comprendiendo sus significados y combinando esos significados en ideas más amplias. No pensaste en cómo hacer nada de eso —simplemente sucedió. Este reconocimiento automático está en el corazón tanto de la inteligencia humana como dc la inteligencia artificial.

Piensa en lo que ocurre cuando caminas por una calle de tu vecindario. Ves un animal de cuatro patas acercándose y, en una fracción de segundo, sabes que es un perro. No necesitas repasar conscientemente una lista: "¿Tiene pelaje? Sí. ¿Tiene cuatro patas? Sí. ¿Tiene cola? Sí." El reconocimiento es instantáneo e intuitivo. Y más notable es que puedes reconocer que es un perro ya sea un diminuto chihuahua o un enorme gran danés, ya sea que esté quieto o corriendo, ya sea que lo veas de frente, de lado o por detrás.

Esto es reconocimiento de patrones, y es una de las capacidades más fundamentales de la inteligencia humana. Constantemente estamos comparando lo que vemos, oímos y experimentamos con patrones que hemos aprendido a lo largo de nuestra vida. Cuando escuchas la voz de alguien por teléfono, al instante sabes quién es. Cuando hueles café recién hecho, reconoces ese aroma de inmediato. Cuando tocas algo suave y peludo, puedes adivinar qué tipo de textura tiene. Todos estos son ejemplos de reconocimiento de patrones que ocurren automáticamente en tu cerebro.

Ahora viene la parte fascinante: esto es esencialmente lo que la IA también hace. Cuando decimos que la IA "aprende", queremos decir que desarrolla la capacidad de reconocer patrones en los datos, igual que desarrollaste la capacidad de reconocer patrones en tus experiencias sensoriales. La principal diferencia es que aprendiste a reconocer perros a través de experiencias en el mundo real a lo largo de muchos años, mientras que la IA aprende a reconocer perros procesando miles o millones de imágenes en cuestión de horas o días.

Cómo aprendiste a reconocer un perro

Para entender cómo aprende la IA, es útil pensar en cómo aprendiste a reconocer las cosas en primer lugar. No naciste sabiendo qué era un perro. Cuando eras bebé o un niño pequeño, probablemente alguien señaló a un perro y dijo "perro" o "perrito". Tal vez era la mascota de tu familia, o un perro que viste en un parque, o una imagen en un libro infantil. Ese fue tu primer ejemplo.

Pero un solo ejemplo no es suficiente para aprender realmente qué es un perro. Si el primer perro que viste fue un Golden Retriever, al principio podrías haber pensado que "perro" significaba "animal grande, amarillo y esponjoso". Entonces viste otro perro —quizás un Caniche negro y pequeño— y alguien te dijo que eso también era un perro. Tu cerebro empezó a ajustar su comprensión: los perros pueden tener diferentes tamaños y colores. Después viste un perro salchicha con su cuerpo alargado y sus patas cortas, y tu concepto de "perro" se expandió de nuevo para incluir diferentes formas corporales.

Con el tiempo, viste docenas, luego cientos y, después, miles de perros diferentes. Algunos tenían orejas caídas, otros orejas puntiagudas. Algunos tenían pelo largo, otros pelo corto, y algunos casi no tenían pelo. Venían en todos los colores y tamaños imaginables. Pero a través de todos estos ejemplos, tu cerebro estaba extrayendo algo esencial: el patrón subyacente que hace que un perro sea un perro, a pesar de todas las diferencias superficiales.

Tu cerebro también estaba aprendiendo lo que un perro no es. Cuando viste un gato, aprendiste que, aunque los gatos tienen cuatro patas y pelo como los perros, son diferentes. Los gatos se mueven de forma distinta, tienen rasgos faciales diferentes, emiten sonidos diferentes y tienen una "esencia" general diferente. Cuando viste un caballo, aprendiste que ser un animal de cuatro patas con pelo no convierte automáticamente a algo en un perro: el tamaño y las proporciones también importan. A través de estos ejemplos contrastantes, tu comprensión se volvió más refinada y precisa.

Este proceso de aprendizaje ocurrió en su mayor parte de manera inconsciente. No eras consciente de que tu cerebro estaba construyendo un modelo complejo de cómo es la "perrunidad". Simplemente observaste muchos perros y, poco a poco, la capacidad de reconocerlos se convirtió en algo natural. Hoy puedes identificar un perro al instante, incluso en condiciones difíciles: con poca luz, desde lejos, parcialmente oculto detrás de un árbol o en una foto que nunca habías visto. Tu cerebro se ha convertido en un sistema experto de reconocimiento de patrones para perros.

Cómo aprende la IA de la misma manera

La inteligencia artificial, particularmente el tipo llamado "aprendizaje automático" (*machine learning*), funciona de una manera notablemente similar. En lugar de un cerebro humano aprendiendo de experiencias, tenemos un programa informático aprendiendo de datos. Pero el proceso fundamental de aprender a partir de ejemplos para reconocer patrones es esencialmente el mismo.

Veamos paso a paso cómo le enseñaríamos a un sistema de IA a reconocer perros y verás los paralelismos con el aprendizaje humano. Primero, reuniríamos un gran conjunto de imágenes, algunas con perros y otras sin ellos. Este conjunto de datos es la versión de la IA de todas esas experiencias del mundo real que tuviste de niño. Así como tú necesitaste ver muchos perros diferentes para aprender cómo son, la IA necesita ver muchos ejemplos diferentes.

Podríamos empezar con 10,000 imágenes: 5,000 que contienen perros y 5,000 que no. Cada imagen está etiquetada; le decimos a la IA: "Esta tiene un perro" o "Esta no tiene un perro". Esto es como cuando alguien señalaba animales y te decía "perro" o "gato" cuando estabas aprendiendo. La IA no puede aprender sin estas etiquetas al principio, igual que tú necesitabas que alguien te enseñara los nombres de las cosas.

Ahora viene el proceso de aprendizaje. El sistema de IA comienza haciendo conjeturas al azar. Observa la primera imagen y podría adivinar "perro" aunque no haya ningún perro en ella. Le decimos "Incorrecto" y el sistema ajusta ligeramente sus parámetros internos. Observa la siguiente imagen y adivina de nuevo. ¿Otra vez incorrecto? Se ajusta más. ¿Esta vez acertó? Toma nota de lo que hizo e intenta hacer más de eso.

Esto puede sonar tedioso, pero recuerda: las computadoras pueden procesar información increíblemente rápido. La IA puede observar las 10,000 imágenes y hacer predicciones sobre todas ellas, recibir retroalimentación sobre cada una y ajustarse en consecuencia, todo en cuestión de minutos u horas. Es como un aprendizaje acelerado: toma un proceso que a ti te llevó años y lo condensa en un período de tiempo mucho más corto.

A medida que la IA procesa más ejemplos, ocurre algo notable: empieza a mejorar en el reconocimiento de perros. Al principio, podría reconocer solo los casos obvios: fotos claras de perros de aspecto típico en posiciones estándar. Pero conforme ve ejemplos más diversos, aprende a reconocer perros desde diferentes ángulos, con diferente iluminación, parcialmente ocultos o en posiciones inusuales. Está construyendo el mismo tipo de reconocimiento de patrones flexible y robusto que tienes.

La IA también aprende de sus errores, igual que tú lo hiciste. Si sigue confundiendo gatos con perros, gradualmente aprenderá las diferencias entre ellos. Si piensa que un zorro es un perro, se ajustará para distinguir entre animales de aspecto similar. A través de miles de iteraciones de hacer predicciones y recibir retroalimentación, el sistema se vuelve cada vez más preciso.

Los patrones ocultos que tanto los humanos como la IA aprenden

Aquí es donde se vuelve realmente interesante: ni tú ni un sistema de IA pueden explicar con facilidad cómo reconocen a un perro. Si alguien te pidiera que escribieras un conjunto preciso de reglas que permitieran a cualquier persona identificar un perro en cualquier situación, te resultaría increíblemente difícil. Podrías empezar con cosas obvias como "tiene cuatro patas" y "tiene pelo", pero entonces te encontrarías con excepciones y casos extremos. ¿Qué pasa con un perro de tres patas? ¿Qué hay de los perros sin pelo? ¿Y los perros de peluche o los perros de caricatura?

La verdad es que reconoces perros a través de una combinación compleja de características que no puedes articular completamente. Es algo relacionado con las proporciones del cuerpo, la forma de la cara, la posición de los ojos, la textura y el movimiento de la criatura, y un sinfín de señales sutiles que tu cerebro procesa de forma inconsciente. Has internalizado una comprensión rica y matizada de la "perrunidad" que va mucho más allá de cualquier lista simple de verificación.

Los sistemas de IA funcionan de la misma manera. Después del entrenamiento, la IA no tiene una lista simple de reglas como "si tiene cuatro patas, pelo y nariz húmeda, entonces es un perro". En cambio, ha aprendido un patrón complejo: una combinación de características visuales, relaciones espaciales, texturas y formas que en conjunto indican la presencia de un perro. Como tú, le costaría explicar exactamente cómo sabe que es un perro cuando lo ve. El conocimiento está integrado en el sistema de una manera difícil de extraer y expresar con claridad.

Este es en realidad uno de los desafíos de la IA moderna. Cuando un sistema de IA toma una decisión —como identificar un perro en una imagen—, podemos ver que es correcta, pero a menudo no podemos ver exactamente cómo llegó a esa conclusión. El sistema ha aprendido patrones que funcionan, pero están representados de una forma matemáticamente compleja y difícil de interpretar. Es un poco como pedirte que expliques exactamente qué neuronas de tu cerebro se activan y en qué secuencia cuando reconoces un perro: el conocimiento está ahí y funciona, pero no está almacenado en una forma que sea fácil de articular.

Más allá de los perros: la naturaleza universal del aprendizaje de patrones

El ejemplo del perro es solo un caso particular de un principio mucho más amplio. Todo lo que sabes reconocer —rostros, voces, emociones, palabras, objetos, lugares— lo aprendiste a través de este mismo proceso de exposición a muchos ejemplos. Puedes reconocer la cara de tu mejor amigo, aunque cada vez que lo ves la iluminación es diferente, el ángulo es diferente, su expresión es diferente y puede que se vea cansado o se haya cortado el pelo. Tu cerebro ha aprendido el patrón subyacente de su rostro que persiste a través de todas estas variaciones.

La IA también puede aprender a reconocer todas estas cosas, usando el mismo enfoque fundamental. Los sistemas de IA modernos pueden reconocer rostros, a menudo con una precisión que iguala o supera la capacidad humana. Pueden identificar emociones en expresiones faciales, reconocer objetos en imágenes, comprender el habla, leer texto manuscrito y detectar patrones en todo, desde imágenes médicas hasta datos financieros.

Pensemos en el reconocimiento de voz, como lo que ocurre cuando hablas con Siri, Alexa o el Asistente de Google. Hablas con naturalidad, con tu propio acento, a tu propio ritmo, con ruido de fondo, y la IA entiende tus palabras. ¿Cómo? Aprendió a partir de miles de horas de grabaciones de voz, con transcripciones que mostraban qué palabras se habían dicho realmente. A través de la exposición a innumerables ejemplos de cómo diferentes personas pronuncian palabras en diferentes contextos, la IA aprendió a reconocer patrones del habla, tal como tú aprendiste a entender el lenguaje hablado cuando eras niño.

O piensa en cómo Netflix recomienda series que podrían gustarte, o cómo Amazon te sugiere productos. Estos sistemas han aprendido patrones en el comportamiento de visualización y compra. Han analizado millones de ejemplos de lo que la gente ve o compra, y han aprendido a reconocer patrones como "las personas a quienes les gustó la

Serie A también tienden a disfrutar la Serie B" o "quienes compraron este tipo de producto a menudo también compran aquel otro". Es reconocimiento de patrones aplicado al comportamiento en lugar de a imágenes, pero el proceso de aprendizaje subyacente es el mismo.

El poder de los ejemplos sobre las reglas

Este enfoque de aprendizaje basado en ejemplos representa un cambio fundamental respecto a cómo tradicionalmente programábamos las computadoras. En la programación tradicional, los humanos descifran las reglas y le dicen explícitamente a la computadora qué hacer en cada situación. Si estuvieras escribiendo un programa informático tradicional para clasificar correo postal, podrías redactar reglas como "si el código postal empieza con 900-999, envíalo a California". Tendrías que considerar cada posibilidad y escribir instrucciones explícitas para cada una.

Pero con la IA y el aprendizaje automático, no escribimos las reglas. Simplemente le mostramos al sistema muchos ejemplos, y este descubre los patrones por su cuenta. Para reconocer perros, esto es mucho más práctico que intentar escribir reglas explícitas. Imagina intentar escribir todas las reglas posibles para identificar un perro: cada forma, tamaño, color, posición, condiciones de iluminación y ángulo de visión posibles. Sería casi imposible, e incluso si pudieras hacerlo, las reglas serían rígidas y frágiles, y probablemente fallarían en muchas situaciones del mundo real.

Aprender a partir de ejemplos es una herramienta poderosa porque es flexible y robusta. Así como tú puedes reconocer un perro incluso en una foto tomada desde un ángulo y con condiciones de iluminación que nunca habías experimentado antes, una IA bien entrenada puede generalizar a partir de sus ejemplos de entrenamiento a nuevas situaciones. No necesita haber visto cada perro posible en cada situación posible: aprende los patrones subyacentes lo suficientemente bien como para reconocer ejemplos nuevos.

Por eso la IA se ha vuelto tan eficaz en tareas que son fáciles para los humanos pero que tradicionalmente eran muy difíciles para las computadoras. A los humanos nos resulta fácil reconocer rostros, entender el habla o identificar objetos porque somos naturalmente buenos aprendiendo de ejemplos y reconociendo patrones. La programación tradicional tenía dificultades con estas tareas porque es casi imposible reducirlas a reglas explícitas. Pero el aprendizaje automático sobresale en ellas porque aprende de la misma manera que nosotros: a partir de muchísimos ejemplos.

La importancia de los buenos ejemplos

Así como la calidad y diversidad de tus experiencias infantiles influyeron en lo que aprendiste, la calidad y diversidad de los datos de entrenamiento influyen en lo que la IA aprende. Si de niño solo hubieras visto Golden Retrievers, podrías tener dificultades para reconocer otras razas como tales. De manera similar, si una IA se entrena principalmente con imágenes de un solo tipo de perro, podría no reconocer otros tipos tan bien.

Por eso los datos utilizados para entrenar los sistemas de IA son tan importantes. Si entrenas una IA para reconocer rostros usando fotos mayoritariamente de personas jóvenes, podría no funcionar tan bien con rostros de personas mayores. Si entrenas un sistema de reconocimiento de voz principalmente con hablantes de acento estadounidense, podría tener dificultades con acentos británicos o australianos. La IA aprende de lo que se le muestra, y su conocimiento refleja los ejemplos que ha visto.

Esto también significa que la IA puede aprender sesgos presentes en sus datos de entrenamiento. Si crecieras en un lugar donde todos hablaban negativamente de un grupo particular de personas, podrías interiorizar esos sesgos, aunque nunca hubieras decidido explícitamente ser parcial. Los sistemas de IA pueden tener el mismo problema. Si se entrenan con datos que reflejan sesgos humanos —y la mayoría de los datos del mundo real contienen sesgos—, entonces la IA puede aprender y perpetuar esos sesgos. Este es uno de los principales desafíos en el desarrollo de sistemas de IA justos y equitativos.

La buena noticia es que, así como las personas pueden aprender a superar sus sesgos exponiéndose a experiencias y perspectivas más diversas, los sistemas de IA pueden mejorarse entrenándolos con datos más diversos y representativos. Los investigadores trabajan activamente en técnicas para hacer que los sistemas de IA sean más justos y robustos, mediante la curación cuidadosa de los datos de entrenamiento y el desarrollo de métodos para detectar y corregir sesgos aprendidos.

Múltiples capas de reconocimiento de patrones

Tu cerebro no reconoce un perro de golpe: construye el reconocimiento a través de múltiples etapas de procesamiento. Tus ojos detectan características básicas como bordes y colores. Esas características básicas se combinan en patrones ligeramente más complejos como formas y texturas. Estos, a su vez, se combinan en partes de objetos como orejas, narices y patas. Finalmente, esas partes se combinan en el reconocimiento de "perro". Esto sucede tan rápido y de forma tan automática que no eres consciente de las etapas, pero están ahí.

Muchos sistemas de IA modernos, particularmente los llamados de "aprendizaje profundo" o "redes neuronales", funcionan de la misma manera. Procesan la información a través de múltiples capas, y cada capa aprende a reconocer patrones cada vez más complejos. La primera capa podría aprender a reconocer características simples como bordes y colores en una imagen. La segunda capa combina esas características simples para reconocer texturas y formas básicas. La tercera capa podría reconocer partes como orejas o narices. La capa final combina toda esta información para tomar la decisión: "perro" o "no perro".

Este enfoque por capas es la razón por la que estos sistemas se conocen como de aprendizaje "profundo": tienen múltiples capas de reconocimiento de patrones, cada una construyendo sobre la anterior.

También es la razón por la que pueden ser tan potentes. Así como el procesamiento multietapa de tu cerebro te permite reconocer patrones increíblemente complejos en el mundo, los sistemas de aprendizaje profundo pueden reconocer patrones complejos en los datos.

Aprender lleva tiempo y repetición

No aprendiste a reconocer perros viendo solo uno o dos ejemplos. Necesitaste muchas exposiciones, distribuidas a lo largo del tiempo, con retroalimentación y corrección. Lo mismo ocurre con la IA. Entrenar un sistema de IA requiere muchos ejemplos —miles o millones, dependiendo de la complejidad de lo que esté aprendiendo—. Y el proceso de entrenamiento implica muchas iteraciones, en las que el sistema mejora gradualmente a través de la exposición repetida a ejemplos y retroalimentación.

Esta es, de hecho, una de las razones por las que la IA se ha vuelto tan potente solo recientemente. Para que el aprendizaje automático funcione bien, se necesitan grandes cantidades de datos y una capacidad de cómputo considerable para procesar todos esos datos a lo largo de muchas iteraciones de aprendizaje. A medida que nuestro mundo digital ha generado cada vez más datos —miles de millones de imágenes en Internet, millones de horas de video, enormes cantidades de texto— y a medida que las computadoras se han vuelto más potentes, se ha hecho posible entrenar sistemas de IA a una escala que antes no era factible.

Piensa en todas las fotos que se toman cada día y se suben a Internet, todos los videos publicados, todo el texto escrito. Esta enorme cantidad de datos representa oportunidades para que la IA aprenda patrones. Un sistema de IA que aprende a reconocer gatos puede entrenarse con millones de fotos de gatos. Una IA que aprende a traducir idiomas puede entrenarse con miles de millones de oraciones que han sido traducidas por humanos. La abundancia de datos en nuestra era digital ha sido crucial para el éxito de la IA moderna.

Los límites del aprendizaje basado en ejemplos

Así como el aprendizaje humano a partir de ejemplos tiene limitaciones, también las tiene el aprendizaje de la IA. Puede que seas excelente reconociendo perros porque has visto miles de ellos, pero si de repente te encuentras con un animal que nunca has visto —digamos, un ornitorrinco—, podrías tener dificultades para identificarlo o incluso creer que es real. No tienes el patrón adecuado almacenado en tu cerebro porque nunca estuviste expuesto a ejemplos.

La IA tiene las mismas limitaciones. Si un sistema de IA ha sido entrenado para reconocer perros, pero nunca ha visto un lobo, podría clasificar erróneamente a un lobo como perro porque los patrones son similares. O si fue entrenado con fotos de animales en entornos naturales, podría tener dificultades con animales en contextos inusuales, como un perro con ropa o de pie sobre sus patas traseras. Solo puede reconocer patrones que ha aprendido de sus datos de entrenamiento.

Por eso los sistemas de IA a veces pueden fallar de maneras sorprendentes. Pueden ser sobrehumanos en tareas para las que fueron específicamente entrenados, pero completamente inútiles cuando se enfrentan a algo que está, aunque sea ligeramente fuera de su experiencia de entrenamiento. Un sistema excelente para reconocer perros en fotos podría fallar por completo si le muestras un perro de caricatura o una escultura de un perro, porque esos elementos no estaban en sus datos de entrenamiento y representan tipos distintos de patrones.

Los humanos somos generalmente mejores para transferir conocimiento de un dominio a otro. Si nunca has visto un ornitorrinco, pero te lo describo como "un mamífero con pico de pato y cola de castor que pone huevos", puedes imaginar qué buscar y probablemente reconocerías uno si lo vieras. La mayoría de los sistemas de IA actuales no pueden hacer este tipo de razonamiento flexible basado en descripciones: necesitan aprender a partir de ejemplos directos.

El aspecto social del aprendizaje

Cuando aprendiste a reconocer perros, no lo hiciste tú solo. Otras personas te ayudaron: señalaban perros, decían la palabra "perro", te corregían cuando te equivocabas y te confirmaban cuando acertabas. El aprendizaje humano es fundamentalmente social. Aprendemos unos de otros, y gran parte de lo que sabemos proviene de otras personas que nos enseñaron, ya sea explícitamente o a través de la observación.

El aprendizaje de la IA tiene un componente social similar, aunque es menos evidente. Las etiquetas en los datos de entrenamiento —la información que dice "esta imagen contiene un perro" o "esta imagen no"— representan conocimiento humano. Las personas tuvieron que mirar esas imágenes y etiquetarlas, transfiriendo su conocimiento a la IA. En cierto sentido, cuando usas un sistema de IA que reconoce perros, te estás beneficiando del conocimiento colectivo de todas las personas que etiquetaron las imágenes de entrenamiento, de la misma manera que te beneficias de las personas que te enseñaron a ti.

Existen incluso sistemas de IA que aprenden de la retroalimentación humana de maneras más interactivas. Por ejemplo, algunos sistemas aprenden haciendo que humanos evalúen sus resultados, indicando qué respuestas son buenas y cuáles son malas. Esto es similar a cómo tú aprendiste cosas al recibir retroalimentación positiva cuando acertabas y retroalimentación correctiva cuando te equivocabas. La IA ajusta su comportamiento con base en esta retroalimentación, aprendiendo a hacer más de lo que los humanos aprueban y menos de lo que no.

La naturalidad del reconocimiento

Una de las cosas más notables del reconocimiento de patrones, ya sea en humanos o en la IA, es lo sencillo que parece una vez aprendido. No te esfuerzas por reconocer un perro cuando lo ves: el reconocimiento simplemente sucede, de forma instantánea y automática. No tienes que pensarlo ni analizarlo paso a paso. Lo mismo sucede con un sistema de

IA bien entrenado. Una vez que ha sido entrenado, el reconocimiento es rápido y automático.

Pero esa facilidad es engañosa. Detrás de ese reconocimiento instantáneo hay miles, o incluso millones, de experiencias de aprendizaje, innumerables ajustes y refinamientos, y un procesamiento interno complejo del que no tienes conciencia. La naturalidad que experimentas es, en realidad, el resultado final de un elaborado proceso de aprendizaje y de una sofisticada maquinaria neuronal que trabaja sin interrupciones en segundo plano.

Esto también es cierto para la IA. Un sistema de IA puede reconocer un perro en una imagen en milisegundos, lo que lo hace que parezca simple. Pero ese reconocimiento instantáneo es el resultado de procesar millones de imágenes de entrenamiento a través de miles de millones de operaciones matemáticas para aprender los patrones adecuados. La simplicidad está en el uso, no en lo que lo hace funcionar.

Ver tu propia inteligencia de otra manera

Entender que la IA aprende a través de ejemplos nos ayuda a apreciar algo profundo sobre nuestra propia inteligencia. Gran parte de lo que sabes —quizás la mayor parte de lo que sabes— no lo aprendiste mediante instrucciones explícitas, sino mediante la exposición a ejemplos y el reconocimiento de patrones. Aprendiste tu lengua materna no estudiando reglas gramaticales, sino escuchando millones de oraciones. Aprendiste a desenvolverte en situaciones sociales no a partir de un manual de reglas, sino observando miles de interacciones y descubriendo qué funciona.

En cierto sentido, tú eres una máquina de reconocimiento de patrones, finamente afinada por la evolución y moldeada por tus experiencias. El hecho de que la IA pueda aprender de maneras similares no disminuye la inteligencia humana; más bien, revela algo impresionante sobre las estrategias de aprendizaje que utilizamos los humanos. El reconocimiento de patrones a partir de ejemplos es una forma poderosa de adquirir conocimiento, tan poderosa que funciona tanto cuando se implementa en neuronas biológicas como en circuitos de silicio.

Lo familiar se vuelve extraño

Así que cuando decimos que la IA es como enseñarle a una computadora a reconocer patrones de la misma forma en que tú lo haces, no estamos usando una mera metáfora para hacer la IA más comprensible. Estamos describiendo una similitud profunda en cómo funciona realmente el aprendizaje. Tanto tú como los sistemas de IA:

- Aprenden de ejemplos en lugar de reglas explícitas
- Necesitan muchos ejemplos diversos para aprender de manera efectiva
- Extraen patrones subyacentes que se generalizan a nuevas situaciones
- Construyen un reconocimiento complejo a través de múltiples capas de patrones más simples
- Mejoran con la práctica y la retroalimentación
- Pueden aprender sesgos de sus experiencias de entrenamiento
- Hacen que el reconocimiento parezca sencillo
- Tienen dificultades con cosas fuera de su experiencia

Las principales diferencias están en escala, velocidad y flexibilidad. La IA puede procesar muchos más ejemplos y mucho más rápido que un humano, pero los humanos son mucho mejores transfiriendo conocimiento entre dominios y aprendiendo de muy pocos ejemplos cuando es necesario. Los humanos pueden comprender explicaciones abstractas y analogías, mientras que la mayoría de la IA actual necesita ejemplos directos. Y el aprendizaje humano está profundamente integrado con la conciencia, la emoción y la comprensión de maneras en las que la IA no lo está.

Pero el proceso fundamental —aprender a reconocer patrones a través de la exposición a ejemplos— es notablemente similar. Esto significa que tu experiencia como aprendiz te da una comprensión genuina de cómo funciona la IA. Cuando te preguntas cómo es posible que una IA reconozca algo tan variado y complejo como "perro" en innumerables situaciones distintas, puedes recordar que tú haces exactamente eso y aprendiste de la misma manera que la IA: a través de muchísimos ejemplos a lo largo del tiempo.

Conclusión: Lo familiar se vuelve tecnológico

Entender la IA a través de esta perspectiva basada en procesos de aprendizaje familiares la hace menos misteriosa y más accesible. La IA no es una inteligencia alienígena que funciona de maneras incomprensibles. Es tecnología que aprovecha la misma poderosa estrategia de aprendizaje que te convirtió en un reconocedor de patrones inteligente y capaz.

Cuando usas una aplicación con IA que reconoce tu rostro para desbloquear tu teléfono, utiliza el mismo enfoque básico de aprendizaje que permite a tu cerebro reconocer la cara de tu amigo entre una multitud. Cuando hablas con un asistente de voz que entiende tus palabras, este aprende de ejemplos igual que tú aprendiste a comprender el habla. Cuando una IA te recomienda una película que terminas amando, está reconociendo un patrón en tus preferencias usando el mismo tipo de reconocimiento de patrones que ocurre en tu cerebro cuando reconoces cosas que te gustan.

Esto no significa que la IA y la inteligencia humana sean idénticas —no lo son—. Pero sí significa que el mecanismo central de aprendizaje de gran parte de la IA moderna está fundamentado en algo profundamente familiar: el poder de aprender de ejemplos para reconocer patrones. Y eso es algo que toda persona entiende de forma intuitiva, incluso si nunca lo ha pensado de forma explícita.

La próxima vez que reconozcas algo de forma instantánea —un rostro, una voz, un lugar, un objeto— podrás apreciar que estás haciendo algo extraordinariamente sofisticado, algo que tomó años de aprendizaje a partir de incontables ejemplos. Y podrás entender que cuando la IA hace algo similar, no es magia ni misterio. Es reconocimiento de patrones, aprendido a partir de ejemplos, igual que lo que haces todos los días sin siquiera darte cuenta. Lo familiar se ha vuelto tecnológico, y comprender lo familiar revela los cimientos de la IA.

Dos

La IA no es magia, es matemática

Comprender los números detrás de la inteligencia

En esencia, la IA es un sofisticado reconocimiento de patrones que utiliza estadística y muchos cálculos. Se trata de encontrar conexiones en enormes cantidades de datos que a los humanos les tomaría una eternidad detectar.

Cuando te encuentras por primera vez con una inteligencia artificial que puede escribir poesía, reconocer tu rostro o vencer a campeones mundiales en juegos complejos, puede parecer magia. ¿Cómo puede una máquina hacer estas cosas que parecen requerir creatividad, comprensión e inteligencia? La respuesta podría sorprenderte por su simplicidad: la IA no funciona a través de ninguna fuerza misteriosa ni de la conciencia. En su base, la IA es matemática —específicamente, enormes cantidades de operaciones aritméticas realizadas muy, muy rápidamente para encontrar patrones en los datos—.

Esto puede parecer decepcionante al principio. Queremos que la IA sea misteriosa y profunda, no simples cálculos. Pero en realidad, el hecho de que la matemática por sí sola pueda producir resultados tan impresionantes es su propio tipo de asombro. Exploremos exactamente cómo los números, la estadística y los cálculos crean lo que parece ser inteligencia.

Qué queremos decir con "solo matemática"

Cuando decimos que la IA es "solo matemática", estamos siendo literales. Cada cosa que hace una IA —cada palabra que escribe, cada imagen que reconoce, cada decisión que toma— es el resultado de operaciones matemáticas. Sumas, restas, multiplicaciones y divisiones, realizadas millones o miles de millones de veces, siguiendo fórmulas matemáticas específicas. No hay ningún ingrediente secreto, ningún elemento misterioso que no pueda expresarse como una ecuación.

Piensa por un momento en una calculadora. Cuando escribes "2 + 2" en una calculadora, esta no "entiende" la suma en ningún sentido significativo. Sigue un conjunto de operaciones electrónicas que implementan las reglas matemáticas de la adición y muestra "4". La calculadora está realizando cálculos, y eso es todo lo que hace. La IA es similar, solo que enormemente más compleja. En lugar de un cálculo simple, la IA realiza cantidades astronómicas de cálculos, y en lugar de sumar dos números, procesa cantidades masivas de datos a través de intrincadas fórmulas matemáticas. Pero fundamentalmente, sigue siendo matemática.

Hagamos esto concreto. Imagina que tienes una foto de un perro y quieres que una IA reconozca que es un perro. Esa imagen se almacena en una computadora como números —millones de ellos—. Cada diminuto píxel de la imagen tiene un valor numérico que representa su color. Una foto típica podría tener 1000 píxeles de ancho y 1000 píxeles de alto, lo que te da un millón de píxeles. Cada píxel tiene tres números que representan cuánto rojo, verde y azul contiene. Así que tu foto es, en realidad, tres millones de números.

La IA toma esos tres millones de números y los procesa a través de una serie de operaciones matemáticas. Multiplica estos números por otros números (llamados "pesos" o "parámetros"), suma los resultados, aplica algunas funciones matemáticas a esas sumas y repite este proceso a través de múltiples capas de cálculos. Después de millones o miles de millones de operaciones aritméticas individuales, el sistema produce un conjunto final de números que representa su conclusión: la probabilidad de que esta imagen contenga un perro, un gato, un auto o cualquier cantidad de otras cosas.

Eso es todo. Ese es el proceso. Entran números, ocurren operaciones matemáticas y salen números. Sin magia, sin consciencia, sin comprensión —solo cálculos—.

El poder de la matemática simple aplicada muchas veces

Hay algo que puede parecer casi mágico pero que en realidad es pura matemática: si realizas operaciones simples suficientes veces, en las combinaciones correctas, puedes aproximar funciones increíblemente complejas. Este es un principio fundamental en matemáticas, y es la clave para entender cómo funciona la IA.

Déjame darte una analogía. Imagina que intentas dibujar un círculo perfecto, pero solo puedes trazar líneas rectas. Parece imposible: ¿cómo pueden las líneas rectas formar una curva? Pero aquí está el truco: si dibujas muchos segmentos rectos muy cortos, cada uno con un ángulo ligeramente diferente, puedes aproximar un círculo. Cuantos más segmentos uses, más suave será tu círculo. Con suficientes segmentos diminutos, tu "círculo" se vuelve indistinguible de un círculo matemático perfecto.

La IA funciona bajo un principio similar. Las operaciones matemáticas que usa la IA son relativamente simples: principalmente multiplicación, suma y unas pocas funciones básicas más. Pero al encadenar millones o miles de millones de estas operaciones simples de maneras ingeniosas, el sistema puede aproximar relaciones extremadamente complejas entre entradas y salidas. Puede aprender a asociar tres millones de números que representan una imagen con el concepto "perro". Puede aprender a asociar una secuencia de palabras con la siguiente palabra más apropiada. Puede aprender a asociar una posición en un tablero de ajedrez con la mejor jugada siguiente.

Cada cálculo individual es trivial. Pero el efecto colectivo de millones de cálculos, con los valores adecuados, puede dar lugar a un comportamiento notablemente sofisticado.

Estadística: encontrar patrones en el caos

En el corazón de la IA está la estadística, que es la rama de la matemática dedicada a recopilar, analizar e interpretar datos. La estadística nos brinda herramientas para encontrar patrones y hacer predicciones basadas en esos patrones. Y eso es exactamente lo que hace la IA: encontrar patrones estadísticos en los datos.

Entendamos esto con un ejemplo sencillo. Imagina que intentas predecir si lloverá mañana. Podrías observar el clima de hoy y hacer una suposición. Pero un enfoque mejor sería analizar datos históricos. Recopilas información sobre el clima de los últimos 1,000 días: temperatura, humedad, presión atmosférica, cobertura de nubes y si llovió al día siguiente. Ahora puedes hacer un análisis estadístico de estos datos.

Podrías descubrir patrones: cuando la humedad está por encima del 80% y la presión atmosférica está bajando, llueve al día siguiente el 75% de las veces. Cuando la humedad es baja y la presión está subiendo, llueve solo el 5% de las veces. Estos son patrones estadísticos: relaciones entre variables que se cumplen la mayoría de las veces, pero no siempre.

Con este conocimiento estadístico, puedes hacer predicciones. El pronóstico del tiempo de mañana se convierte en un problema matemático: dados los valores de humedad, temperatura y presión de hoy, ¿qué sugieren los patrones históricos sobre la probabilidad de lluvia mañana? No estás adivinando mágicamente el futuro, sino usando la matemática para encontrar patrones en datos pasados y extrapolar esos patrones hacia adelante.

La IA hace exactamente esto, pero con muchas más variables y muchos más datos. Cuando una IA aprende a reconocer perros en imágenes, está encontrando patrones estadísticos en los millones de píxeles que componen las imágenes de perros. Descubre cosas como: cuando ciertos patrones de píxeles aparecen en ciertos arreglos, hay una alta probabilidad de que la imagen contenga un perro. No está "entendiendo" lo que es un perro en ningún sentido filosófico; está encontrando relaciones matemáticas entre valores de píxeles y la etiqueta "perro".

Números que representan todo

Para que la IA haga su magia matemática, todo necesita convertirse en números. Esto podría parecer limitante, pero en realidad es increíblemente poderoso porque casi cualquier cosa puede representarse numéricamente.

Ya mencionamos que las imágenes son números: valores de píxeles que representan colores. Pero ¿qué pasa con el texto? ¿Cómo conviertes palabras en números? Hay muchos enfoques, pero aquí tienes uno sencillo: podrías asignar un número a cada palabra. "El" podría ser 1, "gato" podría ser 2, "se sentó" podría ser 3, y así sucesivamente. Entonces la oración "el gato se sentó" se convierte en la secuencia de números "1 2 3". Enfoques más sofisticados codifican no solo qué palabra es, sino información sobre su significado, su función gramatical y sus relaciones con otras palabras, todo como números.

Los sonidos también pueden representarse como números. Una onda sonora es, en realidad, presión de aire que cambia con el tiempo. Si mides esa presión miles de veces por segundo y registras cada medición como un número, has convertido ese sonido en números. Eso es lo que ocurre cuando grabas audio en forma digital: la computadora almacena una larga lista de números que representan la amplitud de la onda sonora en cada instante.

Incluso los conceptos abstractos pueden convertirse en números. Si quieres representar las preferencias de una persona por distintos tipos de películas, podrías crear una lista de números: 8 de 10 para películas de acción, 3 de 10 para terror, 7 de 10 para comedia, y así sucesivamente.

Sus preferencias son ahora un vector matemático: una lista de números que puede procesarse matemáticamente.

Una vez que todo está representado como números, la IA puede aplicar la matemática para encontrar patrones y hacer predicciones. Por eso la IA se ha aplicado con éxito a tantos campos diferentes. Ya sean imágenes, texto, sonido, datos de sensores de máquinas, registros financieros o información médica, si puede convertirse en números, la IA puede analizarlo matemáticamente.

La operación matemática fundamental: multiplicación y suma

Seamos específicos sobre qué cálculos realiza realmente la IA. En el nivel más básico, la operación fundamental es asombrosamente simple: multiplicar algunos números entre sí, sumar los resultados y posiblemente aplicar una función sencilla a la suma.

Imagina que estás tratando de decidir si llevar un paraguas hoy. Podrías considerar varios factores: la humedad (digamos, 70%), la cobertura de nubes (80%) y lo que dice el pronóstico del tiempo (60% de probabilidad de lluvia). Intuitivamente, le das diferentes pesos a estos factores. Quizás confías más en el pronóstico del tiempo, así que cuenta un 50% en tu decisión. La cobertura de nubes cuenta un 30% y la humedad un 20%.

Tu proceso de decisión podría ser matemático:

- Pronóstico del tiempo (0.6) × importancia (0.5) = 0.30
- Cobertura de nubes (0.8) × importancia (0.3) = 0.24
- Humedad (0.7) × importancia (0.2) = 0.14
- Total = 0.30 + 0.24 + 0.14 = 0.68

Como 0.68 está por encima de 0.5, te llevas el paraguas. Acabas de realizar una suma ponderada: multiplicaste cada entrada por un peso que representa su importancia, sumaste los resultados y usaste eso para tomar una decisión.

Este tipo exacto de cálculo es el bloque básico de la IA. Un sistema de IA contiene millones o miles de millones de estos pesos. Cuando procesa datos, realiza constantemente estas sumas ponderadas. Para reconocer un perro en una imagen, algunos píxeles podrían tener pesos altos (porque están en áreas donde típicamente aparecen rasgos de perro) y otros podrían tener pesos bajos. El sistema multiplica el valor de cada píxel por su peso, los suma todos y usa el resultado para ayudar a decidir si hay un perro en la imagen.

La parte mágica —y aquí es donde emerge la "inteligencia"— es que el sistema aprende qué pesos usar mediante la exposición a ejemplos. Inicialmente, los pesos son aleatorios y las predicciones del sistema son muy deficientes. Pero a través de un proceso matemático llamado optimización, los pesos se ajustan gradualmente para mejorar la precisión del sistema. Después de procesar millones de ejemplos y ajustar los pesos en millones de iteraciones, el sistema llega a un conjunto de pesos que codifican patrones útiles para reconocer perros.

El aprendizaje como optimización matemática

El proceso de aprendizaje en la IA es en sí mismo un procedimiento matemático. Se llama "optimización" y es una técnica para encontrar los mejores valores de un conjunto de parámetros con el fin de minimizar algún error o maximizar algún objetivo.

Veamos una analogía sencilla. Imagina que intentas ajustar la temperatura de tu ducha a exactamente 38 grados centígrados. Giras la llave del agua caliente y mides la temperatura: está a 27 grados, demasiado fría. Así que subes un poco el agua caliente. Ahora está a 43 grados, demasiado caliente. Ajustas un poco hacia abajo. Sigues haciendo ajustes, cada vez midiendo la temperatura y moviendo la llave en la dirección que te acerque a tu objetivo. Finalmente, encuentras la posición correcta de la llave que te da 38 grados.

Esto es optimización. Tenías un error (la diferencia entre la temperatura actual y tu objetivo) y ajustaste iterativamente un parámetro (la posición de la llave) para reducir ese error. El proceso es matemático: mides el error, determinas la dirección en la que ajustar el parámetro, haces el ajuste y repites.

El aprendizaje de la IA funciona de la misma manera, solo que con millones de parámetros en lugar de una sola llave. El sistema hace una predicción (como identificar qué hay en una imagen), la compara con la respuesta correcta, calcula el error y luego ajusta ligeramente todos sus pesos en direcciones que reduzcan el error. Realiza este proceso miles o millones de veces, procesando muchos ejemplos, y gradualmente los pesos convergen hacia valores que producen buenas predicciones.

Los métodos matemáticos para determinar cómo ajustar los pesos se llaman "descenso de gradiente" o "retropropagación" (backpropagation) y utilizan el cálculo diferencial, la rama de la matemática que estudia las tasas de cambio. La idea clave es que se puede calcular matemáticamente cuánto contribuyó cada peso al error y, por lo tanto, cómo ajustarlo para reducir ese error. Todo son ecuaciones y aritmética, no se necesita magia.

Por qué la escala masiva importa

Aquí es donde la parte de "muchos cálculos" se vuelve crucial. La matemática que subyace a la IA no es particularmente complicada: son operaciones que aprendiste en álgebra y cálculo del bachillerato. Pero la escala es gigantesca.

Un sistema de IA moderno puede tener miles de millones de parámetros (pesos). Entrenar un sistema así puede implicar procesar millones o miles de millones de ejemplos. Para cada ejemplo, el sistema realiza miles de millones de operaciones matemáticas. Así que el número total de cálculos durante el entrenamiento es astronómico: quintillones o más.

Para poner esto en perspectiva, si estuvieras haciendo estos cálculos a mano con una calculadora, y pudieras completar un cálculo por segundo, te tomaría miles de millones de años entrenar un solo sistema moderno de IA. Pero las computadoras pueden realizar miles de millones de cálculos por segundo, especialmente utilizando chips especializados llamados GPU (Unidades de Procesamiento Gráfico) que están diseñados para realizar muchos cálculos simultáneamente. Lo que a un humano le tomaría miles de millones de años, a una computadora le toma horas o días.

Esta escala masiva es lo que hace que la IA sea práctica. La matemática se ha comprendido desde hace décadas, pero solo recientemente las computadoras se han vuelto lo suficientemente potentes como para realizar los cálculos necesarios en plazos razonables. La "inteligencia" de la IA surge de la enorme escala de computación matemática: miles de millones de parámetros, aprendidos a partir de millones de ejemplos, a través de quintillones de cálculos.

Estadística: correlación y predicción

Profundicemos en el lado estadístico. Uno de los conceptos fundamentales en estadística es la correlación: cuando dos cosas tienden a ocurrir juntas o a moverse juntas. La IA es, en esencia, una máquina para descubrir correlaciones en los datos.

Supongamos que estás analizando datos sobre las calificaciones de estudiantes y sus horas de estudio. Podrías descubrir una correlación: los estudiantes que estudian más horas tienden a obtener calificaciones más altas. Esta correlación se expresa matemáticamente como un número entre -1 y 1, donde 1 significa una correlación positiva perfecta, -1 significa una correlación negativa perfecta y 0 significa que no hay correlación.

Con esta correlación, puedes hacer predicciones. Si un nuevo estudiante estudia 10 horas para un examen, puedes usar la relación matemática que descubriste para predecir su calificación probable. No es una certeza —correlación no significa que una cosa cause la otra y siempre hay variación— pero puedes hacer una predicción estadística informada.

La IA hace esto a gran escala con miles o millones de variables. Cuando aprende a reconocer perros en imágenes, está encontrando patrones estadísticos en los millones de píxeles que componen las imágenes de perros. Descubre cosas como: cuando ciertos patrones de píxeles aparecen en determinadas disposiciones, hay una alta probabilidad de que la imagen contenga un perro. No está "entendiendo" qué es un perro en ningún sentido filosófico —está encontrando relaciones matemáticas entre los valores de los píxeles y la etiqueta "perro".

Todas estas correlaciones se descubren a través del análisis matemático de los datos. El sistema observa los números, calcula relaciones estadísticas entre distintas variables y codifica esas relaciones en sus parámetros. Luego, cuando se encuentra con nuevos datos, utiliza esas correlaciones aprendidas para hacer predicciones.

Probabilidad: manejar la incertidumbre

Otra rama crucial de la matemática en la IA es la teoría de la probabilidad: la matemática de la incertidumbre. Las predicciones en el mundo real casi nunca son seguras. Siempre hay variabilidad, ruido y factores que desconocemos.

Los sistemas de IA normalmente no producen respuestas definitivas; producen probabilidades. Cuando un sistema de reconocimiento de imágenes observa una foto, no dice simplemente "perro" o "no es un perro". En cambio, calcula probabilidades: 95 % de probabilidad de que sea un perro, 3 % de probabilidad de que sea un lobo, 1 % de probabilidad de que sea un zorro, 1 % de probabilidad de que sea otra cosa.

Estas probabilidades provienen de las operaciones matemáticas dentro del sistema. Las capas finales de cálculo normalmente incluyen una función matemática que convierte los números internos del sistema en probabilidades que suman 100 %. Esta función asegura que los resultados puedan interpretarse como estimaciones de probabilidad legítimas.

¿Por qué probabilidades en lugar de certezas? Porque el sistema ha aprendido que el mundo es incierto. En sus datos de entrenamiento, imágenes de apariencia similar a veces tenían etiquetas diferentes. El sistema aprendió que cuando ve ciertos patrones, hay un 95 % de probabilidad de que sean perros, pero ocasionalmente esos patrones también aparecen con otros animales. El marco matemático de la probabilidad permite que el sistema exprese esta incertidumbre de forma numérica.

Esto es, de hecho, más honesto que las declaraciones absolutas. Cuando tú reconoces un perro, también estás trabajando con probabilidades en tu cerebro —simplemente no eres consciente de ello—. Si ves una forma borrosa a la distancia con cuatro patas, podrías estar 70 % seguro de que es un perro, 20 % seguro de que es otro animal, y 10 % sin estar seguro. La IA hace que estas estimaciones de probabilidad sean explícitas y numéricas.

Álgebra de matrices: procesar muchos números simultáneamente

Una razón por la que la IA puede ser tan poderosa es que procesa grandes cantidades de datos simultáneamente usando álgebra de matrices. Una matriz es simplemente una cuadrícula rectangular de números, y existen reglas matemáticas para manipular matrices de manera eficiente.

¿Recuerdas nuestra imagen con tres millones de valores de píxeles? En los sistemas de IA, estos no se procesan de forma individual. En cambio, se organizan en matrices y se procesan todos a la vez utilizando operaciones matriciales. Los chips modernos pueden realizar multiplicaciones de matrices a gran velocidad: miles de millones de operaciones matriciales por segundo.

Este procesamiento en paralelo es crucial para la velocidad y las capacidades de la IA. En lugar de observar cada píxel individualmente, el sistema puede analizar regiones enteras de la imagen simultáneamente. Puede aplicar transformaciones matemáticas a miles o millones de números en una sola operación, extrayendo patrones a múltiples escalas simultáneamente.

La matemática de las matrices se ha estudiado durante siglos y se comprende muy bien. El álgebra lineal —la rama de la matemática que se ocupa de matrices y vectores— proporciona los cimientos de gran parte de la IA moderna. La revolución del "aprendizaje profundo" (deep learning) que ha hecho a la IA tan poderosa en los últimos años se trata en gran medida de descubrir cómo organizar de forma ingeniosa las operaciones matriciales para extraer patrones cada vez más complejos de los datos.

Funciones: mapear entradas a salidas

Matemáticamente, lo que la IA está haciendo es aprender una función: una relación matemática que relaciona entradas con salidas. Cuando aprendiste sobre funciones en la escuela, puede que hayas visto cosas como $f(x) = 2x + 3$. Esta función toma una entrada (x), realiza algunas operaciones (multiplicar por 2, sumar 3) y produce una salida.

La IA está aprendiendo funciones muchísimo más complicadas, pero el concepto es el mismo. Una IA de reconocimiento de imágenes está aprendiendo una función que toma tres millones de números (los píxeles) como entrada y produce probabilidades para diferentes objetos como salida. Una IA de lenguaje está aprendiendo una función que toma una secuencia de palabras como entrada y produce la siguiente palabra como salida.

Estas funciones son increíblemente complejas —no se pueden escribir como ecuaciones simples del tipo $f(x) = 2x + 3$—. Involucran millones de parámetros y capas anidadas de operaciones. Pero siguen siendo funciones matemáticas que obedecen reglas deterministas. Dada la misma entrada, siempre producen la misma salida, porque los cálculos son siempre los mismos.

El proceso de "aprendizaje" consiste en encontrar la función correcta —o, más precisamente, encontrar los parámetros correctos para una plantilla de función muy flexible—. La estructura de la plantilla de función es diseñada por investigadores e ingenieros de IA. Esta define los tipos de operaciones matemáticas que se realizan y el orden en que deben realizarse. Pero los números específicos (parámetros) que hacen que la función funcione bien se aprenden a partir de los datos mediante el proceso de optimización que discutimos anteriormente.

Por qué esto parece más que solo matemáticas

Si la IA es "solo matemática", ¿por qué a veces parece algo más? ¿Por qué parece inteligente, creativa o comprensiva? Hay varias razones:

Primero, la escala y la complejidad ocultan la simplicidad subyacente. Cuando ves miles de millones de parámetros procesando millones de puntos de datos a través de quintillones de cálculos, resulta difícil tener presente que cada paso individual es simplemente aritmético. El bosque no deja ver los árboles.

Segundo, antropomorfizamos. Vemos un comportamiento que se parece a la inteligencia humana y tendemos a atribuir procesos mentales humanos a lo que observamos. Cuando la IA escribe un poema, imaginamos que está "pensando" en metáforas y emociones. Pero en realidad está calculando probabilidades de qué palabra es más probable que venga a continuación, basándose en patrones que aprendió de millones de textos de ejemplo.

Tercero, las propiedades emergentes son genuinamente sorprendentes. Cuando operaciones simples se combinan a una escala masiva de formas ingeniosas, las capacidades resultantes pueden resultar realmente inesperadas. Los investigadores no siempre saben de antemano de qué será capaz un sistema de IA una vez entrenado. El comportamiento emergente puede parecer creativo o perspicaz, aunque surja de procesos matemáticos mecánicos.

Cuarto, no entendemos los patrones que la IA ha aprendido. Los miles de millones de parámetros en un sistema de IA entrenado codifican patrones descubiertos en los datos, pero esos patrones están representados como enormes conjuntos de números que no se traducen en conceptos fácilmente interpretables. Así que el sistema parece estar funcionando a través de algún proceso misterioso, cuando en realidad aplica relaciones estadísticas aprendidas que resultan ser demasiado complejas para que los humanos las comprendan directamente.

Los límites de "solo matemática"

Comprender que la IA es matemáticas también nos ayuda a entender sus limitaciones. La matemática es poderosa, pero tiene restricciones:

- **La matemática requiere datos.** A diferencia de los humanos, que a veces pueden razonar a partir de principios o hacer deducciones lógicas, los sistemas de IA aprenden a partir de ejemplos. Si los datos son limitados, sesgados o no representativos, los patrones matemáticos que el sistema aprende serán defectuosos.
- **La matemática encuentra correlaciones, no causas.** Los métodos estadísticos pueden descubrir que dos cosas tienden a ocurrir juntas, pero no pueden distinguir por sí mismos si una causa la otra, si ambas son causadas por algo más, o si la relación es coincidencia. La IA puede aprender que las nubes oscuras se correlacionan con la lluvia, pero no "entiende" el mecanismo causal del clima.
- **La matemática es frágil.** Las funciones matemáticas funcionan bien en los dominios donde fueron entrenadas, pero pueden fallar estrepitosamente cuando se aplican a contextos diferentes. Una IA entrenada con fotos normales podría confundirse con imágenes artísticas, porque los patrones matemáticos son distintos.
- **La matemática no tiene sentido común.** Los seres humanos aportan un vasto conocimiento previo a cada situación. Entendemos de manera implícita la física, las dinámicas sociales, la psicología y un sinfín de otros ámbitos. Los sistemas de IA solo cuentan con patrones matemáticos extraídos de sus datos de entrenamiento. Carecen de la comprensión amplia y flexible que los humanos desarrollamos.

- **La matemática no entiende el significado.** Cuando una IA procesa la palabra "perro", está manipulando una representación numérica. Ha aprendido patrones estadísticos sobre cómo esa representación se relaciona con otras representaciones, pero no hay una comprensión semántica —ningún concepto mental de lo que es un perro, ningún conocimiento de lo que se siente al acariciar a un perro o escucharlo ladrar.

Estas no son críticas a la IA, sino simplemente el reconocimiento de lo que los enfoques matemáticos pueden y no pueden hacer. La matemática es espectacularmente buena encontrando patrones en los datos y utilizando esos patrones para la predicción y la clasificación. Pero no es adecuada para tareas como el razonamiento abstracto, la comprensión causal, la generalización más allá de los datos de entrenamiento o cualquier tarea que requiera una comprensión genuina en lugar de reconocimiento de patrones.

Matemáticas diferentes para tareas diferentes

No todos los sistemas de IA usan la misma matemática. Diferentes tipos de tareas requieren diferentes enfoques matemáticos:

- **Las redes neuronales** usan el enfoque de sumas ponderadas en capas que ya discutimos, inspirado de manera general en cómo funcionan las neuronas en el cerebro. Son buenas para tareas de percepción como reconocer imágenes o comprender el habla.
- **Los árboles de decisión** utilizan lógica de ramificación que puede representarse matemáticamente: si la variable X está por encima del umbral T, toma la rama izquierda; de lo contrario, toma la rama derecha. Son adecuados para tareas en las que las decisiones siguen reglas jerárquicas.
- **Los métodos bayesianos** usan la teoría de probabilidad para actualizar creencias basándose en evidencia. Son buenos cuando necesitas incorporar conocimiento previo y cuantificar la incertidumbre de manera cuidadosa.

- **El aprendizaje por refuerzo** usa optimización matemática para aprender estrategias a través del ensayo y error, maximizando las recompensas a lo largo del tiempo. Es adecuado para tareas como jugar videojuegos o controlar robots.

Pero todos estos son marcos matemáticos. Usan ecuaciones diferentes y tipos de cálculos diferentes, pero todos procesan números según reglas matemáticas para encontrar patrones y hacer predicciones.

El papel de la computadora: velocidad y precisión

Conviene destacar lo que las computadoras aportan: velocidad y precisión en el cálculo. Los humanos somos terribles realizando millones de cálculos con exactitud. Cometemos errores aritméticos, nos cansamos y no podemos mantener miles de números en la cabeza simultáneamente.

Las computadoras sobresalen exactamente en lo que nosotros somos malos. Pueden realizar miles de millones de cálculos por segundo sin cansarse ni cometer errores (asumiendo que el hardware funcione correctamente). Pueden almacenar miles de millones de números en memoria y acceder a ellos instantáneamente. Nunca se aburren con cálculos repetitivos.

Por eso la IA se implementa en computadoras en lugar de hacer que los humanos calculen todo a mano. La matemática funcionaría de la misma manera en principio si los humanos hiciéramos todos los cálculos — simplemente tardaríamos miles de millones de años. Las computadoras lo hacen práctico ejecutando la matemática a velocidad sobrehumana.

Pero la computadora no añade nada mágico. Simplemente sigue instrucciones matemáticas a gran velocidad. La inteligencia no está en el hardware de la computadora —está en la matemática que el hardware ejecuta.

Depurar la IA: cuando la matemática falla

El hecho de que la IA sea matemática significa que, cuando falla, podemos analizar la causa desde una perspectiva matemática. Cuando una IA comete un error, es porque la función matemática que aprendió no mapea correctamente la entrada a la salida deseada en ese caso.

Esto puede ocurrir porque:

- Los datos de entrenamiento no incluyeron suficientes ejemplos de este tipo de situación
- La estructura matemática de la red no es lo suficientemente flexible para representar la relación verdadera
- El proceso de optimización encontró un mínimo local en lugar de la mejor solución
- Había ruido o errores en los datos de entrenamiento que llevaron a aprender patrones incorrectos

Todos estos son problemas matemáticos que pueden analizarse y potencialmente corregirse con técnicas matemáticas. Esto es muy diferente a intentar "depurar" una mente o una conciencia —estamos depurando una ecuación, esencialmente.

Los ingenieros que trabajan en IA dedican mucho tiempo a analizar qué operaciones matemáticas está realizando el sistema, qué patrones ha aprendido (en la medida en que puedan visualizarse) y cómo ajustar el marco matemático para mejorar el rendimiento. Es ingeniería y matemática aplicada, no psicología ni filosofía.

La belleza de la inteligencia matemática

Hay algo profundo en el hecho de que la matemática por sí sola pueda producir un comportamiento que parece inteligente. Durante siglos, la gente asumía que la inteligencia requería algo más allá de lo físico —un alma, conciencia o alguna cualidad inefable. El éxito de la IA demuestra que muchos comportamientos inteligentes pueden emerger de procesos puramente matemáticos.

Esto no significa que la inteligencia humana sea únicamente matemáticas, ni que la conciencia sea una ilusión. Pero sí demuestra que la conexión entre el procesamiento matemático de patrones y el comportamiento inteligente es más profunda de lo que podríamos haber pensado.

Es similar a cómo la matemática describe la física. Los movimientos de los planetas, el flujo del agua, el comportamiento de la luz —todo esto puede describirse con precisión mediante ecuaciones matemáticas. La matemática no es solo una descripción aproximada; parece ser el lenguaje en el que están escritas las leyes físicas. De manera similar, la matemática podría ser el lenguaje del procesamiento de información y el reconocimiento de patrones, ya sea implementado en silicio o en neuronas.

Conclusión: desmitificar la inteligencia

Cuando decimos que la IA "no es magia, es matemática", estamos desmitificando la inteligencia sin restarle valor. Entender que la IA funciona a través de la estadística y la computación no la hace menos impresionante —de hecho, la hace más impresionante, al comprender cuánto se puede lograr mediante principios matemáticos.

Cada vez que una IA reconoce tu rostro, entiende tu voz o genera texto coherente, está realizando millones o miles de millones de cálculos matemáticos. Los píxeles se multiplican por pesos, se calculan sumas, se calculan probabilidades y se aplican patrones aprendidos de conjuntos de datos enormes. Sin conciencia, sin comprensión, sin magia —solo números, ecuaciones y muchísimos cálculos.

Esta base matemática significa que la IA es comprensible. Podemos escribir las ecuaciones. Podemos rastrear los cálculos (al menos en principio, aunque son demasiados para hacerlo manualmente). Podemos analizar qué salió mal cuando falla. Podemos mejorarla ajustando el modelo matemático o aportando más datos.

También significa que la IA hereda tanto el poder como las limitaciones de las matemáticas. Puede encontrar patrones que los humanos nunca habrían detectado en conjuntos de datos enormes, al procesar información a escalas que superan la capacidad humana. Pero también puede fallar de maneras que parecen absurdas para los humanos, porque está siguiendo relaciones matemáticas que no capturan toda la complejidad o el contexto del mundo real.

Entender la IA como matemáticas nos ayuda a usarla adecuadamente. Podemos apreciar sus fortalezas —procesar grandes cantidades de datos, encontrar correlaciones sutiles y hacer predicciones consistentes a gran escala. Y podemos respetar sus limitaciones —la falta de comprensión verdadera, la dependencia de los datos de entrenamiento, la fragilidad fuera de su dominio de entrenamiento original.

La próxima vez que interactúes con la IA, recuerda: no te comunicas con una inteligencia alienígena ni accedes a alguna fuerza misteriosa. Estás usando los resultados de un cálculo matemático enorme, el producto de miles de millones de números que se multiplican, suman y se transforman según patrones aprendidos de los datos. Son matemáticas a una escala impresionante, aplicadas de forma ingeniosa para resolver problemas útiles. No es magia —es matemática. Matemáticas hermosas, poderosas y útiles.

Tres
La IA es como entrenar, no como programar
Comprender el cambio fundamental en la forma en que aprenden las computadoras

---

El software tradicional sigue reglas explícitas que tú escribes ("si ocurre esto, entonces haz aquello"). La IA, en cambio, aprende de ejemplos. Le muestras miles de fotos de gatos y descubre qué hace que algo sea un gato.

Cuando la mayoría de la gente piensa en computadoras y software, imagina a programadores tecleando instrucciones que le dicen a la computadora exactamente qué hacer en cada situación. Esto es programación, y ha sido la forma dominante de hacer útiles a las computadoras durante décadas. Pero la inteligencia artificial representa un enfoque fundamentalmente diferente —uno que se parece menos a dar instrucciones y más a enseñar a un estudiante. Comprender esta diferencia es crucial para entender qué es realmente la IA y por qué es una tecnología tan revolucionaria.

La forma tradicional: programar con reglas explícitas

Empecemos por entender qué significa realmente programar. Cuando programas una computadora, estás escribiendo instrucciones explícitas, paso a paso, que le dicen a la computadora exactamente qué hacer en cada situación posible. Es como escribir una receta increíblemente detallada que contempla todas las variaciones y posibilidades.

Imagina que estás programando una calculadora simple. Necesitas decirle a la computadora: "Cuando el usuario escriba dos números y haga clic en el botón de sumar, suma esos números y muestra el resultado. Cuando haga clic en el botón de restar, resta el segundo del primero. Cuando haga clic en el botón de multiplicar, multiplícalos", y así sucesivamente. Para cada botón, cada operación, cada posible entrada, escribes código explícito que indica exactamente lo que debe ocurrir.

Este enfoque funciona de maravilla para tareas donde las reglas son claras, consistentes y pueden especificarse por completo. Operaciones matemáticas, consultas a bases de datos, ordenar listas: todas estas son cosas para las que podemos escribir reglas exactas para cada situación, y la programación las maneja perfectamente.

Consideremos un ejemplo más complejo: escribir un programa para determinar si alguien es elegible para un préstamo. Las reglas podrían ser:

- Si el puntaje crediticio es superior a 700 Y el ingreso es mayor a $50,000, aprobar el préstamo
- Si el puntaje crediticio está entre 650 y 700 Y el ingreso es mayor a $75,000, aprobar el préstamo
- Si el puntaje crediticio es inferior a 650, denegar el préstamo
- Si el ingreso es inferior a $30,000, denegar el préstamo
- Y así sucesivamente...

Tú, el programador, piensas en todas las reglas, todos los casos extremos, todas las combinaciones de condiciones, y escribes código explícito para cada una. La computadora entonces seguirá tus reglas exactamente, siempre, con una consistencia perfecta. Si las reglas son buenas, el programa funciona bien. Si olvidaste un caso o te equivocaste en una regla, el programa fallará.

Esta es la esencia de la programación tradicional: los humanos definen las reglas, las escriben como código y la computadora ejecuta esas reglas mecánicamente. La inteligencia —la toma de decisiones sobre qué reglas usar— proviene enteramente del programador humano.

Por qué la programación no funciona para todo

El enfoque de la programación es poderoso, pero tiene una limitación importante: muchos problemas del mundo real no tienen reglas que puedan escribirse fácilmente. Piensa en la tarea de reconocer un gato en una fotografía. ¿Cómo programarías eso?

Podrías empezar con algunas reglas:

- Si la imagen tiene orejas puntiagudas, podría ser un gato
- Si tiene bigotes, podría ser un gato
- Si tiene cuatro patas y pelaje, podría ser un gato

Pero enseguida te encuentras con problemas. Los perros también tienen cuatro patas y pelaje. Los conejos tienen orejas puntiagudas. Algunas fotos de gatos muestran al gato de espaldas, donde no puedes ver los bigotes. Algunas fotos están borrosas, o el gato está parcialmente oculto, o la iluminación es extraña. Algunas razas de gatos se ven muy diferentes de otras: un gato Sphynx sin pelo no se parece en nada a un esponjoso gato Persa.

Podrías intentar escribir reglas más elaboradas: "Si orejas puntiagudas Y bigotes Y las orejas están ubicadas en un ángulo específico Y la cara tiene cierta forma Y..." Pero el problema sigue creciendo. ¿Cómo defines "cierta forma" en código? ¿Cómo escribes una regla que funcione para todos los ángulos, todas las condiciones de iluminación, todas las razas, todas las poses?

La realidad es que reconocer un gato es fácil para un niño de cinco años, pero casi imposible de formular en reglas programadas explícitas. Lo mismo ocurre con innumerables otras tareas: reconocer rostros, entender el habla, leer texto escrito a mano, traducir idiomas, jugar juegos estratégicos o escribir texto coherente. Estas tareas son fáciles para los humanos, pero extremadamente difíciles de reducir a reglas explícitas que puedan programarse.

Aquí es donde la limitación fundamental de la programación tradicional se hace evidente: para muchos problemas importantes, los humanos en realidad no sabemos qué reglas estamos usando. Podemos reconocer un gato al instante, pero no podemos explicar las reglas precisas que nos permiten hacerlo. Y si no podemos explicar las reglas, no podemos programarlas.

Aquí entra el enfoque del entrenamiento: aprender a partir de ejemplos

La IA adopta un enfoque completamente diferente. En lugar de intentar escribir reglas, le mostramos al sistema muchos ejemplos y dejamos que descubra los patrones por su cuenta. Esto es entrenamiento, no programación.

Piensa en cómo aprendiste a reconocer gatos. Nadie te sentó y te dio un manual de reglas: "Los gatos tienen orejas en un ángulo de 60 grados, bigotes de entre 5 y 12 centímetros de largo, pupilas en forma de hendiduras verticales..." En cambio, la gente señalaba gatos y decía "gato". Te mostraban libros con imágenes de gatos. Veías gatos en la vida real, en la televisión y en diversas situaciones. Después de ver docenas o cientos de ejemplos, simplemente entendías lo que era un gato. Internalizaste el patrón de lo que define a un gato sin que nadie te enseñara explícitamente las reglas.

La IA funciona de la misma manera. Así es como entrenaríamos un sistema de IA para reconocer gatos:

Paso 1: Reunir ejemplos. Recopilamos miles de imágenes —digamos 50.000 fotos. La mitad contiene gatos, la otra mitad no. Es fundamental que etiquetemos cada imagen: "gato" o "no gato". Estas etiquetas son etiquetas de aprendizaje, como cuando alguien señalaba un animal y te decía "gato" cuando estabas aprendiendo.

Paso 2: Mostrar los ejemplos al sistema. Le mostramos al sistema de IA estas imágenes una por una (o en lotes). Al principio, el sistema no sabe nada. Sus parámetros internos están configurados aleatoriamente, así que sus respuestas también son aleatorias. Mira la foto de un gato y podría responder "no gato". Mira la foto de un auto y podría responder "gato". Se equivoca la mayor parte del tiempo porque aún no ha aprendido nada.

Paso 3: Proporcionar retroalimentación. Después de cada predicción, le decimos al sistema si acertó o se equivocó. "No, eso era un gato, te equivocaste." "Sí, eso no es un gato, acertaste." Esta retroalimentación es crucial: es la forma en que el sistema aprende.

Paso 4: Permitir que el sistema se ajuste. Aquí es donde ocurre el "aprendizaje". Con base en la retroalimentación, el sistema ajusta automáticamente sus parámetros internos ligeramente. Si dijo incorrectamente "no gato" para una imagen de un gato, se ajusta en una dirección que hace más probable que diga "gato" para imágenes similares en el futuro. Si dijo incorrectamente "gato" para una imagen que no era de un gato, se ajusta para que sea menos probable que diga "gato" para imágenes similares.

Estos ajustes son matemáticos: el sistema está modificando millones de números que controlan cómo procesa las imágenes. Pero no necesitas entender la matemática para captar el concepto: el sistema se está ajustando para funcionar mejor con base en la retroalimentación.

Paso 5: Repetir miles de veces. El sistema recorre las 50,000 imágenes, haciendo predicciones y ajustándose con base en la retroalimentación. Luego las recorre todas de nuevo. Y otra vez. Y otra vez. Después de docenas o cientos de iteraciones sobre los datos, sucede algo extraordinario: el sistema se vuelve bueno reconociendo gatos. Ha aprendido patrones a partir de ejemplos, lo que le permite identificar correctamente gatos incluso en fotos que nunca ha visto antes.

Observa lo que no sucedió: nadie escribió reglas sobre qué hace que algo sea un gato. Nadie programó el sistema con instrucciones sobre orejas o bigotes. El programador no necesitó entender qué características distinguen a los gatos de otros animales. El sistema lo descubrió por su cuenta al analizar ejemplos.

Entrenamiento vs. programación: una comparación directa

Hagamos el contraste completamente claro con una comparación directa:

- **Programación tradicional:**
  - El programador escribe reglas explícitas
  - Las reglas cubren todos los casos posibles
  - La computadora sigue las reglas exactamente
  - La inteligencia proviene del programador
  - Funciona muy bien cuando las reglas se pueden conocer
  - Falla cuando las reglas son demasiado complejas para especificar
  - El comportamiento es predecible y consistente
  - Es fácil entender por qué se toman las decisiones

- **Entrenamiento de IA:**
  - Al sistema se le muestran muchos ejemplos
  - El sistema encuentra patrones por su cuenta
  - La computadora aprende principios generales a partir de ejemplos
  - La inteligencia emerge del proceso de aprendizaje
  - Funciona muy bien incluso cuando las reglas son desconocidas
  - Requiere muchos datos de ejemplo de buena calidad
  - El comportamiento se adapta con base en lo que aprendió
  - Es difícil entender exactamente por qué se toman las decisiones

La diferencia filosófica clave está en dónde reside la inteligencia. En la programación, toda la inteligencia está en las reglas que escribe el programador. La computadora simplemente sigue instrucciones mecánicamente. En el entrenamiento de IA, la inteligencia emerge de los patrones que el sistema descubre en los datos. El programador configura el sistema de aprendizaje, pero no especifica qué patrones debe encontrar.

Por qué funciona el entrenamiento: el descubrimiento de patrones

Quizá te preguntes: ¿cómo es posible que mostrar ejemplos funcione? ¿Cómo sabe el sistema qué patrones buscar? La respuesta está en la estructura del sistema de aprendizaje y en el poder de la optimización.

El sistema de IA está diseñado con una estructura flexible que puede representar muchos patrones posibles. Piensa en él como un material moldeable que puede adoptar diferentes formas. Al inicio, tiene una forma aleatoria que no corresponde a nada útil. Pero el proceso de entrenamiento lo moldea, ajustando gradualmente su forma con base en los ejemplos y la retroalimentación.

El proceso matemático que realiza este moldeado se llama optimización. El objetivo del sistema es minimizar los errores de predicción. Cada vez que hace una predicción incorrecta, se produce un error. El proceso de optimización determina automáticamente cómo ajustar los parámetros internos del sistema para reducir esos errores. Es como hacer rodar una pelota cuesta abajo: la pelota se mueve naturalmente hacia el punto más bajo. El sistema evoluciona de forma natural hacia configuraciones que producen menos errores.

Después de ver miles de ejemplos, el sistema se ha ajustado para reconocer los patrones que distinguen a los gatos de los que no lo son. Estos patrones podrían incluir cosas como:

- Ciertas formas que aparecen en la zona del rostro
- Texturas que corresponden al pelaje
- Proporciones típicas de los cuerpos de gatos
- Colores que se encuentran comúnmente en los gatos
- Relaciones entre diferentes partes de la imagen

El sistema no necesitó que le dijeran que buscara estas cosas. Las descubrió porque las imágenes con estos patrones solían estar etiquetadas como "gato" en los datos de entrenamiento. Los patrones emergieron de manera natural a partir de los datos.

El papel del ser humano: curador y arquitecto

En el enfoque de entrenamiento, los humanos siguen desempeñando papeles cruciales, pero son distintos a los de la programación tradicional:

El curador de datos: Alguien necesita recopilar y etiquetar los ejemplos de entrenamiento. Para el reconocimiento de gatos, alguien necesita reunir miles de imágenes y etiquetar correctamente cuáles contienen gatos. La calidad y la cantidad de los datos de entrenamiento son fundamentales: si los datos son deficientes, el sistema aprenderá de forma deficiente. Es como enseñarle a un niño; si le muestras malos ejemplos o solo unos pocos, desarrollará una comprensión defectuosa.

El arquitecto del sistema: Alguien necesita diseñar la estructura del propio sistema de IA: qué tipo de sistema de aprendizaje utilizar, cómo debe estar estructurado, qué tipo de patrones es capaz de aprender. Esto requiere experiencia especializada y es como diseñar la arquitectura cognitiva que se encargará del aprendizaje.

El entrenador: Alguien necesita configurar y ejecutar el proceso de entrenamiento: decidir cuántos ejemplos usar, cuántas veces recorrer los datos, cuándo detener el entrenamiento, y así sucesivamente. Es como ser un maestro que diseña un plan de estudios y un entorno de aprendizaje.

Pero fíjate en lo que los humanos no hacen: escribir las reglas reales para reconocer gatos. Esa parte emerge del propio proceso de entrenamiento. El humano proporciona el entorno, la estructura y los datos para el aprendizaje, pero el conocimiento real —los patrones que distinguen a los gatos— es descubierto por el sistema.

El entrenamiento se parece más a enseñar a una persona

El enfoque de entrenamiento de la IA es mucho más similar a cómo enseñamos a las personas que a cómo programamos computadoras. Cuando le enseñas a un niño a andar en bicicleta, no le das reglas explícitas: "Cuando la bicicleta se incline 3 grados a la izquierda, desplaza tu peso 5 centímetros a la derecha..." Eso sería absurdo y no funcionaría.

En cambio, dejas que practique. Puedes darle orientación general: "Pedalea más rápido para tener mejor equilibrio". Puedes hacerle una demostración. Puedes sostener la bicicleta al principio y luego soltarla gradualmente. Pero, en su mayor parte, el niño aprende a través de la experiencia. Se cae, se ajusta, lo intenta de nuevo, y poco a poco interioriza el equilibrio y la coordinación necesarios para andar en bicicleta. El aprendizaje ocurre a través de la repetición, la retroalimentación y el ajuste.

El entrenamiento de la IA funciona de la misma manera. No le dices al sistema las reglas. Le das ejemplos de práctica, le brindas retroalimentación sobre su desempeño y dejas que se ajuste a través de la experiencia. El sistema interioriza gradualmente los patrones necesarios para realizar la tarea.

Por eso lo llamamos "entrenamiento" en lugar de "programación". Entrenas a un perro, entrenas a un atleta, entrenas a un estudiante. Entrenar implica un proceso de aprendizaje en el que las habilidades se desarrollan a través de la práctica y la retroalimentación, en lugar de seguir reglas explícitas.

Lo que aprende el sistema: conocimiento implícito

Después del entrenamiento, ¿qué ha aprendido el sistema de IA? Esto es fascinante y en cierto modo misterioso. El sistema ha ajustado millones o miles de millones de parámetros internos a valores que lo hacen bueno en la tarea. Estos parámetros codifican colectivamente los patrones que identificó en los datos de entrenamiento.

Pero este conocimiento es implícito, no explícito. No puedes mirar el sistema entrenado y leer reglas como "los gatos tienen orejas puntiagudas". El conocimiento está distribuido a través de millones de parámetros de una manera que no resulta legible para los humanos. El sistema "sabe" cómo reconocer gatos en el sentido de que lo hace con precisión, pero no puede explicar su conocimiento en palabras o reglas simples.

En realidad, esto es similar al conocimiento humano. Sabes cómo andar en bicicleta, pero ¿puedes explicar exactamente qué movimientos musculares y ajustes de equilibrio haces? Sabes cómo reconocer rostros, pero ¿puedes especificar las características y patrones precisos que utilizas? Gran parte del conocimiento humano también es implícito: sabemos cómo hacer las cosas sin poder articular las reglas que seguimos.

El sistema de IA entrenado ha desarrollado este mismo tipo de conocimiento implícito. Ha interiorizado patrones que funcionan, aunque esos patrones no puedan extraerse ni explicarse fácilmente.

La importancia de los ejemplos: si entra basura, sale basura

En la programación, si tus reglas son correctas, tu programa funciona correctamente. En el entrenamiento, si tus ejemplos son buenos, tu sistema aprende bien. Esto hace que los datos de entrenamiento sean absolutamente fundamentales.

Piensa en enseñarle a un niño sobre los perros. Si solo le muestras fotos de Golden Retrievers, podría pensar que todos los perros son grandes, dorados y peludos. Cuando vea un Chihuahua, podría no reconocerlo como un perro. Las limitaciones en sus ejemplos de entrenamiento se traducen en limitaciones en su comprensión.

La IA tiene el mismo problema. Si entrenas un sistema de reconocimiento de gatos principalmente con fotos de gatos anaranjados y esponjosos, podría no reconocer tan bien los gatos negros. Si todas tus fotos de entrenamiento muestran gatos al aire libre a la luz del día, el sistema podría tener dificultades con fotos en interiores o tomas nocturnas. El sistema solo puede aprender patrones que estén presentes en sus datos de entrenamiento.

Por eso crear buenos conjuntos de datos de entrenamiento es tan importante y, a menudo, tan laborioso. Necesitas:

- **Cantidad:** Suficientes ejemplos para cubrir la diversidad de situaciones del mundo real
- **Calidad:** Ejemplos correctamente etiquetados y sin errores
- **Diversidad:** Ejemplos que representen todas las variaciones que quieres que el sistema maneje
- **Equilibrio:** Cantidades aproximadamente iguales de las diferentes categorías, o el sistema estará sesgado hacia la categoría más común

Datos de entrenamiento deficientes conducen a un aprendizaje deficiente. Esto se resume a veces como "si entra basura, sale basura": si entrenas con datos de mala calidad, obtienes un sistema de mala calidad. Pero con buenos datos de entrenamiento, el sistema puede aprender de manera extraordinaria.

Cuando el entrenamiento supera a la programación

La IA basada en entrenamiento sobresale en problemas con ciertas características:

Tareas perceptuales: Cualquier cosa que implique reconocer patrones en imágenes, sonidos u otros datos sensoriales. Las reglas escritas por humanos para este tipo de tareas son casi imposibles, pero el entrenamiento funciona muy bien. Ejemplos: reconocer objetos en fotos, comprender el habla, leer texto escrito a mano.

Problemas de patrones complejos: Tareas donde existen patrones, pero son demasiado complejos o sutiles para que los humanos los especifiquen. Ejemplo: predecir qué clientes cancelarán su suscripción basándose en patrones de uso.

Problemas donde las reglas cambian: En algunos ámbitos, las "reglas" cambian con el tiempo o varían según el contexto de maneras difíciles de programar pero que pueden aprenderse a partir de ejemplos. Ejemplo: detectar correo electrónico no deseado (spam), donde los spammers cambian constantemente sus tácticas.

Tareas similares a las humanas: Tareas que los humanos realizan con facilidad pero que les cuesta explicar cómo las hacen. Ejemplo: traducir entre idiomas, escribir texto que suene natural, jugar juegos estratégicos.

Tareas con datos abundantes: Si tienes acceso a grandes cantidades de datos de ejemplo, el entrenamiento puede extraer patrones que los humanos quizás nunca notarían. Ejemplo: analizar imágenes médicas para detectar signos tempranos de enfermedad.

Cuando la programación supera al entrenamiento

Sin embargo, el entrenamiento no siempre es mejor. La programación tradicional sigue siendo preferible cuando:

Las reglas son claras: Si puedes especificar exactamente lo que debe suceder en cada caso, la programación es más confiable. Ejemplo: calcular impuestos según la legislación tributaria.

La precisión es crítica: Los sistemas programados hacen exactamente lo que les dices cada vez. Los sistemas entrenados pueden cometer errores ocasionalmente. Ejemplo: controlar la navegación de una nave espacial.

Los datos son limitados: El entrenamiento requiere muchos ejemplos. Si no tienes muchos datos, no hay suficiente material para que el sistema aprenda. Ejemplo: diseñar software para una situación nueva y única.

Se requiere explicabilidad: Con la programación, puedes explicar exactamente por qué el sistema tomó cada decisión: simplemente lees el código. Con el entrenamiento, el razonamiento es opaco. Ejemplo: decisiones legales o médicas donde necesitas justificar los resultados.

La consistencia es esencial: Los sistemas programados darán la misma respuesta a la misma entrada siempre. Los sistemas entrenados pueden tener ligeras variaciones. Ejemplo: cálculos financieros que requieren reproducibilidad exacta.

En la práctica, muchos sistemas modernos combinan ambos enfoques, utilizando programación para las partes donde las reglas son claras y entrenamiento para las partes donde se necesita aprendizaje de patrones.

El proceso de entrenamiento: más detalles

Recorramos el proceso de entrenamiento con más profundidad para entender realmente lo que está sucediendo:

Estado inicial: Antes del entrenamiento, el sistema de IA existe, pero no sabe nada útil. Sus millones de parámetros están configurados con valores aleatorios. Es como un recién nacido que tiene la capacidad de aprender, pero aún no posee conocimiento.

Primeros ejemplos: Le muestras al sistema su primera imagen. Digamos que es una foto de un gato. El sistema procesa la imagen a través de sus capas de parámetros y produce una respuesta. Como los parámetros son aleatorios, la respuesta es esencialmente una suposición al azar. Quizás dice "12 % de probabilidad de gato, 88 % de probabilidad de no ser gato". Le dices que la respuesta correcta era "gato", así que se equivocó ampliamente.

Aprender de los errores: El sistema ahora realiza una operación crucial: calcula cómo debe ajustar sus parámetros para mejorar en este ejemplo. Existe un procedimiento matemático para esto (llamado retropropagación o backpropagation) que determina qué parámetros contribuyeron al error y cómo ajustarlos. El sistema hace pequeños ajustes a miles o millones de parámetros.

Siguiente ejemplo: Le muestras al sistema otra imagen, quizás, esta vez, un perro. De nuevo, hace una predicción, recibe retroalimentación y ajusta sus parámetros. Este proceso se repite con miles de ejemplos.

Mejora gradual: Al principio, los ajustes parecen aleatorios: el sistema es muy deficiente en la tarea. Pero a medida que ve más ejemplos, los patrones comienzan a surgir. Ciertas configuraciones de parámetros tienden a funcionar mejor que otras. A través del proceso de optimización, estas mejores configuraciones se refuerzan. El sistema mejora gradualmente, pasando de adivinar al azar a un reconocimiento de patrones significativo.

Múltiples pasadas: El sistema normalmente recorre el conjunto de datos completo muchas veces (estas pasadas se conocen como "épocas"). En cada recorrido, continúa refinando sus parámetros. Con el tiempo, las mejoras se vuelven cada vez más pequeñas a medida que el sistema se aproxima a la mejor configuración de parámetros que puede lograr con esos datos.

Convergencia: Después de suficiente entrenamiento, el rendimiento del sistema se estabiliza. Ha aprendido lo que podía de los datos de entrenamiento. En ese punto, se detiene el entrenamiento y se evalúa el sistema con imágenes nuevas que nunca ha visto. Si el entrenamiento fue exitoso, el sistema también funcionará bien con estos nuevos ejemplos, porque aprendió patrones generales en lugar de simplemente memorizar los datos de entrenamiento.

Sobreajuste: cuando el entrenamiento falla

Uno de los peligros del entrenamiento es el sobreajuste (overfitting): cuando el sistema aprende los ejemplos de entrenamiento demasiado bien, básicamente memorizándolos en lugar de aprender patrones generales. Es como un estudiante que memoriza las preguntas y respuestas específicas de un examen, pero no entiende los conceptos subyacentes. Acertará las preguntas que ya ha visto, pero fallará con las nuevas.

Imagina que entrenas un reconocedor de gatos con solo 100 imágenes. El sistema podría aprender a reconocer esas 100 imágenes específicas a la perfección; incluso podría aprender detalles sutiles, como "la imagen #47 tiene un fondo azul y contiene un gato". Pero eso no le ayuda a reconocer gatos en imágenes nuevas con fondos diferentes.

Un buen entrenamiento busca evitar el sobreajuste mediante:

- Usar una gran cantidad de datos de entrenamiento diversos
- No entrenar durante demasiado tiempo
- Probar con datos separados que no se usaron para el entrenamiento
- Emplear diversas técnicas matemáticas que fomenten la generalización

El objetivo es que el sistema aprenda patrones generales (la esencia de lo que hace que un gato sea un gato) en lugar de detalles específicos de los ejemplos de entrenamiento.

Aprendizaje por transferencia: construir sobre entrenamiento previo

Una técnica interesante que sirve de puente entre el entrenamiento y la programación es el aprendizaje por transferencia (transfer learning). Una vez que has entrenado un sistema en una tarea, a menudo puedes usar ese sistema entrenado como punto de partida para una tarea relacionada.

Por ejemplo, supongamos que entrenas un sistema para reconocer animales en fotos: gatos, perros, aves, caballos, etc. Ese sistema ha aprendido a reconocer características como texturas de pelaje, formas corporales y rasgos faciales. Ahora, si quieres desarrollar un sistema que reconozca razas específicas de perros, no necesitas empezar desde cero. Puedes tomar el sistema de reconocimiento de animales y realizar un entrenamiento adicional específicamente sobre razas de perros. El sistema ya sabe sobre características animales en general; solo necesita aprender los patrones específicos que distinguen las razas.

Esto es similar a cómo aprendemos los humanos. Una vez que entiendes las matemáticas básicas, aprender álgebra es más fácil porque construyes sobre esa base. No vuelves a aprender todo desde cero. El aprendizaje por transferencia permite a los sistemas de IA construir sobre entrenamiento previo, lo que puede reducir drásticamente la cantidad de nuevos datos de entrenamiento necesarios.

El elemento humano en el entrenamiento

Aunque decimos que los sistemas de IA "aprenden por sí solos", en realidad hay una participación humana considerable en el proceso de entrenamiento:

Recopilación de datos: Los humanos recopilan los datos de entrenamiento. Para el reconocimiento de imágenes, esto significa recopilar miles o millones de imágenes. A menudo es un trabajo muy laborioso.

Etiquetado de datos: Los humanos etiquetan los datos de entrenamiento. Para cada imagen, alguien necesita identificar lo que contiene. Es un trabajo tedioso que suele involucrar a muchas personas dedicando muchas horas al etiquetado.

Diseño del sistema: Los expertos diseñan la arquitectura del sistema de IA, decidiendo qué tipo de enfoque de aprendizaje utilizar, cómo estructurarlo y qué parámetros incluir. Esto requiere una experiencia significativa y mucha experimentación.

Configuración del entrenamiento: Los humanos deciden cómo entrenar el sistema: qué tan rápido debe aprender, cuántas veces recorrer los datos, cuándo detener el entrenamiento y muchas otras decisiones que afectan la calidad del aprendizaje.

Evaluación: Los humanos evalúan si el sistema entrenado funciona lo suficientemente bien para su propósito previsto. Lo prueban, encuentran problemas y deciden si se necesita más entrenamiento o datos diferentes.

Iteración: Normalmente, el primer sistema entrenado no es lo suficientemente bueno. Los humanos analizan qué salió mal, ajustan el enfoque, recopilan más datos o mejores datos, y entrenan de nuevo. Esta iteración continúa hasta que el sistema alcanza un rendimiento aceptable.

Así que, aunque el aprendizaje real de patrones ocurre de forma automática, crear un sistema de IA bien entrenado requiere experiencia, criterio y esfuerzo humanos considerables.

Por qué esto importa: un cambio de paradigma

Entender que la IA se entrena en lugar de programarse ayuda a explicar muchas cosas sobre la IA moderna:

Por qué a veces falla de forma misteriosa: Un sistema entrenado puede fallar con ejemplos que parecen fáciles para los humanos, pero que estaban mal representados en los datos de entrenamiento. No está siguiendo reglas lógicas; está aplicando patrones aprendidos que podrían no cubrir todas las situaciones.

Por qué necesita tantos datos: No puedes entrenar sin ejemplos, del mismo modo que no puedes aprender a tocar el piano sin practicar. Cuantos más datos, mejores serán los patrones que el sistema pueda aprender.

Por qué el sesgo es una preocupación: Si los datos de entrenamiento reflejan sesgos humanos —y la mayoría de los datos del mundo real lo hacen—, el sistema aprende esos sesgos. Está aprendiendo patrones de los datos, incluidos los patrones problemáticos.

Por qué es difícil explicar las decisiones: El conocimiento del sistema está implícito en millones de parámetros. No hay una regla o lógica simple a la que puedas señalar y decir: "Por esto tomó esa decisión".

Por qué sigue mejorando: A medida que recopilamos más datos, desarrollamos mejores técnicas de entrenamiento y diseñamos mejores arquitecturas de sistemas, los sistemas de IA entrenados mejoran. No estamos escribiendo mejores reglas; estamos posibilitando un mejor aprendizaje.

Por qué puede hacer cosas que no podemos programar: Muchas tareas que parecían imposibles para las computadoras —porque no podíamos especificar las reglas— se vuelven posibles mediante el entrenamiento. El sistema aprende patrones que nosotros no habríamos podido articular.

El futuro: el entrenamiento se convierte en la norma

Durante décadas, la programación fue la única forma de hacer que las computadoras hicieran cosas útiles. Pero cada vez más, el entrenamiento se está convirtiendo en el enfoque preferido para muchos tipos de problemas. No porque la programación sea mala —sigue siendo excelente para lo que hace—, sino porque el entrenamiento puede resolver problemas que la programación no puede.

A medida que generamos más y más datos —de sensores, cámaras, texto, interacciones—, creamos más oportunidades para entrenar sistemas de IA. Cada foto subida, cada video visto, cada búsqueda realizada genera datos que podrían usarse para entrenar sistemas de IA que sirvan mejor a las necesidades humanas.

A medida que la potencia de cómputo aumenta, podemos entrenar sistemas más grandes con más datos, aprendiendo patrones cada vez más sofisticados. Tareas que hoy parecen imposiblemente complejas podrían convertirse en rutinarias para los sistemas de IA entrenados del futuro.

Conclusión: una nueva forma de hacer inteligentes a las computadoras

El paso de la programación al entrenamiento representa un cambio fundamental en la forma en que creamos sistemas informáticos inteligentes. En lugar de intentar capturar el conocimiento humano como reglas explícitas y escribirlas en código, creamos sistemas que pueden aprender patrones a partir de ejemplos, de manera muy similar a la forma en que los humanos aprenden de la experiencia.

Esto no hace que la programación quede obsoleta —ni mucho menos—. La programación sigue siendo esencial para innumerables aplicaciones e incluso se usa para crear los propios sistemas de aprendizaje. Pero el entrenamiento abre nuevas posibilidades para tareas que son fáciles para los humanos, pero casi imposibles de programar.

Cuando interactúas con una IA que reconoce tu rostro, entiende tu voz, recomienda productos que podrían gustarte o genera texto similar al de un humano, te estás beneficiando de sistemas entrenados. Nadie programó las reglas para reconocer tu rostro específico ni para escribir oraciones coherentes. Los sistemas aprendieron estas capacidades a partir de miles o millones de ejemplos, descubriendo patrones que les permiten realizar tareas que sería imposible programar de forma explícita.

Entender esta distinción —entrenamiento versus programación— es clave para comprender la IA moderna. Explica tanto las capacidades impresionantes de los sistemas de IA como sus limitaciones. Nos ayuda a apreciar que la IA no es magia ni consciencia, pero tampoco es simplemente seguir reglas programadas por alguien. Es algo intermedio: sistemas que aprenden patrones a partir de datos, desarrollando capacidades mediante el entrenamiento en lugar de la instrucción explícita.

La próxima vez que veas a la IA hacer algo impresionante, recuerda: nadie programó exactamente cómo hacerlo. En cambio, alguien reunió numerosos ejemplos, diseñó un sistema de aprendizaje y lo entrenó para descubrir los patrones por sí mismo. Es un enfoque fundamentalmente diferente para hacer inteligentes a las computadoras, y está transformando lo que las computadoras pueden hacer, no mediante una mejor programación, sino mediante un mejor aprendizaje.

Cuatro
El proceso de aprendizaje
Cómo la IA aprende como un niño mediante ensayo, error y corrección

---

Imagina que le enseñas a un niño a clasificar formas. Al principio comete errores, pero tú lo corriges, y va mejorando. La IA hace algo similar: hace predicciones, recibe retroalimentación sobre lo que está bien o mal y se ajusta.

Cuando intentamos entender cómo aprende en realidad la inteligencia artificial, una de las comparaciones más útiles es pensar en cómo aprenden los niños. No porque la IA tenga consciencia o comprensión como un niño, sino porque el mecanismo fundamental de aprendizaje —hacer intentos, recibir retroalimentación y ajustarse en función de esa retroalimentación— es notablemente similar. Al explorar este paralelismo en profundidad, podemos comprender con claridad qué ocurre dentro de un sistema de IA durante el proceso de aprendizaje.

Cómo aprende un niño a clasificar formas

Comencemos con un ejemplo concreto con el que la mayoría puede identificarse: enseñar a un niño pequeño a clasificar formas. Imagina que tienes un juguete con agujeros de distintas formas —círculos, cuadrados, triángulos y estrellas— y sus bloques correspondientes. Tu objetivo es enseñarle a un niño de dos años a meter cada bloque por el agujero correcto.

El primer intento: Le das al niño un bloque circular. No tiene idea de qué hacer. Puede que intente meterlo por el agujero cuadrado: no encaja.

Puede que pruebe con el agujero triangular: tampoco encaja. Quizá pruebe con el de estrella, que tampoco encaja. Finalmente, por casualidad o con tu ayuda, prueba con el agujero circular y el bloque pasa. ¡Lo logró!

Proporcionar retroalimentación: Cuando el niño prueba el agujero equivocado, podrías decirle: «No, ese no encaja. Prueba con otro». Cuando acierta, sonríes y dices: «¡Sí! ¡Muy bien! ¡El círculo va en el agujero del círculo!». Esta retroalimentación es crucial: le indica al niño qué acciones funcionaron y cuáles no.

El segundo intento: Le das otro bloque circular. Esta vez, puede que recuerde que el círculo iba en un agujero específico. Quizá vaya directamente a él, o quizá pruebe primero uno o dos agujeros equivocados, pero ya está aprendiendo. La respuesta correcta empieza a consolidarse en su memoria.

Repetición y patrones: Repites este proceso muchas veces. Círculos, cuadrados, triángulos, estrellas. Al principio, cada intento es prueba y error. Pero gradualmente, ocurre algo interesante: el niño empieza a reconocer patrones. «Estos bloques redondos van en este agujero redondo. Estos bloques con bordes rectos van en estos agujeros con bordes rectos». Todavía no tiene palabras para describirlos: está aprendiendo a través de la experiencia.

Cometer errores: Incluso después de varios intentos exitosos, el niño seguirá cometiendo errores. Puede que tome un cuadrado e intente meterlo con confianza por el agujero triangular. No funciona. Lo corriges suavemente: «No del todo, prueba con otro». Se ajusta y prueba con el agujero cuadrado: ¡Lo consiguió! Cada error es una oportunidad de aprendizaje.

Mejorar con el tiempo: Después de muchas repeticiones a lo largo de días o semanas, el niño se vuelve competente. Puede clasificar todas las formas rápidamente y con precisión. Ha interiorizado los patrones. Ha aprendido. Y fíjate en esto: nunca te sentaste a explicarle que «los círculos no tienen esquinas y tienen un radio constante desde el centro». Aprendió a través de la experiencia, la retroalimentación y el ajuste.

Todo este proceso —intentar, cometer errores, recibir retroalimentación, ajustarse y mejorar gradualmente— es, en esencia, cómo aprende la IA.

El aprendizaje de la IA: el mismo proceso con herramientas diferentes

Ahora veamos cómo la IA atraviesa un proceso de aprendizaje notablemente similar. Usaremos el mismo ejemplo —enseñar a una IA a clasificar formas— para que el paralelismo quede claro.

Preparar la tarea de aprendizaje: Primero necesitamos datos de entrenamiento. Creamos un conjunto de datos con miles de imágenes, cada una con una sola forma. Etiquetamos cada imagen: «círculo», «cuadrado», «triángulo» o «estrella». Este conjunto de datos es como darle al niño muchas oportunidades para practicar con el juguete de clasificar formas.

El primer intento: Le mostramos a la IA su primera imagen; digamos que es un círculo. La IA tiene que predecir: «¿Qué forma es esta?».

En este punto, la IA no sabe nada. Sus parámetros internos (los números que controlan cómo procesa la información) están configurados de forma aleatoria. Así que su predicción es esencialmente al azar. Podría dar como resultado: «30 % de probabilidad de círculo, 25 % de cuadrado, 25 % de triángulo, 20 % de estrella». Está adivinando.

Basándose en estas probabilidades, la IA hace su mejor predicción; digamos que predice «cuadrado» porque eso tenía una probabilidad ligeramente mayor tras su procesamiento aleatorio. Esto es como el niño intentará meter el bloque circular por el agujero cuadrado.

Proporcionar retroalimentación: Le decimos a la IA la respuesta correcta: «No, en realidad era un círculo». Esta es la retroalimentación, igual que decirle al niño: «Ese no encaja, prueba con otro».

Pero aquí es donde la IA hace algo fascinante que los niños hacen de manera subconsciente. La IA no solo registra que se equivocó: calcula exactamente cuánto se equivocó y en qué dirección. Observa su predicción (30 % círculo, 25 % cuadrado, 25 % triángulo, 20 % estrella) y la compara con la respuesta correcta (100 % círculo, 0 % cuadrado, 0 % triángulo, 0 % estrella). La diferencia entre ambas es el error.

Hacer ajustes: Ahora llega el paso del aprendizaje. La IA ajusta automáticamente sus parámetros internos para reducir este error. En esencia, está determinando: «¿Qué debería cambiar en la forma en que proceso las imágenes para que hubiera tenido más probabilidades de decir "círculo" para esta imagen en particular?».

El sistema realiza pequeños ajustes matemáticos en miles o millones de números internos. Estos ajustes se calculan para que la IA tenga una probabilidad ligeramente mayor de identificar correctamente este círculo si lo volviera a ver. Es como si el cerebro del niño formara conexiones neuronales ligeramente más fuertes asociadas con meter los círculos en los agujeros circulares.

El segundo intento: Le mostramos a la IA otra imagen —quizá otro círculo, o tal vez un cuadrado—. Nuevamente, hace una predicción, recibe retroalimentación sobre si acertó o se equivocó, y ajusta sus parámetros. Este proceso se repite miles o millones de veces.

Mejora gradual: Al principio, la IA es muy deficiente. Básicamente está adivinando al azar. Pero después de ver cientos de ejemplos, algo comienza a cambiar. Los ajustes aleatorios comienzan a acumularse en direcciones útiles. La IA empieza a reconocer patrones: «Las imágenes con bordes curvos continuos tienden a etiquetarse como "círculo". Las imágenes con cuatro bordes rectos en ángulos rectos tienden a etiquetarse como "cuadrado"».

Estos patrones no están programados: la IA los descubre a través de la acumulación de muchos pequeños ajustes basados en la retroalimentación de muchos ejemplos.

Sigue cometiendo errores: Incluso después de un entrenamiento considerable, la IA cometerá errores, igual que el niño. Podría ver un círculo ligeramente borroso y clasificarlo erróneamente como algo distinto. Pero cada error conduce a más ajustes y mayor refinamiento. La IA recibe retroalimentación constantemente y actualiza su modelo interno de lo que distingue unas formas de otras.

Alcanzar la competencia: Después de ser entrenada con miles de imágenes de formas y recibir retroalimentación sobre cada una, la IA se vuelve bastante competente en la clasificación de formas. Muéstrale un nuevo círculo que nunca haya visto antes y predecirá con confianza «círculo». Ha aprendido los patrones que definen cada categoría de formas.

El bucle central de aprendizaje: predecir, comparar, ajustar

Ya sea que hablemos de un niño o de una IA, el proceso de aprendizaje sigue el mismo bucle básico:

1. Hacer una predicción o intento: Ante una situación, intenta producir la respuesta o acción correcta. Para un niño: intenta meter el bloque en un agujero. Para la IA: predice qué etiqueta corresponde a la entrada.

2. Recibir retroalimentación: Obtener información sobre si el intento fue correcto. Para un niño: el bloque encaja o no, y un adulto puede hacer un comentario. Para la IA: comparar la predicción con la etiqueta correcta proporcionada por los entrenadores.

3. Medir el error: Determinar cuánto se equivocó. Para un niño: esto ocurre de manera subconsciente; el cerebro registra la discrepancia entre la expectativa y el resultado. Para la IA: calcular matemáticamente cuán diferente fue la predicción respecto a la respuesta correcta.

4. Hacer ajustes: Cambiar algo en el estado interno para hacerlo mejor la próxima vez. Para un niño: las vías neuronales se fortalecen o debilitan según el éxito o el fracaso. Para la IA: los parámetros se ajustan matemáticamente para reducir el error.

5. Repetir: Volver al paso 1 y repetir el proceso con un nuevo ejemplo. Tanto los niños como la IA necesitan muchas repeticiones para aprender de manera efectiva.

Este bucle es fundamental para el aprendizaje, ya sea biológico o artificial. En IA se denomina «aprendizaje supervisado» porque cada ejemplo viene con supervisión (retroalimentación) que indica la respuesta correcta.

El papel de los errores en el aprendizaje

Una de las ideas más importantes que surgen de comparar la IA con el aprendizaje infantil es comprender que los errores no solo son aceptables, sino esenciales para aprender.

Por qué los errores importan para los niños: Cuando un niño intenta meter un bloque cuadrado por un agujero circular y no encaja, ese fracaso aporta información crucial. Su cerebro aprende: «Esta acción en particular no funciona en esta situación». Esta información negativa es tan valiosa como la información positiva. Sin cometer errores, el niño no aprendería qué acciones evitar.

De hecho, las investigaciones sobre el desarrollo infantil demuestran que los niños aprenden con mayor eficacia cuando se les permite equivocarse y descubrir soluciones mediante prueba y error, en lugar de simplemente decirles qué hacer. El proceso activo de intentar, fallar, ajustarse y volver a intentar genera un aprendizaje más sólido que la instrucción pasiva.

Por qué los errores importan para la IA: El mismo principio se aplica a la IA. Cuando una IA hace una predicción incorrecta, ese error impulsa el aprendizaje. El sistema calcula el error y lo utiliza para determinar cómo ajustar sus parámetros. Sin errores, no habría señal que indicara en qué dirección hacer los ajustes.

En las primeras etapas del entrenamiento, una IA comete errores de forma constante: se equivoca mucho más de lo que acierta. Pero cada error proporciona información que guía el proceso de aprendizaje. El sistema está explorando el espacio de posibles configuraciones de parámetros, utilizando los errores como señales de brújula que apuntan hacia mejores ajustes.

La zona óptima de los errores: Curiosamente, tanto los niños como la IA aprenden mejor cuando la dificultad de la tarea se sitúa en un punto óptimo: ni demasiado fácil ni demasiado difícil. Si cada intento es incorrecto, hay un exceso de error y el aprendizaje resulta ineficiente. Si cada intento es correcto, no hay señal de error de la que aprender. La situación de aprendizaje ideal implica alternar aciertos y errores, con un equilibrio que, con el tiempo, se inclina hacia un mayor número de aciertos.

La retroalimentación: el papel clave del maestro

En nuestro ejemplo del niño, un adulto proporciona retroalimentación: aliento cuando acierta, corrección amable cuando se equivoca. Esta retroalimentación es lo que hace posible el aprendizaje. Sin ella, el niño simplemente estaría probando cosas al azar sin forma de saber qué funciona.

Retroalimentación para los niños: La investigación en desarrollo infantil enfatiza la importancia de una retroalimentación efectiva. Cuando un niño tiene éxito, la retroalimentación positiva refuerza el comportamiento. Cuando falla, la retroalimentación correctiva (idealmente constructiva, no punitiva) le ayuda a entender qué intentar en su lugar. El momento también es importante: la retroalimentación inmediata es más efectiva que la tardía porque la conexión entre acción y consecuencia es más clara.

Retroalimentación para la IA: En el entrenamiento de IA, la retroalimentación proviene de datos de entrenamiento etiquetados. Cada ejemplo de entrenamiento incluye tanto la entrada (como una imagen) como la salida correcta (como la etiqueta "círculo"). Esta correspondencia permite al sistema comparar sus predicciones con las respuestas correctas y calcular los errores.

La calidad de la retroalimentación es crucial. Si las etiquetas son incorrectas —si algunos círculos están erróneamente etiquetados como cuadrados—, la IA aprenderá de forma incorrecta. Es como enseñarle a un niño dándole información equivocada. El sistema aprende exactamente lo que se le enseña, así que una retroalimentación precisa es esencial.

Diferentes tipos de retroalimentación: Así como los niños pueden aprender de distintos tipos de retroalimentación (elogios verbales, resultados físicos como bloques que encajan o no, observación de otros), la IA puede aprender de distintos tipos de retroalimentación:

- **Aprendizaje supervisado:** Etiquetas directas que le indican al sistema la respuesta correcta para cada ejemplo (como nuestra tarea de clasificación de formas)
- **Aprendizaje por refuerzo:** Retroalimentación en forma de recompensas o penalizaciones basadas en las consecuencias de las acciones (como aprender a jugar un juego donde se obtienen puntos por ganar)
- **Aprendizaje no supervisado:** Sin etiquetas explícitas, pero el sistema aprende patrones y estructura en los datos por sí mismo (más parecido a un niño aprendiendo sobre el mundo a través de la exploración)

El ajuste: el misterioso cambio interno

Cuando un niño aprende, algo cambia en su cerebro. Las conexiones neuronales se fortalecen o debilitan, se forman nuevas asociaciones y los patrones se arraigan. Esto ocurre en gran medida de forma inconsciente: el niño no es consciente de los cambios neuronales que están teniendo lugar.

Cómo se ajustan los niños: La neurociencia ha demostrado que el aprendizaje implica cambios físicos en el cerebro. Cuando un niño completa una tarea con éxito, neurotransmisores como la dopamina refuerzan las vías neuronales involucradas. Cuando falla, señales diferentes pueden debilitar esas vías. Tras muchas repeticiones, las vías exitosas se fortalecen (es más probable que se activen) y las no exitosas se debilitan.

El niño no decide conscientemente: "Ahora voy a fortalecer la conexión neuronal entre ver un bloque redondo y buscar el agujero redondo". Sucede automáticamente a través de los mecanismos de aprendizaje del cerebro. El niño simplemente experimenta intentar, recibir retroalimentación y, de alguna manera —misteriosamente— mejorar con el tiempo.

Cómo se ajusta la IA: Los sistemas de IA se ajustan mediante procedimientos matemáticos, pero el principio subyacente sigue siendo el mismo. El sistema tiene millones de parámetros (valores) que controlan cómo procesa la información. Estos parámetros son como la fuerza de las conexiones neuronales del cerebro.

Cuando la IA hace una predicción y recibe retroalimentación, un algoritmo calcula cómo debe cambiar cada parámetro para reducir el error. Los parámetros que contribuyeron al error se ajustan para mejorar las predicciones. Los parámetros que ayudaron a obtener la respuesta correcta se refuerzan.

El procedimiento matemático específico se llama "retropropagación" (backpropagation) combinado con "descenso de gradiente" (gradient descent), pero no necesitas entender las matemáticas para comprender el concepto: el sistema determina automáticamente cómo ajustar sus valores internos para mejorar su rendimiento, tal como el cerebro de un niño ajusta automáticamente sus conexiones.

Los pequeños ajustes se acumulan: Tanto los niños como la IA realizan pequeños ajustes con cada experiencia de aprendizaje. Una sola corrección no cambia el comportamiento por completo: un niño no aprende perfectamente a clasificar formas después de un solo intento exitoso, y una IA no se convierte en experta con un solo ejemplo de entrenamiento. Pero muchos pequeños ajustes se acumulan hasta dar lugar a un aprendizaje significativo.

Piénsalo como abrir un sendero a través de un bosque. La primera persona que lo recorre apenas deja una huella visible. Pero después de que cientos de personas recorren la misma ruta, surge un camino claro. La contribución de cada individuo es diminuta, pero en conjunto crean algo significativo. El aprendizaje funciona de manera similar: cada pequeño ajuste proveniente de los ejemplos de entrenamiento contribuye al patrón aprendido en su totalidad.

La repetición: la clave de la maestría

Tanto los niños como la IA requieren repetición para aprender de manera efectiva. Las experiencias únicas rara vez generan un aprendizaje duradero.

Por qué los niños necesitan repetición: Pregúntale a cualquier padre o maestro: los niños necesitan practicar algo muchas veces antes de dominarlo. Esto no es porque los niños sean lentos, sino porque el aprendizaje es, fundamentalmente, un proceso gradual de ajuste basado en la experiencia acumulada.

Cada repetición refuerza el aprendizaje. La primera vez que un niño clasifica formas, está explorando posibilidades. La décima vez, empieza a reconocer patrones. La centésima vez, se vuelve automático. La repetición lleva el aprendizaje del esfuerzo consciente a la competencia inconsciente.

Los psicólogos hablan del efecto de espaciamiento: la práctica repetida a lo largo del tiempo conduce a un mejor aprendizaje que intentar concentrarlo todo en una sola sesión. Los niños aprenden mejor con práctica diaria que con una instrucción intensiva de una sola vez.

Por qué la IA necesita repetición: Los sistemas de IA suelen procesar los ejemplos de entrenamiento varias veces. El sistema podría recorrer las 10.000 imágenes de entrenamiento, y luego recorrerlas todas de nuevo, y otra vez, y otra vez. Cada pasada por los datos se denomina una "época" (epoch).

¿Por qué múltiples pasadas? Porque los ajustes realizados a partir de cada ejemplo son pequeños y están influenciados por el estado actual de todos los parámetros. A medida que los parámetros evolucionan, el sistema puede extraer aprendizajes diferentes de los mismos ejemplos. Al inicio del entrenamiento, el sistema está aprendiendo patrones básicos. Más adelante, con parámetros mejor desarrollados, puede aprender distinciones más sutiles a partir de los mismos datos.

Así como un niño necesita practicar la clasificación de formas muchas veces para dominarla, una IA necesita procesar los ejemplos de entrenamiento muchas veces para aprender plenamente los patrones que contienen.

La generalización: aplicar lo aprendido a situaciones nuevas

La prueba definitiva del aprendizaje, tanto para los niños como para la IA, es la generalización: ¿puedes aplicar lo que aprendiste a situaciones nuevas que no has practicado específicamente?

Generalización en los niños: Una vez que un niño aprende a clasificar formas con su juguete de encajar piezas, puede aplicar ese conocimiento a situaciones nuevas. Podría reconocer círculos en libros, cuadrados en ventanas, triángulos en señales de tránsito. No ha practicado con estos ejemplos específicos, pero ha aprendido conceptos generales que se transfieren.

Esto es aprendizaje verdadero: no simplemente memorizar casos específicos, sino extraer principios que se aplican de manera amplia. Un niño que realmente ha aprendido qué es un círculo puede reconocer círculos en innumerables contextos que nunca ha encontrado.

Generalización en la IA: Lo mismo ocurre con la IA. Una vez entrenada con miles de imágenes de formas, probamos la IA con imágenes completamente nuevas que no ha visto antes. Si el entrenamiento fue exitoso, clasificará correctamente estas nuevas imágenes. Ha aprendido patrones generales (qué hace que un círculo sea un círculo) en lugar de simplemente memorizar los ejemplos de entrenamiento específicos.

La generalización es lo que hace útiles a los sistemas de IA entrenados. No nos importa si una IA puede reconocer perfectamente las 10.000 imágenes de su conjunto de entrenamiento; lo que nos importa es si puede reconocer formas entre los miles de millones de imágenes posibles que podría encontrar en el uso real. Una buena generalización significa que los patrones aprendidos son robustos y ampliamente aplicables.

Cuando la generalización falla: A veces los niños sobregeneralizan. Un niño podría aprender la palabra "perro" y luego llamar "perro" a todo animal de cuatro patas hasta que aprenda distinciones más finas. La IA puede tener problemas similares: podría aprender patrones de los datos de entrenamiento que no se generalizan bien a datos del mundo real si los ejemplos de entrenamiento no fueron lo suficientemente diversos.

Por eso los datos de entrenamiento diversos son importantes. Si solo le muestras a un niño un tipo de perro, tendrá una comprensión limitada. Si solo entrenas a una IA con un tipo de imagen tendrá dificultades con otros tipos. Una buena generalización requiere experiencia con la variedad.

La evolución del aprendizaje: de la confusión a la competencia

Veamos la trayectoria típica de aprendizaje tanto para los niños como para la IA:

Fase 1: Confusión total (Días 1-5 para los niños, Primeras épocas para la IA): El aprendiz no tiene idea de lo que está haciendo. Los intentos son esencialmente aleatorios. El niño prueba cada agujero con cada bloque sin seguir ningún patrón. Las predicciones de la IA apenas superan el azar. Los errores son frecuentes y grandes. Esta fase puede resultar frustrante para los niños (y sus padres), pero es un punto de partida necesario.

Fase 2: Destellos de comprensión (Días 5-15 para los niños, Épocas intermedias para la IA): De vez en cuando, el aprendiz acierta, y estos éxitos comienzan a formar patrones. El niño a veces va directamente al agujero correcto, aunque es inconsistente. Las predicciones de la IA muestran cierta correlación con las respuestas correctas: es ligeramente mejor que adivinar al azar. Ambos están empezando a extraer patrones de sus experiencias.

Fase 3: Desarrollo de competencia (Semanas 2-4 para los niños, Épocas posteriores para la IA): El aprendiz acierta más de lo que falla. El niño clasifica las formas correctamente la mayor parte del tiempo, con errores ocasionales. La precisión de la IA puede rondar el 70-80%, lo cual es significativamente mejor que el 25% que obtendría adivinando al azar. Ambos están aprendiendo claramente, aunque todavía no son expertos.

Fase 4: Desempeño confiable (Semana 4+ para los niños, Fin del entrenamiento para la IA): El aprendiz ha alcanzado un alto nivel de competencia. El niño clasifica rápida y confiadamente todas las formas correctamente casi siempre. La IA alcanza una precisión superior al 95% con ejemplos nuevos. Ambos han internalizado los patrones lo suficientemente bien como para lograr un desempeño consistente.

Fase 5: Experiencia automática (Meses después para los niños, Tras el despliegue para la IA): Con suficiente práctica, la habilidad se vuelve natural y automática. El niño no piensa conscientemente en clasificar formas: simplemente lo hace. La IA procesa nuevas imágenes casi instantáneamente con alta confianza. La habilidad aprendida ha quedado arraigada.

Qué hace que el aprendizaje sea efectivo: lecciones a partir de los niños y de la IA

Los investigadores que estudian tanto el desarrollo infantil como la IA han descubierto principios notablemente similares para un aprendizaje efectivo:

La calidad de los ejemplos importa: Los niños aprenden mejor con ejemplos claros y variados que con ejemplos ambiguos o repetitivos. Si un niño solo ve un círculo rojo, podría pensar que todos los círculos son rojos. La IA tiene el mismo problema: la diversidad y la calidad de los ejemplos de entrenamiento influyen directamente en lo que se aprende.

La retroalimentación debe ser clara: Los niños se benefician de una retroalimentación clara y consistente. La retroalimentación ambigua o contradictoria los confunde. La IA también requiere etiquetas claras y correctas. Si los datos de entrenamiento contienen errores o inconsistencias, la IA aprende mal.

El ritmo adecuado: Los niños pueden sentirse abrumados si el aprendizaje avanza demasiado rápido, o aburrirse si va demasiado lento. Encontrar el ritmo adecuado para cada aprendiz resulta fundamental. La IA tiene consideraciones similares: tasas de aprendizaje demasiado altas pueden causar un aprendizaje inestable, mientras que tasas demasiado lentas hacen que el entrenamiento sea excesivamente largo.

Participación y atención: Los niños aprenden mejor cuando están involucrados y prestan atención. Aunque la IA no tiene atención ni motivación en el sentido humano, existen conceptos análogos: el sistema necesita enfocar su capacidad de aprendizaje en las características relevantes de la entrada, en lugar de distraerse con ruido irrelevante.

Construir sobre conocimientos previos: Los niños aprenden cosas nuevas más fácilmente cuando las conectan con lo que ya saben. La IA puede usar el «aprendizaje por transferencia» (transfer learning): comenzar con un sistema ya entrenado en tareas relacionadas y luego adaptarlo a una nueva tarea. Ambos se benefician de construir sobre cimientos en lugar de empezar desde cero.

Los errores son oportunidades: Tanto los niños como la IA aprenden más de los errores que de los éxitos fáciles. Cuando todo es demasiado fácil, no hay nada que aprender. Los desafíos y los errores impulsan la mejora.

La dimensión emocional: donde los niños y la IA divergen

Hasta este punto, nos hemos centrado en las notables similitudes entre el aprendizaje infantil y el aprendizaje de la IA. Pero hay una diferencia crucial que vale la pena reconocer: el aspecto emocional y vivencial del aprendizaje.

La experiencia de aprendizaje de los niños: Cuando un niño aprende a clasificar formas, experimenta frustración cuando falla y alegría cuando acierta, orgullo al dominar la tarea y placer en la actividad (especialmente cuando es lúdica). Estas emociones son parte de lo que motiva el aprendizaje continuo. Los niños también entienden, en cierto nivel, lo que están haciendo. Saben que están poniendo formas en agujeros, aunque no puedan articular los patrones que están aprendiendo.

El aprendizaje infantil está inmerso en un contexto rico de sensaciones físicas, interacción social, respuesta emocional y comprensión emergente. Es una experiencia holística que involucra a toda su persona en desarrollo.

La «experiencia» de la IA: La IA no tiene nada de esto. Cuando una IA ajusta sus parámetros en respuesta a la retroalimentación, no hay frustración, no hay alegría, no hay ningún sentimiento en absoluto. No hay comprensión ni conciencia de lo que está haciendo. La IA no «sabe» que está aprendiendo a clasificar formas, no «quiere» mejorar, no «siente» nada respecto a su progreso.

Los ajustes se realizan mediante cálculo matemático. El sistema está optimizando números para minimizar funciones de error. No hay experiencia subjetiva que acompañe este proceso. Es aprendizaje sin un aprendiz, en el sentido consciente.

Es importante recordar esto: cuando decimos que la IA aprende «como un niño», nos referimos a que el proceso funcional —predecir, recibir retroalimentación, ajustar, repetir— es similar. Pero la realidad vivencial es completamente diferente. La IA aprende sin conciencia, sin comprensión y sin emoción.

Implicaciones prácticas de entender el aprendizaje de la IA

Comprender que la IA aprende mediante predicción, retroalimentación y ajuste tiene implicaciones prácticas importantes:

Los datos de entrenamiento son fundamentales: Así como las experiencias que se le brindan a un niño moldean lo que aprende, los datos de entrenamiento que se le proporcionan a una IA determinan lo que aprende. Datos sesgados producen una IA sesgada. Datos limitados producen capacidades limitadas. Datos diversos y de alta calidad producen sistemas más capaces y justos.

La IA aprende lo que tú le enseñas: Los niños aprenden aquello a lo que están expuestos, para bien o para mal. Si un niño está expuesto a estereotipos negativos, puede internalizarlos. La IA actúa de forma similar: aprende los patrones de sus datos de entrenamiento, incluidos los patrones problemáticos. Si los datos de entrenamiento reflejan sesgos humanos, la IA aprenderá esos sesgos.

Aprender requiere tiempo y recursos: Así como no puedes esperar que un niño domine algo en una sola sesión, no puedes entrenar una IA con datos o capacidad de cómputo limitada. Un aprendizaje efectivo requiere ejemplos suficientes, repetición y procesamiento. Entrenar sistemas de IA grandes puede llevar días o semanas en computadoras potentes.

Las pruebas son esenciales: No asumirías que un niño ha dominado una habilidad sin evaluarlo con ejemplos nuevos. De la misma manera, la IA debe ser probada con datos que no haya visto durante el entrenamiento para verificar que ha aprendido genuinamente patrones generalizables en lugar de simplemente memorizar los ejemplos de entrenamiento.

Aprendizaje continuo: Los niños siguen aprendiendo a lo largo de toda la vida. Algunos sistemas de IA también pueden seguir aprendiendo después del entrenamiento inicial, ajustándose con base en nuevos ejemplos y retroalimentación. Esto les permite mejorar y adaptarse con el tiempo, aunque debe gestionarse cuidadosamente para prevenir el «olvido catastrófico» (catastrophic forgetting), en el cual aprender cosas nuevas borra lo aprendido previamente.

Diferentes tareas de aprendizaje, el mismo proceso básico

El ejemplo de clasificar formas es simple, pero el mismo proceso de aprendizaje se aplica a tareas mucho más complejas:

Reconocimiento de imágenes: Entrenar a la IA para reconocer objetos en fotos funciona de la misma manera. Se muestran al sistema millones de imágenes etiquetadas, se le deja hacer predicciones, se le proporciona retroalimentación y se le permite ajustarse. Aprende a reconocer gatos, autos, personas e innumerables otros objetos mediante este proceso.

Comprensión del lenguaje: Los grandes modelos de lenguaje de IA aprenden a predecir la siguiente palabra en una oración mediante el entrenamiento con miles de millones de ejemplos de texto. Hacen predicciones, las comparan con la palabra real siguiente y se ajustan. A través de este proceso, aprenden gramática, datos, patrones de razonamiento y cómo generar texto coherente.

Juegos: Los sistemas de IA que juegan juegos como ajedrez o Go aprenden jugando millones de partidas. Realizan jugadas (predicciones), observan los resultados (retroalimentación) y ajustan su estrategia. A través de innumerables iteraciones, aprenden a jugar a niveles sobrehumanos.

Reconocimiento de voz: La IA aprende a transcribir el habla entrenándose con horas de audio grabado junto con sus transcripciones. Predice qué palabras se dijeron, las compara con la transcripción correcta y se ajusta. Aprende a reconocer palabras a pesar de los acentos, el ruido de fondo y las variaciones del habla.

En todos los casos, el ciclo fundamental es el mismo: predecir, recibir retroalimentación, ajustar, repetir. Los detalles específicos varían, pero el mecanismo fundamental de aprendizaje es consistente.

La maravilla de la capacidad emergente

Uno de los aspectos más extraordinarios del aprendizaje —tanto para los niños como para la IA— es que las capacidades complejas pueden surgir de procesos simples y repetidos.

Capacidades emergentes de los niños: Un niño que aprende a clasificar formas está ejercitando habilidades cognitivas que más adelante sustentarán las matemáticas, el razonamiento espacial, la categorización y el pensamiento abstracto. No solo está aprendiendo sobre formas: está desarrollando capacidades generales de aprendizaje. Los padres a menudo se maravillan de cómo los niños de pronto parecen «comprender» conceptos tras una práctica acumulada, como si la comprensión cristalizara de golpe a partir de una preparación gradual.

Habilidades emergentes de la IA: De manera similar, los sistemas de IA a veces desarrollan habilidades que no fueron entrenadas de forma explícita. Un modelo de lenguaje entrenado solo para predecir la siguiente palabra puede, de algún modo, también traducir idiomas, responder preguntas, escribir poesía y razonar sobre problemas: capacidades que emergen de los patrones generales aprendidos mediante la predicción de la siguiente palabra.

Estas habilidades emergentes surgen porque el proceso de aprendizaje no se limita a memorizar respuestas específicas, sino que construye representaciones internas y patrones que resultan útiles para múltiples tareas relacionadas. Tanto los niños como la IA desarrollan más de lo que se les enseña explícitamente.

Conclusión: El aprendizaje como proceso universal

La comparación entre cómo aprenden los niños y cómo aprende la IA revela algo profundo: el aprendizaje, en su esencia, podría ser un proceso universal que trasciende el sustrato específico (cerebros biológicos o computadoras de silicio).

Ya sea que hablemos de un niño pequeño aprendiendo a clasificar formas o de un sistema de IA aprendiendo a clasificar imágenes, el proceso fundamental es el mismo:

1. **Realizar un intento** en la tarea basándose en el conocimiento actual
2. **Recibir retroalimentación** sobre si el intento fue correcto
3. **Medir el error** o la brecha entre el intento y la respuesta correcta
4. **Ajustar los parámetros internos** para reducir ese error
5. **Repetir muchas veces** hasta que se desarrolle la competencia

Este proceso funciona. Es la manera en que los niños aprenden prácticamente todo durante su desarrollo: el lenguaje, las habilidades motoras, los comportamientos sociales y las materias académicas. Y es la manera en que los sistemas de IA aprenden a realizar tareas que serían casi imposibles de programar explícitamente.

La idea clave es que la inteligencia —al menos ciertos tipos de comportamiento inteligente— puede surgir de la acumulación de muchos pequeños ajustes impulsados por la retroalimentación a partir de muchos intentos de práctica. No necesitas comprender la tarea por completo desde el principio. No necesitas un desempeño perfecto de inmediato. Solo necesitas un sistema capaz de ajustarse, una fuente de retroalimentación y suficiente repetición.

En el caso de los niños, este proceso de aprendizaje está respaldado por sistemas biológicos que evolucionaron a lo largo de millones de años, inmersos en contextos emocionales y sociales ricos, y que conducen a una comprensión genuina y a la conciencia. En el caso de la IA, el proceso de aprendizaje se implementa mediante optimización matemática, ocurre sin ninguna experiencia subjetiva y produce un comportamiento competente sin comprensión genuina.

Pero en ambos casos, el mecanismo práctico es sorprendentemente similar: predecir, recibir retroalimentación, ajustar, repetir. A partir de estos pasos simples, iterados miles o millones de veces, emerge una capacidad genuina. El niño se vuelve competente clasificando formas y eventualmente desarrolla una inteligencia sofisticada. La IA se vuelve precisa en la tarea para la que fue entrenada y, en ocasiones, puede mostrar un comportamiento sorprendentemente sofisticado.

Comprender este paralelismo nos ayuda a apreciar tanto el poder de la IA —puede aprender cosas que no podríamos programar fácilmente— como sus limitaciones: aprende aquello para lo que fue entrenada, puede cometer errores y carece de la comprensión y la flexibilidad de la inteligencia humana. La IA está aprendiendo, genuinamente aprendiendo, mediante un proceso funcionalmente similar al que usamos cuando aprendimos de niños. Pero aprende sin la conciencia, la emoción, la motivación y la comprensión que hicieron de nuestro aprendizaje infantil una experiencia humana tan rica.

Cuando interactúes con un sistema de IA, recuerda: se volvió bueno en lo que hace a través de un proceso basado en millones de predicciones, la retroalimentación sobre cada una y el ajuste progresivo con base en esa retroalimentación. Tal como tú aprendiste, a través de muchos intentos y correcciones, a hacer las innumerables cosas que ahora haces sin esfuerzo. El proceso es universal, aunque los aprendices sean profundamente diferentes.

Cinco
La IA ya forma parte de tu vida cotidiana
La inteligencia invisible que te rodea

El reconocimiento facial de tu teléfono, las recomendaciones de Netflix, los filtros de spam, los asistentes de voz, la navegación GPS, incluso el autocorrector que arregla tus errores de escritura: todo eso es IA trabajando entre bastidores.

La mayoría de las personas piensa en la inteligencia artificial como algo futurista, algo que existe principalmente en películas de ciencia ficción o en laboratorios de investigación. La realidad es sorprendentemente diferente: la IA ya está entretejida en tu vida diaria de maneras que probablemente ni siquiera percibes. Cada día interactúas con decenas de sistemas de IA y dependes de ellos para tareas de comodidad, seguridad, entretenimiento y eficiencia. Veamos la inteligencia invisible que te rodea desde el momento en que te despiertas hasta que te vas a dormir.

Por la mañana: Tu día comienza con IA

Tu alarma y el seguimiento del sueño

Es probable que tu día comience con IA antes de que siquiera estés consciente. Si usas un teléfono inteligente con función de alarma inteligente, la IA ha estado monitoreando tus ciclos de sueño durante toda la noche. Estos sistemas utilizan sensores de movimiento y, a veces, sonido para detectar si estás en una fase de sueño ligero o profundo. La IA aprende tus patrones de sueño con el tiempo e intenta despertarte durante una fase de sueño ligero dentro de una ventana alrededor de tu hora objetivo de despertar, lo que hace que el despertar resulte más natural y menos brusco.

Algunos rastreadores de actividad física y relojes inteligentes van más allá, utilizando IA para analizar tu frecuencia cardíaca, patrones de movimiento e incluso la respiración para ofrecer informes detallados sobre la calidad de tu sueño. La IA ha aprendido cómo son los patrones de sueño saludables a partir de datos de millones de usuarios y compara tus patrones para identificar posibles problemas.

Desbloquear tu teléfono

Cuando tomas tu teléfono y miras la pantalla, la IA reconoce tu rostro al instante y desbloquea el dispositivo. Esta tecnología de reconocimiento facial es un sistema de IA sofisticado que ha aprendido cómo es tu rostro desde múltiples ángulos, en diferentes condiciones de iluminación, e incluso a medida que tu apariencia cambia con el tiempo (un nuevo corte de pelo, lentes, vello facial, envejecimiento).

El sistema toma una imagen de la cámara frontal, identifica los rasgos faciales clave y sus relaciones espaciales, y las compara con la representación matemática almacenada de tu rostro. Hace todo esto en una fracción de segundo, con la precisión suficiente para distinguirte de miles de millones de otras personas, incluso de tu gemelo idéntico en muchos casos. La IA ha aprendido a enfocarse en las características que permanecen constantes a pesar de los cambios en la expresión, la iluminación o pequeños cambios de apariencia.

Revisión de tus notificaciones

Mientras revisas tus notificaciones, la IA ya ha estado trabajando para decidir cuáles mostrarte de forma destacada. El sistema operativo de tu teléfono utiliza IA para aprender qué aplicaciones y contactos son más importantes para ti según tus patrones de interacción. Prioriza las notificaciones en consecuencia e incluso puede suprimir aquellas que predice que no te importarán en ese momento.

Si usas correo electrónico, un filtro de spam con IA ya ha revisado tu bandeja de entrada, identificando y eliminando correo basura antes de que siquiera lo veas. Este filtro ha aprendido a reconocer patrones en los correos spam: direcciones de remitente sospechosas, ciertas frases comúnmente usadas en estafas, formatos típicos de intentos de phishing, y los bloquea automáticamente. Además, el sistema aprende constantemente, ajustándose a medida que los spammers cambian sus tácticas.

Prepararse: La IA asiste en tu rutina matutina

Asistentes de voz

Muchas personas usan asistentes de voz como Siri, Alexa o Google Assistant por las mañanas. Cuando dices: "Oye Siri, ¿cómo está el clima hoy?", varios sistemas de IA entran en acción:

Primero, la IA de reconocimiento de voz convierte tus palabras habladas en texto. Este sistema ha aprendido a entender el habla humana a pesar de los acentos, el ruido de fondo y las variaciones naturales en la forma en que las personas hablan. Descompone la señal de audio en fonemas identifica palabras y construye la oración que pronunciaste.

Luego, la IA de comprensión del lenguaje natural interpreta lo que quisiste decir. Determina que estás haciendo una pregunta sobre el clima y que "hoy" se refiere a la fecha actual y a tu ubicación actual (que conoce gracias al GPS).

Finalmente, otro sistema de IA formula una respuesta que suene natural y la convierte de nuevo en voz utilizando IA de texto a voz que ha aprendido a sonar de forma natural en lugar de robótica.

Todo esto sucede en segundos e involucra múltiples sistemas de IA trabajando juntos de manera fluida.

Dispositivos inteligentes del hogar

Si tienes dispositivos inteligentes en el hogar, la IA está controlando tu entorno. Los termostatos inteligentes usan IA para aprender tu horario y preferencias de temperatura, ajustando automáticamente la calefacción y el aire acondicionado para que estés cómodo cuando estás en casa y ahorrar energía cuando no estás. El sistema aprende patrones como "generalmente se despiertan a las 7 a. m. los días de semana y les gusta la casa a 22 °C para esa hora".

Las luces inteligentes podrían iluminarse gradualmente por la mañana, porque la IA ha aprendido tu hora habitual de despertar. Las cafeteras inteligentes podrían empezar a preparar el café cuando la IA detecta que te levantaste de la cama, basándose en sensores de movimiento o la ubicación de tu teléfono.

El trayecto: cómo la IA te lleva a tu destino

Navegación GPS

Cuando abres Google Maps, Apple Maps o Waze para llegar a algún lugar, estás confiando en una IA increíblemente sofisticada. Estos sistemas hacen mucho más que simplemente mostrarte la ruta más corta: predicen las condiciones del tráfico, sugieren rutas óptimas y se ajustan constantemente según las condiciones en tiempo real.

La IA analiza datos de tráfico en tiempo real de millones de usuarios, patrones históricos de tráfico (el tráfico suele ser intenso en esta carretera a esta hora los martes), condiciones climáticas, accidentes, cierres de calles y obras en construcción. Predice el tiempo que tomará cada ruta posible y recomienda la mejor. Mientras conduces, si el tráfico cambia, la IA recalcula y puede sugerirte una ruta diferente.

Estos sistemas de navegación han aprendido patrones complejos: dónde suelen producirse los cuellos de botella en el tráfico, cuánto duran normalmente los retrasos, qué rutas alternativas son efectivas, e incluso cómo varían los patrones de conducción según la hora del día, el día de la semana y la estación del año.

Aplicaciones de viajes compartidos

Si usas Uber o Lyft, la IA te empareja con conductores, calcula precios según la demanda, predice tiempos de llegada y optimiza las rutas. La IA de fijación de precios ha aprendido a predecir patrones de demanda y a ajustar los precios en consecuencia (precios dinámicos). La IA de emparejamiento decide qué conductor debe recogerte en función de la proximidad, el destino, las calificaciones del conductor y otros factores.

Streaming de música

Durante tu trayecto, es posible que escuches música en streaming en Spotify, Apple Music o YouTube Music. Las canciones que aparecen en tus listas de reproducción personalizadas y en las recomendaciones son elegidas por una IA que ha aprendido tus preferencias musicales. Estos sistemas analizan qué canciones escuchas, cuáles saltas, cuáles repites y a qué hora del día escuchas diferentes géneros.

La IA también observa lo que disfrutan usuarios similares (filtrado colaborativo) y analiza las características musicales de las propias canciones (tempo, tonalidad, instrumentación, estilo vocal) para encontrar música que se ajuste a tu gusto. La lista de reproducción «Discover Weekly» de Spotify, por ejemplo, es generada completamente por una IA que ha aprendido a predecir qué canciones te gustarán pero que aún no has escuchado.

Recomendaciones de podcasts

De manera similar, si escuchas podcasts, la IA te recomienda episodios basándose en tu historial de escucha, qué episodios completas y cuáles abandonas, y qué disfrutan otros oyentes con gustos similares. Algunas aplicaciones de podcasts incluso usan IA para generar listas de reproducción personalizadas de episodios sobre temas que te interesan.

En el trabajo o la escuela: cómo la IA mejora la productividad

Gestión del correo electrónico

Una vez que estás en el trabajo o en la escuela, la IA continúa asistiéndote durante el día. Tu cliente de correo electrónico utiliza múltiples sistemas de IA:

- **El filtro de spam** bloquea el correo no deseado.
- **La bandeja de entrada prioritaria** usa IA para identificar qué correos son más importantes en función de quién los envió, el contenido y tus patrones habituales de respuesta.
- **Las respuestas inteligentes** sugieren contestaciones rápidas, con la IA generando respuestas cortas y contextualmente apropiadas como «Gracias, lo revisaré» o «Me parece bien, nos vemos entonces».
- **Integración con el calendario:** la IA puede detectar cuándo un correo menciona una reunión y sugerir agregarla a tu calendario.
- **La detección de phishing:** la IA identifica correos sospechosos que podrían estar intentando robar tu información.

Autocorrección y escritura predictiva

Cada vez que escribes en tu teléfono o computadora, la IA te está ayudando. La autocorrección usa IA que ha aprendido errores tipográficos comunes, ortografía correcta y palabras contextualmente apropiadas. Cuando escribes «teh», sabe que quisiste decir «the». Cuando escribes «your» en un contexto que requiere «you're», los sistemas más avanzados pueden detectarlo.

Las sugerencias de escritura predictiva que aparecen sobre tu teclado son predicciones de la IA sobre qué palabra escribirás a continuación, en función de lo que has escrito hasta ese momento, tus patrones personales de escritura y los patrones de frases comunes del idioma. La IA ha aprendido, a partir de enormes cantidades de datos textuales, cómo las personas suelen construir oraciones.

Correctores gramaticales

Herramientas como Grammarly usan IA sofisticada no solo para revisar la ortografía, sino para analizar gramática, estilo, tono y claridad. La IA ha aprendido las reglas gramaticales del inglés, los errores de escritura comunes y las convenciones estilísticas. Puede sugerir que «very unique» debería ser simplemente «unique» (ya que «unique» es un absoluto), que tu oración es demasiado larga y compleja, o que tu tono suena agresivo cuando tu intención era ser profesional.

Búsqueda de documentos

Cuando buscas un archivo en tu computadora o en el almacenamiento en la nube, la IA te ayuda a encontrarlo incluso si no recuerdas el nombre exacto. La IA indexa el contenido de tus documentos, aprende a qué archivos accedes con frecuencia y predice lo que estás buscando a partir de consultas parciales. Puede sugerir «Informe de Ventas Q3 2024» cuando solo escribes «ventas».

Videoconferencias

Si usas Zoom, Teams u otras herramientas de videoconferencia, la IA trabaja en segundo plano:

- **El desenfoque o reemplazo de fondo** usa IA para distinguirte del fondo en tiempo real, incluso mientras te mueves.
- **La cancelación de ruido:** la IA filtra los sonidos de fondo como

ladridos de perros, sirenas o tecleo del teclado, mientras preserva tu voz.

- **El encuadre automático:** la IA te mantiene centrado en el encuadre incluso si te mueves.
- **Los subtítulos en vivo** usan IA de reconocimiento de voz para transcribir lo que las personas dicen en tiempo real.

Mediodía: la IA en tus redes sociales y entretenimiento

Contenido de redes sociales

Cuando revisas Facebook, Instagram, Twitter, TikTok o cualquier plataforma de redes sociales, la IA selecciona lo que ves. Los días en que veías todas las publicaciones de todos los que seguías en orden cronológico quedaron atrás: ahora la IA decide qué aparece en tu feed y en qué orden.

Estos sistemas de IA aprenden con qué tipo de contenido interactúas. ¿Sueles ver videos de cocina? Verás más de esos. ¿Comentas con frecuencia las publicaciones de ciertos amigos? Verás más de su contenido. ¿Pasas rápidamente de largo las publicaciones políticas? Verás menos de ellas.

La IA está optimizando el «engagement» —es decir, maximiza el tiempo que permaneces en la plataforma—. Ha aprendido, a partir de datos de millones de usuarios, qué tipos de contenido mantienen a las personas consumiendo contenido de forma continua y qué las hace dar «me gusta», comentar y compartir. Esto tiene efectos profundos en la información que las personas ven y en cómo entienden el mundo.

Moderación de contenido

Tras bambalinas, la IA también modera el contenido en estas plataformas. Se publican miles de millones de piezas de contenido a diario, demasiadas para que moderadores humanos las revisen. Los sistemas de IA escanean publicaciones, imágenes y videos para detectar contenido prohibido: discurso de odio, violencia gráfica, spam, desnudos, desinformación y más.

Estos sistemas de IA han sido entrenados con ejemplos de contenido que viola las políticas para reconocer patrones. Eliminan automáticamente parte del contenido y marcan otro para revisión humana. Aunque son imperfectos —a veces atrapan contenido inocente o pasan por alto infracciones—, estos sistemas gestionan la gran mayoría de la moderación a una escala que sería imposible solo con humanos.

Organización y edición de fotos

La aplicación de Fotos de tu teléfono usa IA de forma extensiva. Organiza automáticamente tus fotos por:

- **Reconocimiento facial:** identificando qué fotos contienen a qué personas.
- **Reconocimiento de objetos:** encontrando todas las fotos que contienen perros, playas, comida, etc.
- **Detección de escenas:** categorizando fotos como atardeceres, paisajes, documentos, capturas de pantalla, etc.
- **Evaluación de calidad:** identificando tus mejores fotos para destacarlas en recuerdos o momentos destacados.

Cuando editas fotos, muchas funciones de mejora usan IA. El botón de «mejorar» utiliza IA que ha aprendido qué hace que las fotos se vean bien, y ajusta automáticamente el brillo, el contraste, la saturación y otros parámetros. El desenfoque del modo retrato usa IA para detectar la profundidad y separar al sujeto del fondo. Algunas aplicaciones pueden eliminar objetos no deseados de las fotos, rellenando el fondo de manera inteligente con IA.

Recomendaciones de streaming de video

Netflix, YouTube, Hulu, Disney+ y otros servicios de streaming dependen en gran medida de la IA para recomendar contenido. La IA de recomendaciones de Netflix es famosa: analiza lo que ves, cuánto tiempo lo ves, a qué hora del día miras diferentes géneros, qué calificas con puntuaciones altas, qué empiezas, pero no terminas, y los patrones de millones de otros usuarios.

La IA ha aprendido patrones complejos: quienes disfrutaron esta serie suelen disfrutar otras similares; las personas que ven comedias las noches de entre semana suelen ver dramas las noches del fin de semana; si alguien comienza una serie y ve tres episodios seguidos, probablemente la terminará. Aproximadamente el 80 % de lo que la gente ve en Netflix proviene de recomendaciones, lo que hace que esta IA sea crucial para el negocio.

La IA de YouTube es, quizá, aún más influyente, sugiriendo qué video ver a continuación. Esta IA ha aprendido a predecir qué te mantendrá viendo, lo cual ha sido tanto elogiado (ayudando a las personas a descubrir contenido que aman) como criticado (potencialmente creando burbujas de filtro o recomendando contenido cada vez más extremo).

Al atardecer: cómo la IA interviene en tus compras y finanzas

Compras en línea

Cuando compras en línea en Amazon, eBay u otros sitios, la IA está en todas partes:

- **Recomendaciones de productos:** «Los clientes que compraron esto también compraron...» es IA prediciendo lo que podrías querer basándose en patrones de millones de otros compradores.

- **Páginas de inicio personalizadas:** los productos que se muestran en tu página de inicio son seleccionados por IA en función de tu historial de navegación y compras.
- **Optimización de precios:** algunos minoristas usan IA para ajustar dinámicamente los precios según la demanda, la competencia y tu probabilidad de compra.
- **Resultados de búsqueda:** cuando buscas «zapatos cómodos», la IA clasifica los resultados según lo que «cómodos» significa en tu caso.
- **Chatbots:** los chatbots de atención al cliente usan IA para entender tu pregunta y proporcionar respuestas relevantes.
- **Detección de fraude:** la IA monitorea las transacciones en busca de patrones sospechosos que podrían indicar fraude con tarjeta de crédito.

Publicidad

Los anuncios que ves en línea son casi siempre seleccionados por IA. Las plataformas publicitarias usan IA para:

- Predecir en qué anuncios es más probable que hagas clic o a cuáles respondas.
- Elegir los momentos óptimos para mostrarte anuncios cuando estás más receptivo.
- Personalizar la creatividad publicitaria para diferentes audiencias.
- Medir la efectividad de los anuncios y ajustar las campañas automáticamente.

Por eso, si buscas «botas de senderismo», es posible que veas anuncios de botas de senderismo durante días: la IA te ha identificado como alguien actualmente interesado en ese producto.

Aplicaciones bancarias y financieras

Si usas aplicaciones bancarias, la IA está trabajando para protegerte y ayudarte a administrar tu dinero:

- **Detección de fraude:** La IA monitorea tus transacciones en busca de patrones inusuales: compras en ubicaciones poco habituales, montos de gasto fuera de lo común o patrones de transacción típicos de tarjetas robadas.
- **Análisis de gastos:** Las aplicaciones que categorizan tus gastos y te ofrecen información utilizan IA para identificar a qué corresponde cada transacción.
- **Factores del puntaje crediticio:** Los sistemas de calificación crediticia utilizan cada vez más la IA para evaluar la solvencia.
- **Aplicaciones de inversión:** Los robo-advisors usan IA para crear y gestionar carteras de inversión basados en tu tolerancia al riesgo y tus objetivos.
- **Predicción de facturas:** Las aplicaciones que predicen próximos pagos y flujos de efectivo usan IA que ha aprendido tus patrones financieros.

Al anochecer: la IA en tu hogar y tiempo libre

Rutinas nocturnas del hogar inteligente

Al caer la tarde, la IA de tu hogar inteligente podría ajustar automáticamente la iluminación a tonos más cálidos, bajar ligeramente el termostato e iniciar otras rutinas que ha aprendido que prefieres por la noche. Algunos sistemas pueden detectar cuándo llegas a casa y automáticamente desbloquear puertas, encender luces y ajustar la climatización.

Las cámaras de seguridad con IA pueden distinguir entre una persona, un auto, un animal y un paquete, alertándote solo sobre los tipos de movimiento que te importan. Incluso pueden reconocer rostros familiares en comparación con personas desconocidas.

Asistencia en la cocina

Si buscas recetas en línea, la IA te recomienda recetas basándose en tus búsquedas anteriores, tus preferencias alimentarias y lo que disfrutaron usuarios similares. Algunas aplicaciones pueden identificar alimentos a partir de fotos y sugerir recetas. Los hornos inteligentes usan IA para reconocer lo que estás cocinando y ajustar la temperatura y el tiempo automáticamente.

Videojuegos

Los videojuegos usan IA de forma extensiva. Los personajes no jugables (NPC) con los que interactúas utilizan IA para comportarse de manera relativamente inteligente: enemigos que te persiguen, aliados que te asisten y personajes que responden a tus decisiones. El ajuste de dificultad en muchos juegos usa IA para mantener la experiencia desafiante pero no frustrante, aprendiendo tu nivel de habilidad y adaptándose en consecuencia.

Seguimiento de actividad física y salud

Los rastreadores de actividad física y las aplicaciones de salud integran IA de forma constante:

- **Reconocimiento de actividad:** Detectar automáticamente si estás caminando, corriendo, andando en bicicleta o nadando.
- **Análisis de frecuencia cardíaca:** Identificar patrones que podrían indicar problemas de salud.
- **Evaluación de la calidad del sueño:** Analizar el movimiento y la frecuencia cardíaca para determinar las etapas del sueño.
- **Recomendaciones de ejercicio:** Sugerir ejercicios basados en tus objetivos, entrenamientos anteriores y progreso.

- **Estimación de calorías:** Estimar las calorías quemadas según el tipo de actividad, la intensidad y tus características físicas.

Algunas aplicaciones incluso pueden analizar fotos de tus comidas para estimar el contenido calórico y la información nutricional.

Por la noche: la IA te ayuda a relajarte

Entretenimiento nocturno

Tu entretenimiento nocturno sigue siendo seleccionado por la IA. La música en streaming para relajarte, las recomendaciones de podcasts para antes de dormir, incluso la lista de contenidos disponibles para ti: todo ello está seleccionado por una IA que ha aprendido tus preferencias nocturnas.

Aplicaciones de lectura

Las aplicaciones de lectura electrónica como Kindle usan IA para recomendar libros basándose en lo que has leído y disfrutado. Las recomendaciones de «los clientes que compraron esto también compraron» son IA identificando patrones en las preferencias de millones de lectores.

Algunas aplicaciones usan IA para ajustar el tamaño del texto, el espaciado y el color de fondo para una legibilidad óptima según la iluminación ambiental y tus necesidades visuales.

Asistencia para dormir

Las aplicaciones que reproducen ruido blanco, sonidos de la naturaleza o cuentos para dormir suelen usar IA para aprender qué sonidos te ayudan a conciliar el sueño más rápido y a dormir más profundamente. Algunas pueden ajustar el volumen durante la noche a medida que cambian tus etapas de sueño.

El sistema de IA de seguimiento del sueño analiza tus patrones de descanso y puede identificar problemas como una posible apnea del sueño, proporcionando información que podría motivarte a buscar atención médica.

La IA que no ves: infraestructura y servicios

Más allá de la IA orientada al consumidor con la que interactúas directamente, innumerables sistemas de IA trabajan en segundo plano para mantener en funcionamiento la sociedad moderna:

Gestión de la red eléctrica

Los sistemas de IA ayudan a gestionar la red eléctrica, prediciendo la demanda, optimizando la generación y distribución de energía, y detectando fallas antes de que provoquen apagones. Estos sistemas han aprendido patrones en el consumo eléctrico y pueden predecir picos de demanda antes de que ocurran.

Optimización de semáforos

Muchas ciudades usan IA para controlar los semáforos, ajustando los tiempos según el flujo de tráfico en tiempo real para minimizar la congestión. La IA ha aprendido los patrones de tráfico y puede adaptarse a situaciones inusuales como accidentes o eventos.

Pronóstico del clima

La predicción meteorológica moderna depende en gran medida de la IA, que analiza enormes cantidades de datos provenientes de satélites, estaciones meteorológicas y sensores para predecir las condiciones futuras. La IA ha aprendido patrones atmosféricos complejos y puede identificar señales de tormentas que se aproximan, cambios de temperatura y otros eventos climáticos.

Spam y ciberseguridad

Más allá de tu filtro personal de spam, los sistemas de IA protegen la infraestructura de Internet contra correo basura, malware y ciberataques. Estos sistemas analizan miles de millones de correos electrónicos, solicitudes web y paquetes de red para identificar amenazas, aprendiendo a reconocer nuevos patrones de ataque a medida que surgen.

Traducción de idiomas

Servicios como Google Translate utilizan sistemas de IA sofisticados que han aprendido a traducir entre idiomas estudiando millones de documentos traducidos. La IA aprende no solo a traducir palabra por palabra, sino a preservar el significado, manejar modismos y adaptarse al contexto cultural.

Servicios de emergencia

Algunos sistemas de emergencia (como el 911 en EE. UU.) usan IA para ayudar a priorizar llamadas, despachar los recursos adecuados e incluso proporcionar orientación a quienes llaman antes de que llegue la ayuda. La IA ha aprendido de datos históricos sobre diferentes tipos de emergencias y las respuestas óptimas.

Salud: la IA salvando vidas

Asistencia diagnóstica

Los hospitales y clínicas utilizan cada vez más la IA para asistir en el diagnóstico. Los sistemas de IA pueden:

- Analizar imágenes médicas (radiografías, resonancias magnéticas, tomografías computarizadas) para detectar tumores, fracturas o anomalías, a menudo identificando elementos que podrían pasar desapercibidos para los médicos.

- Predecir el deterioro de un paciente monitoreando signos vitales e identificando patrones que preceden a eventos graves.
- Recomendar tratamientos basados en las características del paciente, los síntomas y los resultados de pacientes similares.
- Identificar interacciones medicamentosas y posibles efectos secundarios.

Descubrimiento de fármacos

La IA está acelerando el descubrimiento de nuevos medicamentos al predecir qué moléculas podrían ser efectivas contra enfermedades específicas, reduciendo drásticamente el tiempo y el costo del desarrollo farmacológico en sus etapas iniciales.

Monitoreo personal de salud

Los relojes inteligentes con IA pueden detectar ritmos cardíacos irregulares que podrían indicar fibrilación auricular, con el potencial para prevenir accidentes cerebrovasculares. Algunos pueden detectar caídas y llamar automáticamente para pedir ayuda. La IA ha aprendido qué aspecto tienen los patrones anormales en los datos fisiológicos.

El alcance de la IA en tu vida: un día típico

Consideremos los sistemas de IA con los que una persona promedio podría interactuar en un solo día:

Mañana (6 a. m. - 9 a. m.): Seguimiento del sueño, optimización de alarmas, desbloqueo por reconocimiento facial, priorización de notificaciones, filtrado de spam, asistente de voz, automatización del hogar inteligente, pronóstico del clima, navegación GPS, viajes compartidos, recomendaciones musicales: aproximadamente 11 sistemas de IA.

Trabajo/Escuela (9 a. m. - 5 p. m.): Gestión de correo electrónico, autocorrección, texto predictivo, corrección gramatical, búsqueda en documentos, sistemas de IA de videoconferencias, optimización de calendario, detección de fraude en cualquier compra: aproximadamente 8 sistemas de IA más.

Noche temprana (5 p. m. - 10 p. m.): Contenido de redes sociales (múltiples plataformas), moderación de contenido, organización de fotos, recomendaciones de streaming (música, video, podcasts), compras en línea, segmentación publicitaria, automatización del hogar inteligente, cámaras de seguridad, asistencia en la cocina, IA de videojuegos, seguimiento de actividad física: aproximadamente 15 sistemas de IA.

Noche (10 p. m. - 6 a. m.): Asistencia para dormir, seguimiento del sueño, automatización del hogar inteligente: aproximadamente 3 sistemas de IA.

Eso son potencialmente 37 sistemas de IA diferentes en un día típico, y es probable que sea una subestimación. Muchas personas interactúan con docenas más en función de sus aplicaciones, servicios y dispositivos específicos.

¿Por qué la IA es tan omnipresente?

La IA se ha vuelto ubicua por varias razones:

- **Resuelve problemas reales:** Cada sistema de IA aborda una necesidad genuina: reducir el spam, ayudar con la navegación, proteger contra el fraude y encontrar contenido que disfrutarás. Son servicios valiosos que mejoran la vida de las personas.
- **Escala de manera eficiente:** Una vez que un sistema de IA está entrenado, puede servir a millones o miles de millones de usuarios con un costo marginal relativamente bajo. Esto hace que sea económicamente atractivo para las empresas desarrollar soluciones de IA.

- **Abundancia de datos:** La era digital genera enormes cantidades de datos de los que la IA puede aprender. Cada interacción en línea, cada foto tomada, cada consulta de búsqueda genera datos que pueden entrenar sistemas de IA.
- **Capacidad de procesamiento:** Los ordenadores modernos, y en especial las GPU, son lo suficientemente potentes como para ejecutar IA sofisticada en tiempo real, lo que permite que las funciones impulsadas por IA sean lo suficientemente rápidas para un uso práctico.
- **Ventaja competitiva:** Las empresas que utilizan la IA de manera efectiva pueden ofrecer mejores servicios, atraer a más usuarios y operar con mayor eficiencia que sus competidores que no lo hacen. Esto crea fuertes incentivos para implementar la IA.
- **Expectativas de los usuarios:** La gente ahora espera funciones inteligentes: reconocimiento de voz preciso, buenas recomendaciones, organización automática de fotos. No contar con estas características impulsadas por IA hace que un producto se sienta obsoleto.

La naturaleza invisible de la IA

La mayor parte de la IA en tu vida es invisible por diseño. No piensas "ahora estoy usando inteligencia artificial" cuando desbloqueas tu teléfono con el rostro o cuando obtienes indicaciones de Google Maps. La IA pasa a segundo plano y se convierte simplemente en parte del funcionamiento de estas herramientas.

Esta invisibilidad es intencional. Un buen diseño hace que la tecnología se sienta natural y sin esfuerzo. La compleja IA que realiza reconocimiento facial, predicción de tráfico o generación de recomendaciones se oculta detrás de interfaces simples e intuitivas.

Esta invisibilidad tiene pros y contras. En el lado positivo, hace que la tecnología sea accesible para todos, independientemente de sus conocimientos técnicos. No necesitas entender el aprendizaje automático para beneficiarte de él. En el lado negativo, puede hacer que las personas no sean conscientes de hasta qué punto la IA está moldeando sus experiencias, qué datos se están recopilando y qué limitaciones o sesgos podrían tener estos sistemas.

El impacto en la vida diaria

La prevalencia de la IA en la vida diaria tiene efectos profundos:

- **Comodidad:** La IA hace que innumerables tareas sean más rápidas, fáciles y cómodas. Buscar información, llegar a lugares, comunicarse, comprar y entretenerse: todo se optimiza gracias a la IA.
- **Personalización:** La IA permite experiencias adaptadas a las preferencias individuales de maneras que serían imposibles de forma manual. Tu música, tus noticias, tus recomendaciones: todo personalizado para ti.
- **Eficiencia:** La IA nos ayuda a lograr más en menos tiempo al automatizar tareas rutinarias, filtrar información y optimizar procesos.
- **Acceso:** La IA pone al alcance de todos capacidades que antes requerían conocimientos especializados. Todos tienen un asistente personal (IA de voz), todos tienen acceso a traducción de idiomas y cualquiera puede editar fotos de manera profesional.
- **Dependencia:** Nos hemos vuelto bastante dependientes de estos sistemas de IA. Intenta recorrer una ciudad nueva sin GPS, buscar información sin motores de búsqueda o comunicarte sin autocorrector: ahora resulta sorprendentemente difícil.
- **Consideraciones de privacidad:** La IA que personaliza tu experiencia necesita datos sobre ti. Muchas personas no se dan cuenta de cuántos datos se recopilan ni de cómo se utilizan para entrenar y operar sistemas de IA.
- **Burbujas de filtro:** La IA que te muestra aquello con lo que probablemente interactuarás puede crear cámaras de eco donde

predominan contenidos que confirman tus opiniones preexistentes.

Mirando hacia el futuro: aún más IA

La IA en tu vida hoy es solo el comienzo. Los próximos avances integrarán la IA aún más profundamente en la vida cotidiana:

- **Los asistentes de IA** serán más capaces, gestionando tareas complejas como planificar vacaciones, administrar agendas y realizar compras.
- **Los vehículos autónomos** usarán IA para navegar, lo que potencialmente transformará el transporte de manera fundamental.
- **La IA en la salud** proporcionará monitoreo y apoyo diagnóstico cada vez más sofisticados.
- **La IA en la educación** ofrecerá tutoría personalizada y se adaptará a los estilos de aprendizaje individuales.
- **La IA creativa** asistirá en la escritura, el arte, la música y el diseño.
- **La IA en el trabajo** se encargará de más tareas rutinarias, cambiando el tipo de trabajo que realizan los seres humanos.

Conclusión: La IA como tecnología cotidiana

La inteligencia artificial no es algo futurista ni excepcional: ya está profundamente integrada en tu vida diaria. Desde el momento en que tu alarma inteligente te despierta hasta que tu rastreador de sueño monitorea tu descanso, los sistemas de IA trabajan constantemente, en su mayoría de forma invisible, para hacer tu vida más cómoda, eficiente y personalizada.

Tu teléfono, tu ordenador, tu coche, tu hogar, tu entretenimiento, tu comunicación, tus compras, tu navegación, tu trabajo y tu tiempo libre: todos implican múltiples sistemas de IA. Interactúas con docenas de aplicaciones de IA a diario, generalmente sin pensar en ellas como IA. Simplemente se han convertido en la forma en que funcionan las cosas.

Comprender esta prevalencia de la IA es importante por varias razones. Te ayuda a apreciar la tecnología que usas, a tomar decisiones informadas sobre privacidad y el intercambio de datos, a reconocer las limitaciones y posibles sesgos de los sistemas de IA, y a participar de manera significativa en las conversaciones sobre cómo debe desarrollarse y regularse la IA.

La IA que te rodea hoy era ciencia ficción hace apenas unas décadas. Esto demuestra con qué rapidez la tecnología puede pasar de los laboratorios al uso cotidiano generalizado. A medida que la IA avance, cada vez más aspectos de tu vida serán tocados por estos sistemas inteligentes.

Si esto te entusiasma o te preocupa probablemente depende de tu perspectiva, pero una cosa es segura: la IA no viene algún día, ya está aquí, está en todas partes y moldea tu experiencia diaria de innumerables formas visibles e invisibles. El futuro de la IA no es algo que debamos esperar; es algo en lo que ya estamos viviendo, cada día, con cada interacción con nuestros dispositivos y servicios cada vez más inteligentes.

Seis
Existen diferentes tipos de IA
Comprender el espectro desde la inteligencia estrecha hasta la inteligencia general

---

Algunas IA son "estrechas": realmente buenas en una sola cosa específica, como jugar al ajedrez o reconocer el habla. Luego está la idea de una IA "general" que podría manejar cualquier tarea como lo hacen los humanos, pero esto aún no existe.

Cuando la mayoría de las personas escuchan sobre inteligencia artificial, a menudo imaginan un solo tipo de tecnología: quizás un robot humanoide o una supercomputadora extremadamente inteligente que puede hacer de todo. Pero la realidad de la IA es mucho más matizada. Existen tipos de IA fundamentalmente diferentes, cada uno con capacidades, limitaciones e implicaciones muy distintas. Comprender estas distinciones es crucial para entender qué puede y qué no puede hacer la IA, tanto hoy como en el futuro previsible.

La distinción fundamental: IA estrecha vs. IA general

La distinción más importante en la IA es la que existe entre la **IA estrecha** (también llamada IA débil o IA especializada) y la **IA general** (también llamada inteligencia artificial general, IAG). Esta distinción no es meramente técnica: es la diferencia entre una herramienta que hace una sola cosa bien y una inteligencia que puede pensar de manera flexible en cualquier ámbito, como lo hacen los humanos.

La IA estrecha se refiere a sistemas de IA diseñados y entrenados para realizar tareas específicas. Estos sistemas pueden ser extraordinariamente buenos en su tarea designada —a veces mucho mejores que los humanos—, pero no pueden transferir sus capacidades a otros ámbitos. Son especialistas, no generalistas.

La IA general se refiere a una IA teórica que tendría una capacidad similar a la humana para comprender, aprender y aplicar inteligencia en cualquier ámbito. Esta IA podría aprender nuevas habilidades, adaptarse a situaciones novedosas, razonar de forma abstracta y transferir conocimiento de un área a otra: todas cosas que los humanos hacen de manera natural, pero que la IA actual no puede hacer.

El dato fundamental: toda la IA que existe hoy es IA estrecha. La IA general sigue siendo teórica, un objetivo hacia el que los investigadores trabajan pero que aún no han alcanzado. Esta distinción no puede enfatizarse lo suficiente, porque gran parte de la confusión sobre la IA proviene de confundir lo que la IA estrecha puede hacer con lo que la gente imagina que la IA general podría hacer.

IA estrecha: los especialistas que nos rodean

Analicemos en profundidad la IA estrecha, ya que es lo que realmente existe y con lo que interactúas a diario.

Qué hace que una IA sea "estrecha"

La IA estrecha se llama así porque su inteligencia está confinada a un ámbito limitado. Es como tener a un prodigio que es un genio en una cosa, pero que no tiene capacidad alguna fuera de esa especialidad. El sistema ha sido específicamente diseñado y entrenado para una tarea particular, y eso es lo único que puede hacer.

Pensemos en una IA que juega al ajedrez, como Deep Blue (el sistema de IBM que derrotó al campeón mundial Garry Kasparov en 1997) o motores de ajedrez más recientes como Stockfish o AlphaZero. Estos sistemas juegan al ajedrez a niveles sobrehumanos. Pueden evaluar millones de posiciones por segundo, planificar decenas de jugadas por adelantado y derrotar a cualquier jugador humano con facilidad.

Y esto es lo fundamental: esa misma IA de ajedrez no puede jugar a las damas. No puede jugar Go. No puede reconocer imágenes. No puede entender el lenguaje. No puede hacer nada excepto jugar al ajedrez. Si intentaras usarla para cualquier otro propósito, sería completamente inútil. Su inteligencia es enteramente estrecha: enfocada en el ajedrez y solo en el ajedrez.

Esto puede parecer obvio una vez dicho, pero revela algo profundo sobre la IA estrecha: no "entiende" el ajedrez de la forma en que lo hacen los humanos. No tiene ningún concepto de estrategia en un sentido general, ninguna capacidad de transferir sus habilidades de planificación a otros ámbitos. Es extraordinariamente buena en el reconocimiento de patrones y la evaluación específicos que requiere el ajedrez, pero ahí termina su capacidad.

Ejemplos de IA estrecha en diferentes ámbitos

Para comprender realmente la IA estrecha, veamos varios ejemplos en distintos ámbitos:

IA de reconocimiento de voz (como Siri, Alexa, Google Assistant): Estos sistemas son notablemente buenos convirtiendo palabras habladas en texto. Han aprendido a reconocer fonemas, entender diferentes acentos, filtrar el ruido de fondo y lidiar con lo caótico del habla humana. Son especialistas en reconocimiento de voz.

Pero el componente de reconocimiento de voz en sí mismo no puede entender qué significan las palabras, no puede responder preguntas ni controlar dispositivos inteligentes del hogar. Esas son funciones de sistemas de IA estrecha separados que trabajan en conjunto. La IA de reconocimiento de voz hace solo una cosa: convertir audio en texto.

IA de reconocimiento de imágenes: Los sistemas entrenados para identificar objetos en fotografías pueden ser asombrosamente precisos.

Pueden distinguir cientos de razas de perros, identificar miles de especies de plantas o detectar tumores en imágenes médicas con una precisión que iguala o supera la de los expertos humanos.

Pero una IA entrenada para identificar razas de perros no puede identificar especies de plantas sin ser reentrenada con datos de plantas. Una IA que reconoce tumores en tomografías de pulmón no puede reconocer tumores en escáneres cerebrales sin entrenamiento adicional. Cada una es especialista en su dominio estrecho.

IA de traducción de idiomas: Google Translate y servicios similares utilizan IA que ha aprendido a traducir entre idiomas. Estos sistemas han estudiado millones de documentos traducidos y han aprendido patrones sobre cómo el significado se expresa de manera diferente en distintos idiomas.

Pero la IA de traducción no puede escribir contenido original y creativo. No puede comprender verdaderamente el contexto cultural de lo que está traduciendo (aunque mejora en esto con más entrenamiento). No puede hablar los idiomas de forma audible (eso requeriría una IA de síntesis de voz separada). Está especializada en traducción.

IA de recomendación: El sistema de recomendación de Netflix sabe qué películas podrían gustarte. El algoritmo de Spotify sabe qué canciones encajan con tus gustos. Amazon sabe qué productos sugerirte. Estos sistemas están altamente especializados en predecir tus preferencias dentro de su dominio específico.

Pero la IA de Netflix no puede recomendar restaurantes. La IA de Spotify no puede recomendar películas. La IA de Amazon no puede generar listas de reproducción musical. Cada una está especializada en su dominio particular de recomendación.

IA para juegos: AlphaGo, la IA que derrotó al campeón mundial de Go (un complejo juego de mesa), representa un logro notable. El Go es mucho más complejo que el ajedrez, con más posiciones posibles que átomos en el universo. La victoria de AlphaGo demostró un impresionante reconocimiento de patrones y planificación estratégica.

Pero AlphaGo, a pesar de su sofisticación, no puede jugar ajedrez, póker ni videojuegos. No puede reconocer imágenes. No puede comprender el lenguaje. Su inteligencia está enteramente especializada para el Go. (Aunque DeepMind, la empresa que lo creó, ha desarrollado otras IA para otros juegos, cada una sigue siendo estrecha y especializada).

IA de conducción autónoma: Los sistemas de vehículos autónomos utilizan IA para procesar datos de sensores, reconocer objetos (peatones, otros vehículos, señales de tránsito), predecir movimientos y planificar rutas. Esto requiere integrar múltiples sistemas de IA estrecha.

Pero esta IA no puede pilotar un avión. No puede gobernar un barco. Ni siquiera puede necesariamente conducir bien en carreteras donde no fue entrenada o en condiciones drásticamente diferentes a las de sus datos de entrenamiento. Sus capacidades son específicas para la tarea de conducción para la que fue diseñada.

La estrechez oculta en sistemas aparentemente amplios

Algunos sistemas de IA parecen más amplios de lo que realmente son porque manejan lo que parecen tareas diversas. Los grandes modelos de lenguaje modernos como ChatGPT, Claude o GPT-4 pueden escribir ensayos, responder preguntas, escribir código, analizar datos y conversar sobre prácticamente cualquier tema. Esto podría parecer inteligencia general, pero sigue siendo IA estrecha; aunque sigue siéndolo de una manera diferente.

Estos sistemas están específicamente entrenados para predecir texto. Han aprendido patrones del lenguaje a partir de enormes cantidades de texto escrito y pueden generar texto nuevo siguiendo esos patrones. Esta única capacidad —la sofisticada correspondencia y generación de patrones lingüísticos— resulta útil para muchas tareas que involucran texto.

Pero estos sistemas aún tienen limitaciones cruciales que revelan su estrechez:

- No pueden manipular objetos físicos ni desplazarse por el mundo.
- No pueden formar intenciones o metas genuinas más allá de la conversación en curso.
- No pueden aprender verdaderamente de conversaciones individuales (cada conversación comienza desde cero, aunque algunos tienen funciones de memoria).
- No pueden percibir el mundo directamente a través de los sentidos.
- Tienen dificultades con tareas que requieren sentido común del mundo real.
- No pueden realizar razonamiento lógico preciso de manera confiable sin errores.
- No comprenden verdaderamente la causalidad ni las leyes físicas.

Son extraordinariamente capaces dentro del dominio del lenguaje, pero siguen siendo IA estrecha especializada en generación de texto, no inteligencia general.

Por qué la IA estrecha es estrecha: entrenamiento para tareas específicas

La estrechez de los sistemas de IA proviene de cómo se crean. Cada IA estrecha se entrena con datos específicos para una tarea específica y aprende patrones relevantes para esa tarea. El proceso de entrenamiento optimiza la IA para un objetivo, y el sistema resultante encarna esa optimización.

Cuando entrenas una IA de reconocimiento de imágenes con fotos de gatos y perros, aprende características que distinguen a los gatos de los perros en las imágenes. Esas características aprendidas son específicamente útiles para esa tarea de clasificación visual. No se transfieren a jugar juegos, comprender el lenguaje ni a ningún otro dominio.

La «inteligencia» de la IA está codificada en millones o miles de millones de parámetros numéricos que se ajustaron durante el entrenamiento para minimizar errores en su tarea específica. Esos parámetros representan patrones específicos de esa tarea. Usarlos para una tarea diferente sería como intentar usar el plano de un puente para construir un avión: las especificaciones detalladas son completamente inadecuadas para el nuevo propósito.

Las impresionantes capacidades y las sorprendentes limitaciones de la IA estrecha

Lo fascinante de la IA estrecha es cómo puede ser simultáneamente sobrehumana en su dominio y completamente inútil fuera de él. Esto crea algunos contrastes sorprendentes:

Sobrehumana en tareas específicas:

- La IA de ajedrez puede derrotar a cualquier jugador humano.
- La IA de reconocimiento de imágenes puede identificar objetos en fotos con mayor precisión que los humanos en muchos casos.
- Ciertas IA médicas pueden detectar enfermedades en escáneres mejor que radiólogos experimentados.
- La IA puede procesar y analizar datos a escalas imposibles para los humanos.

Limitada en tareas adyacentes:

- La IA de ajedrez no puede jugar un juego relacionado como las damas.
- La IA de reconocimiento de imágenes no puede describir por qué una imagen es hermosa o emocionalmente impactante.
- La IA médica no puede diagnosticar basándose en la conversación con el paciente o en un examen físico.
- La IA de análisis de datos no puede explicar sus hallazgos en un

lenguaje accesible sin el apoyo de un sistema de IA de lenguaje independiente.

Este contraste resalta la diferencia fundamental entre la inteligencia estrecha y la general. Un humano que aprende ajedrez también desarrolla un pensamiento estratégico general aplicable a los negocios, la estrategia militar u otros dominios. Un humano que aprende a reconocer imágenes también desarrolla una comprensión aplicable a la apreciación del arte, la navegación y un sinfín de otras tareas visuales. Los humanos poseen inteligencia general que se transfiere entre dominios. La IA estrecha no.

Combinación de sistemas de IA estrecha

Gran parte de las aplicaciones modernas de IA implican combinar múltiples sistemas de IA estrecha para llevar a cabo tareas complejas. Consideremos un asistente de voz con todas sus funciones:

1. **La IA de reconocimiento de voz** convierte tu pregunta hablada en texto
2. **La IA de comprensión del lenguaje natural** interpreta lo que estás preguntando
3. **La IA de recuperación de información** busca la respuesta
4. **La IA de priorización** determina la mejor respuesta para devolver
5. **La IA de generación de lenguaje natural** formula una respuesta en lenguaje conversacional
6. **La IA de síntesis de voz** convierte la respuesta de texto en audio hablado

Cada componente es una IA estrecha especializada en su función. Juntos, crean la ilusión de una inteligencia más general, pero en realidad es una cadena de especialistas. Si algún componente se encuentra con algo fuera de su entrenamiento, todo el sistema puede ver comprometido.

Así es como funcionan la mayoría de las aplicaciones sofisticadas de IA: múltiples sistemas de IA estrecha orquestados en conjunto. Un vehículo autónomo podría integrar cincuenta sistemas de IA estrecha diferentes, cada uno encargándose de un aspecto específico de la percepción, la predicción, la planificación o el control.

IA general: el santo grial que aún no existe

Veamos ahora la IA general: qué significaría, por qué no existe y por qué resulta mucho más difícil que la IA estrecha.

¿Qué significaría realmente la IA general?

La IA general (IGA — Inteligencia General Artificial) sería un sistema de IA con capacidades cognitivas similares a las humanas en todos los dominios. Esto es lo que implicaría:

- **Aprendizaje flexible:** Una IA general podría aprender nuevas habilidades a partir de relativamente pocos ejemplos, tal como lo hacen los seres humanos. Puedes explicarle un nuevo juego de cartas a una persona en cinco minutos y esta ya puede jugarlo. Una IA general tendría esta misma capacidad de aprendizaje flexible, sin requerir millones de ejemplos de entrenamiento para cada nueva tarea.
- **Transferencia de aprendizaje:** La IA general podría aplicar conocimiento de un dominio a otro. Si aprende sobre física, podría aplicar el razonamiento físico a problemas de ingeniería, deportes o situaciones cotidianas. Si aprende sobre psicología humana, podría aplicar ese entendimiento para escribir ficción, diseñar interfaces de usuario o predecir comportamientos.
- **Razonamiento abstracto:** La IA general podría razonar de forma abstracta, comprendiendo analogías, metáforas y principios generales. Podría resolver problemas que nunca ha encontrado antes razonando desde primeros principios o aplicando analogías a situaciones conocidas.

- **Sentido común:** Quizás el desafío más grande: una IA general necesitaría sentido común, es decir, ese vasto almacén de conocimiento obvio sobre cómo funciona el mundo que los seres humanos acumulamos simplemente por vivir. Saber que el agua moja, que los objetos caen cuando se sueltan, que la gente se enfada cuando la insultan, que el café normalmente se toma caliente... millones de conocimientos que los seres humanos adquirimos de forma implícita.
- **Integración multimodal:** La IA general integraría información proveniente de distintos modos: visual, lingüístico, auditivo y espacial. Comprendería cómo una descripción escrita se relaciona con una escena visual, cómo las palabras habladas se conectan con acciones y cómo los conceptos abstractos se manifiestan en situaciones concretas.
- **Fijación de metas y planificación:** La IA general sería capaz de establecer sus propias metas, planificar estrategias a largo plazo y perseguir objetivos en distintos dominios y escalas temporales.
- **Adaptación a situaciones novedosas:** Ante situaciones completamente nuevas, la IA general se adaptaría usando creatividad, razonamiento y transferencia de conocimiento relevante, no simplemente comparando patrones con sus datos de entrenamiento.

En resumen, la IA general sería capaz de hacer todo lo que puede hacer una mente humana, al menos en el plano intelectual. Sería, en esencia, una mente artificial plenamente desarrollada con una inteligencia flexible y transferible.

Por qué la IA general no existe

A pesar de décadas de esfuerzo y de los impresionantes avances recientes en IA estrecha, la IA general sigue siendo difícil de alcanzar. Entender por qué nos revela desafíos fundamentales:

- **El problema de la fragilidad:** Los sistemas de IA actuales son frágiles: funcionan bien dentro de la distribución de sus datos de entrenamiento, pero fallan cuando se enfrentan a algo significativamente diferente. Una IA de lenguaje podría discutir elocuentemente sobre filosofía y, sin embargo, fracasar en un razonamiento físico sencillo ("Si apilo un libro, una laptop y una taza, ¿cuál queda arriba?"). Esta fragilidad indica una ausencia de comprensión general.
- **El problema de la transferencia:** Los sistemas de IA no pueden transferir lo aprendido como lo hacemos los humanos. Cuando un ser humano aprende ajedrez, desarrolla un pensamiento estratégico aplicable a otros ámbitos. Cuando una IA aprende ajedrez, desarrolla un reconocimiento de patrones específico del ajedrez que no se aplica a nada más. Resolver este problema de transferencia es fundamental para alcanzar una IA general, y aún no sabemos cómo hacerlo.
- **El problema del sentido común:** Codificar los millones de hechos obvios que los humanos conocemos ha sido extraordinariamente difícil. Gran parte del conocimiento humano es implícito: no somos conscientes de él, así que no podemos plasmarlo fácilmente en datos de entrenamiento para una IA. ¿Cómo le enseñas a una IA que "las cosas blandas suelen ser más cómodas que las duras" o que "a la gente generalmente no le gusta que la interrumpan cuando está hablando"? Los humanos aprendemos esto a través de la experiencia corporal de vivir en el mundo.
- **El problema de la corporalidad:** Los seres humanos desarrollamos la inteligencia a través de la interacción física con el mundo. Aprendemos sobre la gravedad dejando caer cosas cuando somos bebés, sobre la distancia caminando y sobre las dinámicas sociales a través de miles de interacciones. Gran parte de la inteligencia humana está enraizada en la experiencia física. Los sistemas de IA actuales carecen de este anclaje: aprenden únicamente a partir de datos, lo que podría limitar

fundamentalmente su capacidad para desarrollar una comprensión general.

- **El problema de la motivación:** Los seres humanos tenemos motivaciones, metas y valores incorporados que guían nuestro aprendizaje y nuestras acciones. Somos curiosos, buscamos la novedad, queremos comprender, tenemos instintos de supervivencia. Los sistemas de IA solo tienen los objetivos que les asignamos durante el entrenamiento. Crear una motivación genuina y flexible en la IA sigue siendo un problema sin resolver.
- **La cuestión de la consciencia:** No está claro si la consciencia es necesaria para la inteligencia general. Si lo es, no sabemos cómo crear una consciencia artificial. Si no lo es, no sabemos qué les falta a los sistemas actuales para alcanzar la inteligencia general.
- **El problema computacional:** El cerebro humano contiene aproximadamente 86 mil millones de neuronas con billones de conexiones, y funciona con apenas unos 20 vatios de potencia. Quizás alcanzar la IA general requiera arquitecturas computacionales fundamentalmente distintas de los enfoques actuales, posiblemente con órdenes de magnitud más de potencia de cómputo, o tal vez paradigmas informáticos completamente diferentes.

Intentos por lograr la IA general

Los investigadores exploran varios enfoques para avanzar hacia la IA general, aunque ninguno ha tenido éxito hasta el momento:

Arquitecturas cognitivas: Algunos investigadores intentan crear IA general construyendo arquitecturas cognitivas que imiten los procesos mentales humanos —sistemas de memoria, mecanismos de atención, motores de razonamiento, algoritmos de aprendizaje— integrados en sistemas unificados. Algunos ejemplos incluyen SOAR, ACT-R y otros.

Han logrado resultados interesantes, pero aún se encuentran lejos de la inteligencia general.

Emulación cerebral completa: Un enfoque radical consiste en simular un cerebro humano completo, neurona por neurona. Si tuviera éxito, crearía una mente digital con inteligencia general similar a la humana. Sin embargo, este enfoque enfrenta enormes desafíos técnicos: no comprendemos del todo cómo funcionan los cerebros, y simular 86 mil millones de neuronas con billones de conexiones requiere una potencia de cómputo que supera las capacidades actuales.

Escalar el aprendizaje profundo: Algunos investigadores creen que la IA general podría surgir simplemente escalando los enfoques actuales de aprendizaje profundo: modelos más grandes, más datos, más potencia de cómputo. Los grandes modelos de lenguaje recientes muestran capacidades emergentes sorprendentes, lo que lleva a algunos a especular que un mayor escalado podría eventualmente dar lugar a una inteligencia general. Otros argumentan que se necesitan cambios arquitectónicos fundamentales, no solo escala.

Enfoques híbridos: Muchos investigadores persiguen enfoques híbridos que combinan redes neuronales con razonamiento simbólico, bases de conocimiento y otras técnicas. La idea es que las redes neuronales se encarguen del reconocimiento de patrones y el aprendizaje, mientras que los sistemas simbólicos manejen la lógica y el razonamiento, integrando ambos en un sistema de inteligencia más general.

Enfoques de desarrollo: Algunos investigadores creen que la IA debería desarrollar su inteligencia de forma similar a como aprenden los niños: a través de la interacción corporal con el mundo a lo largo del tiempo. Este enfoque se centra en la robótica, los entornos de simulación y el aprendizaje por desarrollo, en lugar de entrenar con conjuntos de datos estáticos.

Cronología: ¿Cuándo podría llegar la IA general?

Las predicciones sobre cuándo se podría alcanzar la IA general varían enormemente, lo que refleja una profunda incertidumbre:

Los optimistas sugieren entre 10 y 30 años, creyendo que escalar los enfoques actuales o combinar múltiples técnicas logrará la IA general a lo largo de nuestra vida.

Los pesimistas sugieren entre 50 y más de 100 años, señalando que los problemas fundamentales siguen sin resolverse y que podríamos necesitar avances revolucionarios en nuestra comprensión de la inteligencia misma.

Los escépticos cuestionan si la IA general es siquiera posible, sugiriendo que la inteligencia humana podría involucrar aspectos que no se pueden replicar en máquinas, o que malinterpretamos fundamentalmente lo que es la inteligencia.

La respuesta honesta es: no lo sabemos. Ni siquiera sabemos con claridad qué desconocemos. Podría faltar una sola idea clave para alcanzar la IA general, o podrían quedar docenas de grandes problemas sin resolver.

Por qué es importante esta distinción

Comprender la diferencia entre la IA estrecha (que existe) y la IA general (que no existe) es crucial por varias razones:

- **Expectativas realistas:** Cuando escuchas hablar de logros de la IA, saber que se trata de IA estrecha te ayuda a tener expectativas realistas. Sí, la IA puede hacer cosas impresionantes, pero cada sistema es especializado. No existe una IA que pueda "hacer de todo".
- **Evaluación de riesgos:** Muchas preocupaciones sobre la IA —desplazamiento laboral, sesgo algorítmico, privacidad— se refieren a la IA estrecha que existe hoy. Otras preocupaciones —riesgo existencial por una superinteligencia, IA con sus propias

metas— se refieren a la IA general, que aún no existe. Confundir ambas lleva a debates confusos sobre los riesgos de la IA.

- **Decisiones de inversión:** Las empresas que consideran adoptar IA necesitan entender que la IA disponible es estrecha y especializada. No puedes adquirir un único sistema de IA que resuelva todos tus problemas: necesitas soluciones específicas para tareas específicas.
- **Desarrollo de políticas:** Los gobiernos que elaboran políticas sobre IA necesitan distinguir entre regular la IA estrecha existente y prepararse para una posible IA general futura. Cada caso requiere enfoques diferentes.
- **Comprender el progreso:** Cuando escuchas sobre avances en IA, entender la distinción entre estrecha y general te ayuda a evaluar su importancia. Un avance en un dominio específico no significa necesariamente que estemos más cerca de la IA general.

Otras distinciones: tipos adicionales de IA

Más allá de la distinción entre estrecha y general, existen otras formas de categorizar los tipos de IA:

IA reactiva vs. IA basada en memoria

- **La IA reactiva** toma decisiones basándose únicamente en la entrada actual, sin memoria de interacciones pasadas. Muchas IA para juegos funcionan así: evalúan la posición actual del tablero sin recordar partidas anteriores.
- **La IA basada en memoria** incorpora experiencias pasadas en la toma de decisiones. Los chatbots que recuerdan el historial de tu conversación, los sistemas de recomendación que rastrean tu historial de visualización y los sistemas de aprendizaje que mejoran con el tiempo son ejemplos de IA basada en memoria.

Toda la IA existente, ya sea reactiva o basada en memoria, sigue siendo IA estrecha. Esta es una dimensión de variación diferente.

IA débil vs. IA fuerte

Estos términos a veces se usan como sinónimos de IA estrecha e IA general, pero con un matiz ligeramente distinto:

- **La IA débil** se refiere a sistemas que simulan inteligencia sin poseerla verdaderamente. Parecen inteligentes, pero no comprenden, sienten ni piensan de manera genuina.
- **IA fuerte** se refiere a sistemas que poseerían genuinamente inteligencia, consciencia y comprensión; no solo simularían estas cualidades, sino que realmente las tendrían.

Esta distinción se vuelve filosófica. Toda la IA actual es definitivamente "débil" en este sentido: simula un comportamiento inteligente mediante un sofisticado reconocimiento de patrones, pero no comprende ni piensa de verdad. Si la "IA fuerte" es siquiera posible, sigue siendo una pregunta filosófica.

Superinteligencia Artificial (ASI)

Más allá de la inteligencia artificial general existe otra categoría teórica: la superinteligencia artificial, una IA que supera la inteligencia humana en todos los ámbitos.

Si algún día creamos una IA general al nivel de la inteligencia humana, es posible que un sistema así pudiera mejorarse a sí mismo, dando lugar a una automejora recursiva. La IA podría rediseñar sus propios algoritmos, haciéndose más inteligente, lo que a su vez la haría mejor en seguir mejorándose, provocando una "explosión de inteligencia".

El resultado sería la ASI: una inteligencia que superaría con creces las capacidades humanas en todos los ámbitos. Esto es aún más especulativo que la IA general y plantea preguntas profundas sobre el control, la seguridad y el futuro de la humanidad.

Algunos investigadores, como Nick Bostrom, consideran la ASI el desafío definitivo y un riesgo existencial potencial. Otros la consideran ciencia ficción. Pero vale la pena mencionarla como una categoría que va más allá incluso de la IA general en el espectro de tipos de IA.

Vivir en la era de la IA estrecha

Comprender que toda la IA actual es estrecha ayuda a entender el mundo impulsado por la IA en el que vivimos:

- **Por qué la IA parece inconsistente:** La IA puede vencer a campeones mundiales en ajedrez, pero tiene dificultades con el razonamiento de sentido común más simple. Puede identificar miles de objetos en imágenes, pero malinterpreta situaciones obvias. Estas inconsistencias cobran sentido una vez que entiendes que cada capacidad es una IA estrecha independiente. No existe una comprensión general subyacente, solo colecciones de sistemas de reconocimiento de patrones especializados.
- **Por qué la IA a veces falla de forma absurda:** La IA estrecha puede fallar de maneras que parecen ridículas para los humanos. Un coche autónomo confundido por señalizaciones viales inusuales, un chatbot que da consejos peligrosos, un reconocedor de imágenes engañado por patrones imperceptibles para los humanos... estos fallos ocurren porque la IA solo conoce su dominio específico y carece del sentido común general para detectar errores obvios.
- **Por qué la IA necesita tantos datos de entrenamiento:** Los humanos pueden aprender a partir de unos pocos ejemplos porque transferimos conocimiento de otros ámbitos. La IA necesita cantidades masivas de datos de entrenamiento porque aprende cada tarea desde cero, sin transferencia. Esta es una limitación fundamental de la IA estrecha.

- **Por qué la IA no puede reemplazar el juicio humano:** Debido a que la IA carece de inteligencia general, sentido común y comprensión verdadera, no puede reemplazar por completo el juicio humano en situaciones complejas. La IA puede asistir, proporcionar información y manejar casos rutinarios, pero los humanos siguen siendo necesarios para situaciones novedosas, juicios éticos y casos que requieren una comprensión holística.
- **Por qué la IA es a la vez asombrosa y limitada:** La IA estrecha logra un rendimiento sobrehumano en dominios específicos mientras permanece indefensa en otros. Esto explica por qué la IA es simultáneamente revolucionaria (transformando industrias mediante capacidades especializadas) y limitada (incapaz de replicar la inteligencia general humana).

El futuro: la IA estrecha sigue mejorando, la IA general sigue distante

En el futuro previsible, seguiremos viendo avances en la IA estrecha:

- Sistemas de reconocimiento más precisos
- Mejores modelos de lenguaje
- Motores de recomendación más sofisticados
- Sistemas autónomos mejorados
- IA abordando nuevos dominios especializados

Cada avance hace que la IA estrecha sea más capaz dentro de aplicaciones específicas. El efecto combinado de muchos sistemas de IA estrecha mejorados seguirá transformando la tecnología y la sociedad.

Pero estos avances, por impresionantes que sean, no nos acercan necesariamente a la IA general. Estamos mejorando en la creación de sistemas especializados, pero el desafío de la inteligencia general sigue siendo fundamentalmente diferente; no se trata simplemente de escalar la IA estrecha, sino que requiere soluciones a problemas profundos y sin resolver.

Conclusión: entender qué es y qué no es la IA

La distinción entre los diferentes tipos de IA —especialmente entre la IA estrecha que existe y la IA general que no— es fundamental para comprender la inteligencia artificial.

La IA actual es estrecha: Cada sistema de IA con el que interactúas está especializado en tareas específicas. Puede ser brillante dentro de su dominio e indefenso fuera de él. Esto incluye todo, desde el reconocimiento facial hasta los modelos de lenguaje y los sistemas que juegan partidas.

La IA general no existe: Ningún sistema de IA puede aprender de manera flexible entre dominios, transferir conocimiento como lo hacen los humanos, ejercer sentido común o demostrar una inteligencia general similar a la humana. Esta capacidad sigue siendo una meta, no una realidad.

La brecha es fundamental, no incremental: Alcanzar la IA general no consiste simplemente en mejorar la IA estrecha; requiere resolver problemas profundos sobre el aprendizaje por transferencia, el sentido común, el razonamiento flexible y, posiblemente, la consciencia.

Ambos tipos importan: La IA estrecha está transformando el mundo ahora mismo y plantea preguntas prácticas importantes sobre el empleo, la privacidad, los sesgos y el impacto social. La IA general sigue siendo teórica, pero plantea preguntas profundas sobre el futuro de la inteligencia y el lugar de la humanidad en él.

Comprender estas distinciones te ayuda a pensar con claridad sobre la IA: a apreciar lo que los sistemas actuales pueden hacer, reconocer sus limitaciones, establecer expectativas realistas y participar de manera significativa en las discusiones sobre el impacto presente y la trayectoria futura de la IA.

Cuando alguien afirme "la IA puede hacer X", ahora puedes preguntar: "¿Es IA estrecha especializada en X, o te estás imaginando una IA general?" Casi siempre, la respuesta es IA estrecha, lo que te ayuda a ajustar tu comprensión de lo que es realmente posible frente a lo que es mera especulación.

Vivimos en una era de IA estrecha cada vez más capaz: sistemas especializados que sobresalen en tareas específicas. Si algún día logramos a crear una IA general que iguale la flexibilidad humana sigue siendo una de las grandes preguntas abiertas de nuestro tiempo. Hasta entonces, entender la diferencia entre estos tipos nos ayuda a navegar el presente impulsado por la IA mientras pensamos con claridad sobre los futuros posibles.

Siete
El reciente auge de la IA
Comprender qué ha cambiado y por qué importa

Lo que ha cambiado recientemente es que la IA ahora puede generar contenido nuevo: escribir ensayos, crear imágenes y mantener conversaciones. Estos se denominan sistemas de "IA generativa" y están entrenados con enormes cantidades de texto, imágenes u otros datos provenientes de Internet.

Si has estado prestando atención a las noticias tecnológicas en los últimos años, probablemente hayas notado que la IA parece estar en todas partes de repente. Términos como ChatGPT, Midjourney, DALL-E e "IA generativa" han irrumpido en la conciencia pública. Algo fundamental ha cambiado en la inteligencia artificial, y no se trata solo de exageración: ha habido un avance tecnológico genuino que está cambiando lo que la IA puede hacer. Analicemos exactamente qué ha cambiado, por qué sucedió ahora y qué significa.

Antes del auge: qué podía hacer la IA

Para entender qué ha cambiado, necesitamos comprender cómo era la IA antes del auge reciente. Durante décadas, la IA se destacó en tareas de análisis y la clasificación, pero tenía dificultades con la creación.

La IA era buena en reconocimiento y clasificación:

Antes de aproximadamente 2020, la IA podía analizar contenido existente notablemente bien:

- Reconocer rostros en fotos con alta precisión
- Identificar objetos en imágenes (esto es un gato, eso es un coche)
- Transcribir palabras habladas a texto
- Clasificar correos electrónicos como spam o no spam
- Traducir texto de un idioma a otro
- Recomendar productos basándose en tu historial de compras
- Jugar juegos como ajedrez o Go a niveles sobrehumanos

Todas estas tareas implican observar algo que existe y emitir juicios sobre ello. La IA recibe una entrada y produce un análisis, una clasificación o una predicción. Consume y comprende (en un sentido limitado), pero no crea.

La IA era mala en la creación:

Lo que a la IA le resultaba difícil era generar contenido genuinamente nuevo y de alta calidad:

- Escribir textos coherentes y significativos de más de unas pocas oraciones
- Crear imágenes realistas y detalladas a partir de descripciones
- Componer música original que sonara profesional
- Mantener conversaciones naturales que no se desviaran del tema
- Generar contenido de video
- Crear arte con estilos y temas específicos

Antes del auge, cuando la IA generaba contenido, los resultados eran a menudo notablemente artificiales: texto torpe, imágenes distorsionadas o resultados que pronto evidenciaban su origen artificial. La generación creativa parecía requerir algo de lo que la IA carecía.

Esta limitación tenía sentido para muchas personas. El análisis parece un proceso mecánico: seguir patrones y reglas. Pero la creación parece requerir imaginación, comprensión y quizás hasta consciencia. ¿Cómo podría una máquina crear algo verdaderamente nuevo?

El avance: surge la IA generativa

Entonces, a partir de aproximadamente 2018-2020 y acelerándose drásticamente en 2022-2023, algo cambió. Surgió una nueva categoría de sistemas de IA capaces de generar contenido original de una calidad notablemente alta. Se les llama sistemas de "IA generativa".

¿Qué es la IA generativa?

La IA generativa se refiere a sistemas de inteligencia artificial que pueden crear contenido nuevo —texto, imágenes, audio, video, código y más— en lugar de simplemente analizar contenido existente. Estos sistemas no solo clasifican o predicen; generan.

La palabra clave es "generar". Estos sistemas producen resultados nuevos que no existían antes. Si le pides a una IA generativa que escriba un poema sobre robots que sueñan con ovejas, y crea un texto original que no existía en ningún lugar. Pídele que genere una imagen de un gato con traje espacial en Marte, y produce una imagen única. El contenido es genuinamente nuevo, no está copiado de ningún sitio.

Los principales tipos de IA generativa:

Han surgido varias categorías de IA generativa:

- **Generación de texto (modelos de lenguaje grandes):** Sistemas como ChatGPT, GPT-4, Claude, Gemini de Google y otros pueden escribir ensayos, responder preguntas, mantener conversaciones, escribir código, redactar correos electrónicos, crear historias y mucho más. Generan texto similar al humano sobre prácticamente cualquier tema.
- **Generación de imágenes:** Sistemas como DALL-E, Midjourney, Stable Diffusion y Adobe Firefly pueden crear imágenes a partir de descripciones textuales. Escribe "un lago

sereno al atardecer con montañas de fondo, estilo pintura al óleo" y generan esa imagen.
- **Generación de código:** Herramientas como GitHub Copilot pueden escribir código informático basándose en descripciones de lo que quieres que haga el programa, acelerando significativamente el desarrollo de software.
- **Generación de audio:** Actualmente, hay sistemas capaces de generar voz realista con cualquier timbre, crear música original en estilos específicos e incluso generar efectos de sonido.
- **Generación de video:** Sistemas emergentes como Sora y otros pueden generar clips de video a partir de descripciones textuales, aunque esta capacidad aún está en desarrollo en comparación con la generación de texto e imágenes.

Cada uno de estos tipos representa una expansión fundamental de lo que la IA puede hacer: el paso del análisis a la creación.

Lo que hizo esto posible: tres ingredientes clave

El auge de la IA generativa no ocurrió gracias a un solo invento. Fue el resultado de la convergencia de tres elementos cruciales que se alinearon en el momento justo.

Ingrediente 1: Cantidades masivas de datos de entrenamiento

Los sistemas de IA generativa aprenden estudiando enormes cantidades de contenido existente. Internet proporcionó una fuente de datos sin precedentes.

Para la generación de texto: Los modelos de lenguaje se entrenan con vastos conjuntos de datos textuales extraídos de Internet: libros, artículos, sitios web, foros, redes sociales, repositorios de código y más. GPT-3, por ejemplo, fue entrenado con cientos de miles de millones de palabras. GPT-4 y modelos similares utilizaron aún más.

Este enorme corpus textual contiene innumerables ejemplos de:

- Cómo se estructuran las oraciones
- Cómo se conectan las ideas
- Cómo se abordan diferentes temas
- Cómo fluyen las conversaciones
- Cómo se narran las historias
- Cómo se construyen los argumentos
- Cómo se escribe el código
- Cómo se relacionan los hechos entre sí

Al estudiar estos miles de millones de ejemplos, la IA aprende los patrones del lenguaje humano, no solo la gramática y el vocabulario, sino también las estructuras más profundas de cómo los seres humanos construyen significado a través del texto.

Para la generación de imágenes: Los sistemas de generación de imágenes se entrenan con cientos de millones o miles de millones de imágenes asociadas a descripciones textuales. Estos conjuntos de datos incluyen:

- Fotografías con pies de foto
- Obras de arte con títulos y descripciones
- Imágenes de productos con etiquetas
- Imágenes científicas con anotaciones

La IA aprende las relaciones entre las descripciones textuales y el contenido visual. Aprende que "atardecer" se correlaciona con tonos anaranjados y rojizos en el cielo, que "gato" se correlaciona con ciertas formas y rasgos, y que "pintura al óleo" se correlaciona con texturas y estilos particulares.

Por qué importa tener tantos datos:

Los sistemas de IA anteriores se entrenaban con miles o quizás millones de ejemplos. La IA generativa utiliza miles de millones. Esta escala marca una diferencia cualitativa. Con suficientes ejemplos, la IA puede aprender patrones sutiles, manejar situaciones poco frecuentes y generar contenido que resulta natural y diverso, en lugar de repetitivo o predecible.

Internet hizo posible alcanzar esta escala. Hace treinta años, reunir miles de millones de ejemplos textuales o millones de imágenes etiquetadas habría sido imposible. Pero Internet contiene exabytes de texto e imágenes, lo que proporciona datos de entrenamiento a una escala que antes era inimaginable.

Ingrediente 2: Recursos computacionales avanzados

Entrenar IA generativa requiere una potencia computacional enorme, muy superior a la de los sistemas de IA anteriores.

El hardware: El entrenamiento moderno de IA depende en gran medida de chips especializados, como las GPU (unidades de procesamiento gráfico) y TPU (unidades de procesamiento tensorial). Estos chips pueden realizar miles de operaciones matemáticas simultáneamente, lo que los hace ideales para los cálculos paralelos que requiere el entrenamiento de IA.

Un solo modelo de lenguaje grande puede entrenarse utilizando miles de estos chips funcionando de forma continua durante semanas o meses. Solo el costo de electricidad puede alcanzar millones de dólares. Empresas como OpenAI, Google, Meta y otras han invertido en infraestructura de cómputo masiva específicamente para el entrenamiento de IA.

¿Por qué se necesita tanta computación?

Los modelos de IA generativa son enormes. GPT-3 tiene 175 mil millones de parámetros —números individuales que el sistema ajusta durante el entrenamiento—. GPT-4 y modelos similares son aún más grandes, con estimaciones que sugieren más de un billón de parámetros.

Procesar miles de millones de ejemplos de entrenamiento mediante modelos con cientos de miles de millones de parámetros requiere cantidades astronómicas de cómputo. Cada ejemplo de entrenamiento exige miles de millones de operaciones matemáticas. Al multiplicar eso por miles de millones de ejemplos, repetidos muchas veces, estamos hablando de cálculos que a una sola computadora le tomaría miles de años. Pero con miles de chips especializados trabajando en paralelo, se vuelve factible en semanas o meses.

La barrera del costo:

Este requisito computacional crea una barrera significativa. Solo las organizaciones con recursos sustanciales —grandes empresas tecnológicas y startups bien financiadas— pueden entrenar desde cero los modelos de IA generativa más grandes y capaces. Esto tiene implicaciones sobre quién controla esta tecnología y cómo se desarrolla.

Sin embargo, una vez entrenados, estos modelos pueden usarse (lo que se denomina "inferencia") con mucha menos potencia computacional, haciéndolos accesibles para los usuarios cotidianos a través de servicios en la nube.

Ingrediente 3: Innovaciones arquitectónicas (Transformers)

Tener muchos datos y potencia de cómputo no es suficiente: se necesita el algoritmo adecuado para aprovecharlos. La innovación arquitectónica clave fue la arquitectura "transformer", introducida en 2017.

¿Qué son los transformers?

Sin entrar en demasiados tecnicismos, los transformers son una forma de estructurar redes neuronales que resulta particularmente eficaz para procesar secuencias (como oraciones) y comprender las relaciones entre diferentes partes de la entrada.

La innovación clave es algo llamado "mecanismos de atención". Estos permiten a la IA centrarse en las partes relevantes de la entrada al procesar cada elemento. Al leer una oración, el transformer puede "prestar atención" a las palabras anteriores que proporcionan contexto para entender las palabras posteriores.

Por ejemplo, en la oración "El trofeo no cabía en la maleta porque era demasiado grande", un transformer puede determinar que "era" se refiere al trofeo (no a la maleta) al atender las relaciones entre todas las palabras. Esta capacidad para manejar dependencias a largo plazo y el contexto es fundamental para generar texto coherente.

Por qué los transformers funcionan tan bien:

Los transformers escalan de manera eficaz: mejoran con más datos y más potencia de cómputo, a diferencia de arquitecturas anteriores. Esta escalabilidad es la razón por la que han tenido tanto éxito en la IA generativa.

También son versátiles: la misma arquitectura básica funciona para texto, imágenes, audio y otros tipos de datos con las modificaciones apropiadas. Esto ha impulsado un progreso rápido en múltiples dominios.

La progresión:

La arquitectura transformer se introdujo en 2017 con un artículo titulado "Attention Is All You Need". Inicialmente se usó para traducción de idiomas. Luego:

- 2018: BERT (de Google) usó transformers para la comprensión del lenguaje
- 2018-2019: GPT-1 y GPT-2 (de OpenAI) usaron transformers para la generación de texto
- 2020: GPT-3 escaló los transformers de manera drástica, mostrando capacidades sorprendentes
- 2021-2022: DALL-E y sistemas similares aplicaron conceptos de transformers a la generación de imágenes
- 2022-2023: ChatGPT y GPT-4 llevaron la IA generativa basada en transformers a la atención masiva del público

Cada paso demostró que escalar los modelos basados en transformers con más datos y potencia de cómputo seguía mejorando el rendimiento, lo que incentivó más inversión y desarrollo.

El momento en que todo cambió: el lanzamiento de ChatGPT

Aunque la tecnología subyacente llevaba años desarrollándose, la IA generativa irrumpió en la conciencia pública con el lanzamiento de ChatGPT en noviembre de 2022.

Por qué ChatGPT fue diferente:

ChatGPT no fue el primer modelo de lenguaje grande —GPT-3 había estado disponible a través de una API desde 2020, y otras empresas tenían sistemas similares—. Pero ChatGPT fue el primero en presentarse de una manera que hacía obvias y accesibles sus capacidades para todo el mundo:

- **Gratuito y fácil de usar:** Cualquiera podía probarlo sin conocimientos técnicos ni pagar nada
- **Interfaz conversacional:** El formato de chat se sentía natural y accesible
- **Capacidades impresionantes:** Podía escribir ensayos, depurar código, explicar conceptos y mucho más
- **Versatilidad sorprendente:** Manejaba una enorme variedad de tareas que la gente le planteaba

En cuestión de días, millones de personas estaban experimentando con ChatGPT, compartiendo ejemplos de lo que podía hacer y sorprendidas genuinamente. Daba la impresión de ser un vistazo al futuro.

El momento viral:

ChatGPT alcanzó 1 millón de usuarios en solo cinco días, más rápido que cualquier aplicación de consumo en la historia. En dos meses, ya tenía más de 100 millones de usuarios. Las redes sociales se llenaron de ejemplos:

- Estudiantes usándolo para escribir ensayos
- Programadores usándolo para depurar código

- Escritores usándolo para generar ideas
- Personas que mantenían conversaciones filosóficas con la IA
- Docentes preocupados por el plagio
- Empresas explorando aplicaciones

Este momento viral generó una fuerte conciencia pública y un gran interés en la IA. De repente, todo el mundo hablaba de IA, no solo los entusiastas de la tecnología.

La respuesta competitiva

El éxito de ChatGPT desató una intensa carrera competitiva en la industria tecnológica:

- Google se apresuró a lanzar Bard (ahora Gemini), su IA conversacional
- Microsoft invirtió miles de millones en OpenAI e integró GPT en Bing y Office
- Meta lanzó LLaMA, un modelo de lenguaje de código abierto
- Anthropic (empresa de la cual provengo) lanzó Claude
- Innumerables startups lanzaron productos basados en IA generativa
- Todas las grandes empresas tecnológicas anunciaron iniciativas de IA

Esta competencia aceleró el desarrollo, con modelos nuevos y más capaces lanzados cada pocos meses.

Qué hace que IA generativa sea diferente: por qué se siente revolucionaria

La IA generativa se siente cualitativamente diferente de la IA anterior debido a varias características únicas:

Crea en lugar de analizar

Los sistemas de IA anteriores eran impresionantes, pero fundamentalmente reactivos: analizaban, clasificaban o predecían a partir de lo que se les mostraba. La IA generativa es proactiva: crea algo nuevo a partir de lo que le pides.

Este cambio tiene un impacto profundo porque la creación siempre ha sido una cualidad distintiva del ser humano. Nos hemos acostumbrado a que las máquinas calculen, clasifiquen y procesen, pero las máquinas que escriben poesía, pintan cuadros y componen música cuestionan nuestra idea de lo que nos hace especiales como seres humanos.

Maneja tareas abiertas

Los sistemas de IA anteriores sobresalían en tareas específicas y bien definidas: "¿Este correo electrónico es spam?" "¿Qué objeto aparece en esta imagen?" "¿Cuál es la mejor jugada de ajedrez?" Estas preguntas tienen respuestas claras.

La IA generativa maneja solicitudes abiertas: "Escribe una historia sobre un robot que aprende a amar." "Crea una imagen que represente la esperanza." "Explica la física cuántica a un niño." Estas no tienen una única respuesta correcta definida, y aun así la IA produce respuestas razonables, a menudo impresionantes.

Esta naturaleza abierta hace que la IA generativa parezca más inteligente y versátil, más próxima a un asistente capaz que a una herramienta especializada.

Usa lenguaje natural

Interactúas con la IA generativa mediante lenguaje humano cotidiano, no comandos técnicos ni formularios. Simplemente describes lo que quieres en español (o en otros idiomas), y ella lo entiende.

Esta interfaz de lenguaje natural es revolucionaria porque hace que la IA sea accesible para todos. No necesitas aprender programación ni entender especificaciones técnicas. Si puedes describir lo que quieres, la IA puede intentar crearlo.

Esto reduce drásticamente la barrera de acceso a la IA, democratizando el acceso a capacidades poderosas.

Parece comprender el contexto

La IA generativa parece comprender el contexto y los matices de formas que los sistemas anteriores no podían manejar. Puedes mantener conversaciones de múltiples turnos en las que la IA recuerda lo que discutiste antes. Puedes darle instrucciones complejas y llenas de matices, y las sigue.

Por ejemplo, podrías decir: "Escribe una historia sobre un detective, pero hazla graciosa en lugar de seria, ambientada en los años veinte e incluye un giro final en el que el detective en realidad estaba equivocado todo el tiempo." La IA anterior no podía interpretar instrucciones tan complejas y multifacéticas. La IA generativa las maneja con fluidez.

Esta aparente comprensión contextual hace que las interacciones resulten más naturales e inteligentes.

Muestra habilidades emergentes

Quizás lo más sorprendente es que los grandes modelos de IA generativa exhiben "habilidades emergentes": capacidades que surgen a gran escala y que no fueron entrenadas explícitamente.

Por ejemplo, los grandes modelos de lenguaje pueden:

- Resolver problemas matemáticos razonando paso a paso
- Traducir entre idiomas para los que no fueron específicamente entrenados

- Escribir código en lenguajes de programación que no se enfatizaron durante el entrenamiento
- Comprender y crear humor, metáforas y analogías

Estas habilidades no fueron programadas explícitamente: emergieron del proceso general de aprendizaje de patrones a una escala suficiente. Esto sugiere que ocurre algo cualitativamente diferente cuando se entrenan modelos lo suficientemente grandes con suficientes datos, aunque los investigadores no entienden completamente por qué.

La explosión de aplicaciones

Las capacidades de la IA generativa han provocado una explosión de aplicaciones en prácticamente todos los ámbitos:

Escritura y creación de contenido

Escritura profesional: Los periodistas usan la IA para redactar estructuras iniciales de artículos, los escritores la usan para superar el bloqueo creativo, los especialistas en marketing la usan para generar textos publicitarios y las empresas la usan para crear informes.

Escritura creativa: Los autores experimentan con la IA para generar ideas de tramas, crear descripciones de personajes o escribir historias completas. Algunos libros publicados ya reconocen la asistencia de la IA.

Correo electrónico y comunicación: Muchos profesionales usan la IA para redactar correos electrónicos, resumir hilos largos o traducir mensajes a diferentes tonos (más formal, más amigable, más conciso).

Contenido educativo: Los docentes usan la IA para crear planes de clase, generar preguntas de examen y explicar conceptos de diferentes maneras. Los estudiantes la usan para investigar y comprender temas difíciles (aunque persisten preocupaciones sobre el plagio).

Artes visuales y diseño

Arte digital: Los artistas usan la IA de generación de imágenes para crear arte conceptual, ilustraciones, texturas y como fuente inspiración. Algunos crean arte completamente con IA; otros la utilizan como una herramienta más dentro de su proceso creativo.

Diseño gráfico: Los diseñadores generan logotipos, materiales de marketing, maquetas de productos y variaciones de diseño mucho más rápido de lo que permiten los métodos tradicionales.

Fotografía y edición: La IA puede mejorar fotos, eliminar elementos no deseados, cambiar fondos o generar fotografías completamente sintéticas, indistinguibles de las reales.

Arquitectura y diseño de productos: Los diseñadores generan visualizaciones de edificios, interiores o productos a partir de descripciones, acelerando significativamente la fase de ideación.

Desarrollo de software

Generación de código: Los programadores usan la IA para escribir código repetitivo, implementar funciones estándar, convertir código entre lenguajes y generar aplicaciones completas a partir de descripciones.

Depuración: La IA ayuda a identificar errores, sugerir correcciones y explicar por qué el código no funciona.

Documentación: La IA genera comentarios de código, documentación y explica qué hace el código existente.

Aprendizaje: Quienes aprenden programación usan la IA como un tutor disponible las 24 horas que explica conceptos y responde preguntas.

Negocios y productividad

Atención al cliente: Los chatbots impulsados por IA atienden consultas de clientes, solucionan problemas y derivan los casos complejos a personal humano.

Análisis de datos: La IA ayuda a analizar datos empresariales, generar informes e identificar patrones y hallazgos relevantes.

Resúmenes de reuniones: La IA transcribe reuniones y genera resúmenes con puntos de acción.

Investigación: Los profesionales usan la IA para sintetizar información de múltiples fuentes, responder preguntas de investigación y elaborar revisiones bibliográficas.

Educación y aprendizaje

Tutoría: La IA ofrece tutoría personalizada, explicando conceptos de diferentes maneras hasta que los estudiantes los comprenden.

Aprendizaje de idiomas: Los asistentes conversacionales con IA ayudan a practicar idiomas extranjeros con paciencia infinita.

Herramientas de estudio: La IA genera problemas de práctica, crea guías de estudio y evalúa a los estudiantes sobre los contenidos.

Accesibilidad: La IA hace que la educación sea más accesible al traducir contenido, crear formatos alternativos y adaptarse a diferentes estilos de aprendizaje.

Entretenimiento y medios

Videojuegos: La IA genera contenido para juegos, crea diálogos de personajes e incluso diseña niveles enteros.

Música: La IA compone música original en estilos específicos, genera música de fondo o crea variaciones sobre temas.

Video: Los sistemas emergentes de IA generan contenido audiovisual, crean efectos especiales e incluso generan actores sintéticos.

Salud

Redacción médica: La IA ayuda a los médicos a escribir notas de pacientes, resumir historias clínicass y generar informes.

Comunicación con pacientes: La IA redacta comunicaciones para pacientes en un lenguaje comprensible y responde a preguntas médicas frecuentes.

Investigación: Los investigadores médicos usan la IA para analizar literatura científica, generar hipótesis y redactar artículos de investigación.

Descubrimiento de fármacos: La IA ayuda a diseñar nuevas moléculas y predecir qué compuestos podrían ser fármacos eficaces.

Las controversias y preocupaciones

El rápido ascenso de la IA generativa ha provocado controversias y preocupaciones significativas:

Derechos de autor y datos de entrenamiento

La IA generativa se entrena con enormes cantidades de contenido de Internet: texto, imágenes, música y código. Gran parte de este contenido está protegido por derechos de autor. Esto plantea varias preguntas:

- ¿Es legal entrenar una IA con material protegido por derechos de autor sin permiso?
- Si la IA genera contenido similar a obras protegidas, ¿constituye eso una infracción?
- ¿Deberían recibir compensación los creadores cuando su trabajo se usa para entrenar IA?

Actualmente hay múltiples demandas que abordan estas cuestiones, y el panorama legal sigue sin resolverse. Algunos argumentan que el entrenamiento de la IA constituye un "uso legítimo" similar a la forma en que los humanos aprenden del arte existente. Otros sostienen que se trata de una violación masiva de derechos de autor a una escala sin precedentes.

Desplazamiento laboral

Si la IA puede escribir, crear arte, programar y realizar muchas tareas cognitivas, ¿qué sucede con las personas cuyos trabajos implican estas actividades?

Existen preocupaciones en sectores como:

- Escritores y periodistas
- Artistas e ilustradores
- Programadores
- Representantes de atención al cliente
- Traductores
- Tutores y educadores

Algunos argumentan que la IA eliminará empleos, mientras que otros sostienen que potenciará las capacidades humanas, haciendo que las personas sean más productivas en lugar de reemplazarlas. La realidad probablemente sea compleja: algunos empleos serán desplazados, otros transformados y se crearán nuevos puestos de trabajo.

Desinformación y contenido falso

La IA generativa facilita enormemente la creación de:

- Artículos de noticias falsas que parecen legítimos
- Imágenes falsas de eventos que nunca ocurrieron

- Videos falsos de personas diciendo cosas que nunca dijeron ("deepfakes")
- Cuentas falsas en redes sociales con contenido generado por IA
- Correos electrónicos de phishing y estafas sofisticadas

Esta capacidad amenaza con inundar Internet de contenido sintético, haciendo cada vez más difícil distinguir lo real de lo falso. Esto tiene implicaciones para el discurso político, el periodismo, la confianza en la información y, potencialmente, para el ámbito probatorio.

Educación e integridad académica

Los estudiantes pueden usar la IA para escribir ensayos, resolver problemas de tareas y completar trabajos. Esto desafía a los sistemas educativos construidos en torno a la evaluación de los estudiantes mediante este tipo de tareas.

Surgen preguntas:

- ¿Cómo evaluamos el aprendizaje si la IA puede completar las tareas tradicionales?
- ¿Se debería permitir a los estudiantes usar la IA? Y si es así, ¿hasta qué punto?
- ¿Cómo detectamos el trabajo generado por IA?
- ¿Necesitamos replantear fundamentalmente los métodos de evaluación?

Sesgo y equidad

La IA generativa aprende de datos de Internet, los cuales reflejan los sesgos humanos —raciales, de género, culturales y de otro tipo—. La IA puede perpetuar o incluso amplificar estos sesgos:

- Generando imágenes estereotipadas (por ejemplo, mostrando a

los directores ejecutivos como mayoritariamente hombres y blancos)
- Proporcionando consejos o información sesgada
- Usando un lenguaje que refleja prejuicios culturales
- Haciendo suposiciones injustas sobre las personas

Abordar estos sesgos es un área activa de investigación, pero sigue siendo un desafío porque los sesgos están incrustados en los datos de entrenamiento que representan la cultura y la historia humanas.

Privacidad

Si la IA generativa se entrena con datos de Internet, podría haber aprendido a partir de:

- Información personal publicada públicamente
- Información privada que fue filtrada o hackeada
- Obras personales protegidas por derechos de autor

Existen preocupaciones sobre la posibilidad de que la IA revele información personal que aprendió de los datos de entrenamiento, genere contenido falso realista sobre personas reales y posibles violaciones de privacidad en la forma en que se recopilaron los datos de entrenamiento.

Preocupaciones existenciales

Algunos investigadores advierten que el avance continuo de la IA podría eventualmente plantear riesgos existenciales si los sistemas de IA se vuelven más capaces que los humanos y persiguen objetivos desalineados con los valores humanos. Aunque la IA generativa actual no plantea tales riesgos, algunos la ven como un paso hacia una IA más avanzada que sí podría hacerlo.

¿Por qué ahora? ¿Qué desencadenó el auge en este momento?

Dado que los ingredientes clave (transformers, big data, capacidad de cómputo) se habían estado desarrollando durante años, ¿por qué el auge ocurrió específicamente en 2022-2023?

Cruzando un umbral de capacidad

Las capacidades de la IA habían ido mejorando gradualmente, pero en algún momento alrededor de 2022, cruzaron un umbral a partir del cual los resultados pasaron a ser consistentemente lo suficientemente buenos de manera consistente como para ser genuinamente útiles, en lugar de ser solo experimentos interesantes.

Los sistemas anteriores eran impresionantes en demostraciones, pero frustrantes en la práctica: generaban texto que empezaba bien, pero derivaba en incoherencias, o imágenes con defectos evidentes. Los sistemas recientes generan resultados que son lo suficientemente buenos de manera confiable para un uso práctico. Este umbral de fiabilidad es crucial para la adopción masiva.

El momento de la accesibilidad (ChatGPT)

Como comentamos anteriormente, ChatGPT hizo que la IA generativa fuera accesible y comprensible para el público general por primera vez. Esto generó conciencia, entusiasmo y una demanda que aceleró todo.

Inversión y competencia

Una vez que ChatGPT demostró el potencial de mercado, la inversión inundó el sector de la IA. Microsoft invirtió 10 000 millones de dólares en OpenAI, Google aceleró sus esfuerzos en IA e innumerables startups recibieron financiamiento. Este dinero aceleró el desarrollo, creando un ciclo de retroalimentación positiva.

Técnicas de entrenamiento mejoradas

Más allá de la simple escala, los investigadores desarrollaron mejores técnicas de entrenamiento:

- RLHF (Aprendizaje por Refuerzo a partir de Retroalimentación Humana) hizo que los sistemas de IA fueran mejores siguiendo instrucciones y siendo útiles.
- Una mejor curación de datos mejoró la calidad de los datos de entrenamiento.
- Arquitecturas mejoradas hicieron que los modelos fueran más eficientes.
- Las técnicas de ajuste fino (fine-tuning) adaptaron los modelos generales para usos específicos.

Estos refinamientos marcaron la diferencia entre "impresionante en laboratorios de investigación" y "útil para millones de personas".

Preparación cultural

Después de años de escuchar sobre la IA en la ciencia ficción y de mejoras graduales de la IA en productos cotidianos, el público estaba preparado para reconocer y apreciar la IA generativa cuando llegó. El terreno ya estaba preparado para que un avance captara la atención.

¿Qué sigue? ¿Hacia dónde se dirige la IA generativa?

El auge de la IA generativa continúa, con desarrollos rápidos en marcha:

- **Modelos multimodales**

Los sistemas actuales suelen manejar un tipo de contenido: texto, imágenes o audio. La próxima generación combina múltiples modalidades en modelos únicos (comprender imágenes y describirlas en texto, generar imágenes a partir de descripciones textuales, comprender y generar audio, procesar video).

Estos sistemas multimodales serán más versátiles y capaces.

- **Contextos más largos**

Los sistemas actuales pueden procesar cantidades limitadas de texto a la vez (aunque este límite sigue aumentando). Los sistemas futuros manejarán contextos mucho más largos —libros enteros, conversaciones extensas, documentos voluminosos— lo que los hace más útiles para tareas complejas.

- **Mejor razonamiento**

La IA generativa actual a veces comete errores lógicos o falla en el razonamiento de múltiples pasos. Se está invirtiendo un esfuerzo significativo en mejorar las capacidades de razonamiento, mejorando su desempeño en matemáticas, lógica, planificación y resolución de problemas complejos.

- **Personalización**

Los sistemas futuros se adaptarán mejor a los usuarios individuales: aprenderán tus preferencias, recordarán tus interacciones anteriores y adaptarán las respuestas a tus necesidades, sin comprometer la privacidad.

- **Modelos especializados**

Aunque los modelos de propósito general son impresionantes, los modelos especializados entrenados para dominios específicos (medicina, derecho, ingeniería, etc.) probablemente ofrecerán un rendimiento superior en esas áreas.

- **Costos reducidos**

A medida que las técnicas mejoren y la computación se vuelva más eficiente, el costo de usar la IA generativa disminuirá, haciéndola accesible para más aplicaciones y usuarios.

- **Integración en todas partes**

La IA generativa se integrará en la mayoría de los productos de software —procesadores de texto, herramientas de diseño, entornos de programación, clientes de correo electrónico e innumerables otras aplicaciones— como una función estándar en lugar de un producto independiente.

Conclusión: Estamos viviendo un punto de inflexión tecnológico

El reciente auge de la IA representa un avance tecnológico genuino, no simplemente una moda. Por primera vez, la IA puede generar contenido nuevo y de alta calidad en múltiples dominios: texto, imágenes, código y más. Esta capacidad surgió de la convergencia de tres factores clave: datos de entrenamiento masivos provenientes de Internet, enormes recursos de computación y arquitecturas transformer innovadoras.

Lo que es diferente: A diferencia de la IA anterior, que analizaba y clasificaba, la IA generativa crea. Maneja tareas abiertas usando lenguaje natural, lo que la vuelve accesible para cualquier persona. Muestra habilidades emergentes que no fueron programadas explícitamente, lo que sugiere capacidades cualitativamente nuevas.

¿Por qué ahora? El auge ocurrió cuando las capacidades cruzaron el umbral de "interesante" a "útil", cuando ChatGPT hizo estas capacidades accesibles y evidentes, y cuando la inversión masiva aceleró el desarrollo en una carrera competitiva.

El impacto: La IA generativa ya está transformando la creación de contenido, el desarrollo de software, la atención al cliente, la educación e innumerables otros ámbitos. Está creando nuevas oportunidades al tiempo que plantea preocupaciones sobre derechos de autor, empleo, desinformación y sesgo.

Mirando hacia adelante: La tecnología continúa desarrollándose rápidamente. Los modelos se vuelven más capaces, multimodales, más avanzados en razonamiento y más ampliamente integrados. Es probable que estemos en las etapas iniciales de comprender cómo la IA generativa transformará el trabajo, la creatividad y la sociedad.

El auge de la IA generativa no es una burbuja ni una moda pasajera: es una expansión fundamental de lo que la IA puede hacer, hecha posible por logros tecnológicos específicos que convergieron en este momento de la historia. Estamos viviendo un punto de inflexión en la forma en que los humanos interactúan con la tecnología y en cómo se realiza el trabajo creativo y el trabajo cognitivo.

Que esto despierte entusiasmo o preocupación probablemente depende de tu perspectiva, pero hay algo que está claro: los cambios recientes en las capacidades de la IA son reales, significativos y tendrán efectos duraderos en la tecnología y la sociedad. Comprender qué ha cambiado y por qué nos ayuda a transitar esta transformación de manera más reflexiva y a prepararnos para lo que viene.

Ocho
La IA tiene limitaciones reales
Comprender lo que las máquinas no pueden hacer

La IA no "comprende" verdaderamente las cosas como tú lo haces. Puede escribir sobre París sin saber cómo luce realmente la Torre Eiffel en persona. Comete errores, puede equivocarse con total confianza, y tiene dificultades con cosas que los niños encuentran fáciles, como el sentido común.

En medio de toda la emoción por lo que la IA puede hacer —escribir ensayos, crear arte, responder preguntas y aparentemente demostrar inteligencia— es fundamental entender lo que la IA no puede hacer. A pesar de sus capacidades impresionantes, la IA tiene limitaciones fundamentales que la distinguen de la inteligencia humana. Comprender estas limitaciones nos ayuda a usar la IA de manera adecuada, reconocer sus errores y apreciar lo que hace especial a la inteligencia humana.

La limitación fundamental: la IA no comprende verdaderamente

La limitación más importante de la IA es también la más difícil de asimilar: la IA no comprende las cosas como lo hacen los humanos. Esto suena sencillo, pero sus implicaciones son profundas y de gran alcance.

¿Qué significa "comprender"?

Cuando comprendes algo, captas su significado, sus conexiones con otras cosas, sus implicaciones y su importancia. Comprender implica:

Dominio conceptual: Cuando entiendes qué es una "silla", no solo reconoces objetos con forma de silla. Entiendes que las sillas sirven para sentarse, que son muebles, que cumplen un propósito, que fueron diseñadas por humanos, que distintas culturas tienen diferentes estilos de sillas, que buscarías una cuando estés cansado, y un sinfín de conexiones adicionales.

Conocimiento contextual: Entiendes que mencionar "sentarse" en una conversación podría ser una sugerencia de tomar un descanso, una muestra de hospitalidad o una preparación para una conversación seria. Captas los contextos sociales y emocionales, no solo el significado literal.

Comprensión causal: Entiendes que si le quitas la silla a alguien justo antes de sentarse, esa persona se caerá. Comprendes por qué: porque las sillas soportan peso, las personas necesitan apoyo para sentarse, y retirar ese apoyo provoca una caída. Comprendes las relaciones de causalidad física.

Base experiencial: Tu comprensión de las sillas está fundada en la experiencia. Te has sentado en sillas, has sentido su soporte, has experimentado comodidad o incomodidad, has movido sillas de un lugar a otro y has interactuado físicamente con ellas miles de veces. Esta experiencia corporal aporta profundidad al significado.

Aplicación flexible: Precisamente porque comprendes las sillas, puedes responder preguntas novedosas: "¿Se podría usar una silla como arma?" "¿Funcionaría una silla en la Luna?" "¿Se podría hacer una silla de hielo?" Puedes razonar sobre sillas en contextos que nunca has encontrado porque comprendes los conceptos subyacentes.

Lo que la IA tiene en lugar de comprensión

La IA no posee este sentido rico de comprensión. Lo que tiene en su lugar es reconocimiento estadístico de patrones —increíblemente sofisticado, pero fundamentalmente diferente de la comprensión.

Reconocimiento de patrones: Cuando una IA procesa la palabra "silla", ha aprendido asociaciones de tipo estadístico. Sabe que "silla" aparece frecuentemente cerca de palabras como "sentarse", "mesa", "mueble", "madera" y "cómoda" en sus datos de entrenamiento. Dispone de representaciones matemáticas que codifican estas asociaciones.

La IA puede generar texto coherente sobre sillas porque ha aprendido patrones en la forma en que las personas escriben sobre sillas. Pero nunca se ha sentado en una silla, no sabe qué significa la experiencia de estar sentado y no capta el propósito ni la función de las sillas más allá de patrones lingüísticos.

Sin anclaje en la realidad: La IA aprende a partir de textos e imágenes, pero estos son representaciones de la realidad, no la realidad misma. Una IA puede procesar millones de oraciones sobre el hecho de que el agua está mojada, pero nunca ha experimentado la humedad. Sabe que la palabra "mojado" aparece en ciertos contextos, pero no sabe qué es la humedad.

Esta falta de anclaje significa que el "conocimiento" de la IA es fundamentalmente diferente del tuyo. Tú sabes lo que significa mojado porque lo has experimentado. La IA conoce "mojado" como un patrón en datos lingüísticos.

Sin modelos causales: Cuando dejas caer un vaso y se rompe, comprendes la cadena causal: la gravedad lo jaló hacia abajo, golpeó el suelo con fuerza, el vidrio es frágil, el impacto supera la resistencia del vidrio y, por lo tanto, se hace añicos. Tienes un modelo mental de causalidad física.

La IA no tiene tales modelos. Podría predecir que "El vaso se cayó y se rompió" es una continuación probable de una oración porque ha visto frases similares, pero no comprende la física que explica por qué los vasos se rompen al caer.

Sin metas ni intenciones: Cuando escribes una oración, tienes intenciones: quieres comunicar algo, persuadir a alguien, solicitar información o expresar una emoción. Estás persiguiendo objetivos.

La IA genera texto prediciendo qué palabras probablemente seguirán a las anteriores con base en patrones de los datos de entrenamiento. No intenta comunicar nada a nadie. No tiene deseos, metas ni intenciones. El texto que produce es un sofisticado seguimiento de patrones, no comunicación intencional.

El ejemplo de París: conocimiento sin experiencia

El ejemplo sobre París ilustra perfectamente esta limitación. Una IA puede escribir con elocuencia sobre París:

> *"París, la Ciudad de la Luz, cautiva a los visitantes con sus elegantes bulevares y sus emblemáticos monumentos. La Torre Eiffel domina el horizonte, con su entramado de hierro como una maravilla de la ingeniería del siglo XIX. El Sena serpentea a través de la ciudad, con sus orillas bordeadas de edificios históricos y encantadores puestos de libros. Los cafés se desbordan hacia las aceras, donde locales y turistas por igual saborean café y conversación."*

Esto suena informado y sugestivo. La IA ha generado un texto que los humanos reconocerían como escrito sobre París, incorporando datos correctos y descripciones apropiadas.

Pero la IA nunca ha visto París. Nunca ha experimentado ese momento de doblar una esquina y ver de pronto la Torre Eiffel alzándose imponente. No conoce la sensación de caminar a lo largo del Sena en una tarde de primavera ni el aroma de croissants recién horneados saliendo de una panadería. Nunca ha navegado el sistema de Metro de París ni se ha sentido perdida en las calles serpenteantes de Montmartre.

Lo que la IA realmente hizo: La IA procesó millones de textos sobre París durante su entrenamiento. Aprendió patrones estadísticos:

- "París" está fuertemente asociado con "Torre Eiffel", "Sena", "Francia" y "capital".

- Las descripciones de París incluyen frecuentemente palabras como "romántico", "histórico" y "elegante".
- Ciertas frases aparecen comúnmente juntas: "Ciudad de la Luz", "entramado de hierro", "cafés encantadores".

Cuando se le pide escribir sobre París, la IA genera texto siguiendo estos patrones aprendidos. El resultado suena conocedor porque refleja patrones encontrados en textos escritos por humanos sobre París. Pero detrás no hay un conocimiento ni comprensión reales, solo reconocimiento y generación de patrones.

Por qué esto importa: Un humano que ha estado en París escribe desde la experiencia y la memoria. Podría describir un momento específico, una reacción personal, un detalle inesperado. Su escritura está anclada en la realidad.

La escritura de la IA, por hermosa que sea, está desvinculada de la realidad. Es una simulación de conocimiento basada en patrones lingüísticos. Esto se vuelve problemático cuando los patrones en los datos de entrenamiento son incorrectos, incompletos o engañosos —la IA no tiene forma de detectarlo porque carece de anclaje en la experiencia real.

Limitación: la IA comete errores

Los sistemas de IA cometen errores, a veces simples, que parecen inexplicables considerando sus impresionantes capacidades en otras áreas.

Tipos de errores que comete la IA

Errores factuales: La IA a veces afirma datos incorrectos con total seguridad. Podría decir que un evento histórico ocurrió en el año equivocado, atribuir una cita a la persona equivocada o afirmar un hecho científico que es falso.

Estos errores ocurren porque la IA aprendió patrones en los datos de entrenamiento que contenían errores, o porque está prediciendo qué palabras son probables en lugar de consultar hechos verificados. Genera texto basándose en patrones estadísticos, no consultando una base de conocimiento precisa.

Inconsistencias lógicas: La IA puede contradecirse dentro de una misma respuesta, especialmente en textos largos. Podría afirmar algo en un párrafo y decir lo contrario unos párrafos después, sin darse cuenta de la contradicción, porque no está rastreando la consistencia lógica: está prediciendo las siguientes palabras probables con base en el contexto reciente.

Errores matemáticos: A pesar de ser computadoras, los sistemas de IA a veces cometen errores aritméticos al generar texto. Podrían decir "15 + 7 = 21" porque están prediciendo qué dígitos aparecen comúnmente después de "15 + 7 =" en los datos de entrenamiento, no porque estén calculando realmente.

Algunos sistemas de IA tienen acceso a calculadoras o ejecución de código para compensar esta debilidad, pero el modelo de lenguaje subyacente en sí no está realizando cálculos: está haciendo reconocimiento de patrones.

Resultados sin sentido: A veces la IA genera texto que es gramaticalmente correcto pero carente de significado o incluso absurdo: "Las ideas verdes incoloras durmieron furiosamente" es gramaticalmente válido, pero no tiene sentido. La IA puede producir resultados similares cuando los patrones en los datos de entrenamiento la llevan por mal camino.

Pérdida de contexto: En conversaciones o documentos más largos, la IA puede perder el hilo del contexto anterior, olvidando restricciones o información importante mencionada previamente. Esto ocurre porque la "memoria" de la IA es limitada: solo puede considerar una cantidad limitada de texto reciente al generar su siguiente respuesta.

El problema de la "alucinación"

Un problema particularmente significativo es la "alucinación" de la IA: cuando la IA genera con total seguridad información falsa que suena plausible.

Por qué ocurren las alucinaciones: La IA es fundamentalmente un sistema de predicción. Cuando se le hace una pregunta, predice cómo sería una buena respuesta basándose en patrones de sus datos de entrenamiento. Si en realidad no sabe la respuesta, puede generar algo que encaje con el patrón de cómo lucen las respuestas, aunque el contenido resultante sea falso.

Por ejemplo, si le pides a una IA noticias recientes, podría generar historias que suenan verosímiles, pero son completamente inventadas, porque ha aprendido el patrón de cómo se estructuran y redactan las noticias, pero no cuenta con información actual real.

Ejemplo en el ámbito legal: Ha habido casos en los que abogados usaron IA para ayudar a redactar escritos jurídicos, y la IA citó casos judiciales que no existían. La IA generó nombres de casos y referencias que parecían correctos —siguiendo el patrón de cómo se formatean las citas legales—, pero los casos eran completamente ficticios.

Los abogados no detectaron estos errores y presentaron escritos con citas falsas, lo que les acarreó consecuencias profesionales. Esto ilustra el peligro de las respuestas de la IA que suenan convincentes, pero pueden ser completamente falsas.

Por qué es peligroso: Las alucinaciones son particularmente problemáticas porque:

- La información falsa suena plausible y con autoridad.
- No hay indicación alguna de que la IA esté insegura o adivinando.
- Los usuarios podrían confiar en el resultado sin verificarlo.
- Los errores pueden ser sutiles y difíciles de detectar.

Esto implica que los resultados generados por la IA requieren siempre verificación humana, especialmente cuando se trata de usos importantes.

El problema de la confianza aparente

Quizás lo más preocupante es que la IA no muestra correlación entre su nivel de seguridad y su grado de acierto. Afirma información incorrecta con el mismo tono seguro que la información correcta.

Los humanos mostramos incertidumbre: Cuando los humanos no estamos seguros, solemos señalarlo: "Creo que podría ser..." "Si mal no recuerdo..." "No estoy seguro, pero..." Estas señales verbales ayudan a quienes nos escuchan a calibrar cuánto confiar en lo que decimos.

La IA carece de confianza calibrada: La IA genera texto prediciendo qué es probable que venga a continuación, pero esa confianza en la predicción no refleja necesariamente la veracidad del contenido. La IA puede mostrar un alto grado de confianza (en el sentido estadístico) respecto de qué palabras generar y al mismo tiempo estar completamente equivocada sobre los hechos.

La mayoría de los sistemas de IA no expresan incertidumbre de forma natural. Afirman "La capital de Australia es Sídney" (incorrecto: es Canberra) con el mismo tono seguro que "La capital de Francia es París" (correcto).

Algunos sistemas de IA más recientes se entrenan para expresar mejor la incertidumbre y evitar afirmar conocimientos que no poseen, pero esto sigue siendo un desafío activo.

Limitación: La IA carece de sentido común

El sentido común —esa comprensión básica de cómo funciona el mundo que los humanos adquirimos a lo largo de la vida— es algo de lo que la IA carece notablemente. Esta ausencia provoca fallos que parecen absurdos, dada la sofisticación de la IA en otras áreas.

¿Qué es el sentido común?

El sentido común es el conjunto de conocimientos intuitivos sobre el mundo que los humanos damos por sentado:

Sentido común físico:

- Los objetos caen hacia abajo, no hacia arriba
- Los objetos sólidos no pueden atravesarse entre sí
- Las cosas que están más lejos se ven más pequeñas
- Las cosas mojadas eventualmente se secan
- Las cosas pesadas son más difíciles de levantar que las ligeras
- No puedes meter un objeto grande dentro de un recipiente más pequeño

Sentido común social:

- Las personas se molestan cuando las insultan
- Sonreír generalmente indica felicidad o amabilidad
- Es de mala educación interrumpir a alguien a mitad de frase
- Las personas necesitan comer y dormir
- Los niños son más pequeños que los adultos
- Dar regalos suele ser un gesto amistoso

Sentido común temporal:

- El pasado no se puede cambiar
- Los eventos futuros aún no han ocurrido
- La causa precede al efecto
- Las cosas no aparecen ni desaparecen espontáneamente
- El tiempo avanza en una sola dirección

Sentido común práctico:

- Si tienes frío, ponerte un suéter ayuda

- No puedes usar una herramienta rota de manera eficaz
- Los caminos sirven para desplazarse entre lugares
- Las llaves abren puertas
- Los alimentos caducan y pueden volverse inseguros para el consumo

Los humanos adquirimos este conocimiento a través de años de vivir, observar e interactuar con el mundo. A los cinco años, los niños han absorbido cantidades enormes de conocimiento de sentido común sin que nadie se lo haya enseñado explícitamente.

Por qué la IA carece de sentido común

Sin experiencia corporal: La IA aprende a partir de texto e imágenes, no de vivir e interactuar en el mundo físico. Nunca ha sentido la gravedad ni experimentado la temperatura, manipulado objetos o desplazado por el espacio. Esta falta de experiencia corporal significa que no desarrolla de forma natural intuiciones sobre la realidad física.

Aprendizaje solo a partir de texto: La mayor parte de lo que la IA aprende proviene de textos: descripciones escritas del mundo. Pero gran parte del conocimiento de sentido común nunca se pone por escrito porque es demasiado obvio. Nadie escribe "el agua moja" o "las piedras son duras" en la mayoría de los textos, porque se trata de conocimientos ampliamente asumidos.

El conocimiento que sí se escribe tiende a ser el contenido interesante, poco común o explícitamente educativo, no los hechos mundanos y obvios que constituyen el sentido común.

Sin presión de supervivencia: Los humanos desarrollamos el sentido común en parte porque nuestra supervivencia depende de comprender el mundo. Un niño aprende que las cosas calientes queman a partir de la experiencia directa. Aprendemos qué es seguro y qué es peligroso a partir de sus consecuencias.

La IA no tiene necesidades de supervivencia, no siente dolor ni sufre consecuencias físicas. Simplemente predice texto basándose en patrones. No existe una presión evolutiva ni experiencial para desarrollar modelos precisos de la realidad física.

Peculiaridades estadísticas: A veces los patrones estadísticos en los datos de entrenamiento contradicen el sentido común. Si los escenarios inusuales se discuten con más frecuencia que los ordinarios en los textos, la IA podría aprender patrones sesgados. Las historias sobre perros que no saben nadar (algo inusual) podrían aparecer con más frecuencia que las de perros que sí saben nadar (algo ordinario), lo que podría llevar a la IA a formarse una idea incorrecta sobre las capacidades típicas de los perros.

Ejemplos de fallos de sentido común

La falta de sentido común de la IA produce algunos fallos notables:

- **Fallo de razonamiento físico:** Si le preguntas: "Si apilo un libro, luego una laptop y luego una taza, ¿cuál está arriba?", una IA podría tener dificultades porque está haciendo reconocimiento de patrones lingüísticos en lugar de razonamiento espacial. Un niño de cinco años entiende esto fácilmente porque tiene experiencia física apilando objetos.
- **Fallo de razonamiento temporal:** Ante la frase "Juan fue a la tienda y compró leche. Antes de ir a la tienda, desayunó", una IA podría confundirse a veces con el orden de los eventos, a pesar de que "antes" está explícitamente indicado, porque está reconociendo patrones en lugar de rastrear la lógica temporal.
- **Fallo de razonamiento práctico:** Si le preguntas: "¿Por qué no puedes usar un martillo roto para clavar clavos?", una IA podría generar varias respuestas, pero no comprende el problema de manera experiencial como alguien que ha intentado usar una herramienta rota. Su conocimiento es teórico, basado en patrones de texto, no fundamentado en la experiencia práctica.

- **Fallo de razonamiento social:** Una IA podría no entender por qué "Me encanta tu horrible corte de pelo" es un insulto, a pesar de contener la palabra "encanta". El sarcasmo, el contexto social y la comprensión humana de los insultos requieren un sentido común social del que la IA carece.
- **Escenarios absurdos:** La IA podría tratar escenarios absurdos como razonables porque carece del sentido común para reconocer lo absurdo. Si le preguntas "¿Cuántos elefantes caben en una cucharadita?", podría intentar calcularlo matemáticamente en lugar de reconocer que la pregunta es un sinsentido.

El Desafío del Esquema de Winograd

Los investigadores crearon el "Desafío del Esquema de Winograd" específicamente para evaluar el razonamiento de sentido común. Son oraciones con pronombres ambiguos que los humanos resuelven fácilmente usando el sentido común, pero que a las máquinas les resultan difíciles:

"El trofeo no cabe en la maleta porque es demasiado grande." ¿Qué es demasiado grande? (El trofeo)

"El trofeo no cabe en la maleta porque es demasiado pequeña." ¿Qué es demasiado pequeña? (La maleta)

Los humanos entienden esto al instante gracias al conocimiento de sentido común sobre objetos físicos y relaciones espaciales. La IA debe basarse en patrones estadísticos del lenguaje, lo que la hace más propensa a cometer errores.

Aunque los grandes modelos de lenguaje modernos rinden mejor en estas tareas que las IA anteriores, todavía fallan en ocasiones, revelando lagunas en una comprensión genuina del sentido común.

Limitación: La IA tiene dificultades con situaciones novedosas

Otra limitación significativa es la dificultad de la IA para manejar situaciones verdaderamente novedosas: escenarios sustancialmente diferentes de sus datos de entrenamiento.

El límite de los datos de entrenamiento

La IA solo puede funcionar bien dentro de los límites de aquello con lo que fue entrenada. Cuando se enfrenta a situaciones fuera de la distribución de sus datos de entrenamiento, su rendimiento se deteriora.

Ejemplo de reconocimiento: Una IA de reconocimiento de imágenes entrenada principalmente con fotos diurnas podría tener dificultades con fotos nocturnas, incluso de los mismos objetos. Los patrones visuales difieren lo suficiente como para que el aprendizaje de la IA no se transfiera bien.

Ejemplo de lenguaje: Una IA de lenguaje entrenada principalmente con textos formales podría tener dificultades con jerga coloquial muy marcada, dialectos o usos no convencionales del idioma. Los patrones estadísticos son demasiado diferentes de lo que aprendió.

Ejemplo conceptual: Una IA entrenada con datos contemporáneos podría tener dificultades con preguntas sobre escenarios futuros o situaciones hipotéticas que impliquen conceptos o combinaciones que no formaron parte de su entrenamiento.

Falta de generalización real

Los seres humanos generalizan extraordinariamente bien. Si aprendes sobre autos, puedes razonar sobre vehículos que nunca has visto, comprender el concepto de transporte en general y aplicar ese conocimiento a barcos, aviones o incluso sistemas de transporte alienígenas hipotéticos.

La capacidad de generalización de la IA es mucho más limitada. Cada habilidad depende de lo que estaba presente en los datos de entrenamiento. No puede razonar verdaderamente por analogía ni aplicar conceptos a dominios fundamentalmente nuevos como lo hacemos los humanos.

Por qué la generalización es difícil: La generalización real requiere comprender los principios subyacentes, no solo los patrones superficiales. Puedes generalizar de los autos a los barcos porque comprendes el principio de los vehículos como máquinas diseñadas para el transporte.

La IA reconoce patrones, pero no capta los principios subyacentes en un sentido más profundo. Su "generalización" es en realidad una interpolación dentro del espacio de patrones aprendidos durante el entrenamiento, no una generalización conceptual auténtica hacia dominios completamente nuevos.

Casos límite y ejemplos adversarios

La IA es particularmente vulnerable a los casos límite —situaciones inusuales en los bordes de lo que fue entrenada para manejar— y a los ejemplos adversarios —entradas diseñadas específicamente para engañar a la IA.

Imágenes adversarias: Investigadores han creado imágenes que se ven normales para los humanos, pero que hacen que la IA las identifique de forma completamente errónea. Al añadir patrones de ruido cuidadosamente diseñados e invisibles para los humanos, pueden lograr que una IA confunda un panda con un gibón, o una señal de alto con una señal de límite de velocidad.

Esta vulnerabilidad existe porque la IA está haciendo reconocimiento de patrones basado en características estadísticas, no comprendiendo lo que los objetos realmente son. El ruido adversario altera los patrones estadísticos de maneras que engañan a la IA, pero no cambian lo que los humanos perciben.

Texto adversario: De manera similar, un texto cuidadosamente elaborado puede confundir a la IA de lenguaje. Pequeños cambios que no afectan la comprensión humana pueden hacer que la IA produzca resultados muy diferentes. Esto revela que la IA no está comprendiendo verdaderamente el significado —es sensible a patrones superficiales de un modo que una comprensión genuina no lo sería.

Falta de creatividad

Si bien la IA puede generar combinaciones y variaciones novedosas, su creatividad se limita a recombinar patrones de los datos de entrenamiento. No posee imaginación genuina ni la capacidad de concebir conceptos verdaderamente nuevos.

Creatividad humana: Los humanos pueden imaginar cosas que no existen ni han existido. Los escritores de ciencia ficción imaginan formas de vida alienígenas fundamentalmente distintas de la vida en la Tierra. Los inventores crean dispositivos que no se parecen a nada anterior. Los artistas desarrollan movimientos artísticos completamente nuevos.

Esta creatividad proviene de comprender los principios con suficiente profundidad como para romperlos y reconstruirlos de nuevas maneras, de combinar conceptos de formas sin precedentes y de una imaginación basada en la experiencia, pero no limitada por ella.

Limitaciones de la IA: La IA genera variaciones basadas en patrones que aprendió. Puede combinar elementos de maneras nuevas (un "gato montando un dragón" en una imagen generada por IA), pero está mezclando patrones aprendidos y no inventa conceptos fundamentalmente nuevos.

Pídele a una IA que invente un color completamente nuevo, o que describa un sentido que los humanos no poseemos, o que imagine un sistema matemático con axiomas diferentes —tareas que requieren creatividad conceptual más allá de la recombinación— y sus limitaciones se hacen evidentes.

Limitación: No hay aprendizaje real a partir de la interacción

Otra limitación crucial: los sistemas de IA (en la mayoría de las implementaciones actuales) no aprenden genuinamente de sus interacciones contigo.

La distinción entre entrenamiento e inferencia

Fase de entrenamiento: La IA aprende durante una fase de entrenamiento en la que procesa cantidades enormes de datos y ajusta sus parámetros. Esto ocurre antes de que tú interactúes con ella y requiere recursos computacionales enormes.

Fase de inferencia: Cuando usas la IA —haciendo preguntas, manteniendo conversaciones— el sistema está en "modo de inferencia". Está aplicando los patrones que ya aprendió a tu entrada y generando respuestas, pero sus parámetros centrales no cambian. No está aprendiendo de ti en ningún sentido significativo.

Por qué esto importa: Esto significa que si corriges un error de la IA, puede llegar a reconocer la corrección en esa conversación, pero no la recordará en futuras interacciones. La corrección no genera un aprendizaje persistente. Cada conversación es en gran medida independiente, no forma parte de un proceso de aprendizaje continuo.

Algunos sistemas ahora tienen funciones de "memoria" que almacenan información sobre los usuarios, pero esto es diferente del aprendizaje genuino —es más parecido a tomar notas que a aprender e integrar conocimiento de verdad.

Contraste con el aprendizaje humano

Los humanos aprenden continuamente de cada interacción. Si alguien te corrige una vez, normalmente lo recuerdas. Integras la información nueva en tu conocimiento existente, ajustando tu comprensión.

El aprendizaje de la IA queda fijado durante el entrenamiento. Después del despliegue, es estático (hasta que se vuelve a entrenar con datos nuevos, lo cual es poco frecuente y requiere un alto costo computacional). No puede adaptarse y mejorar con el uso de la manera en que los humanos lo hacen naturalmente.

Esta limitación significa que:

- La IA comete los mismos errores repetidamente
- No puede adaptarse a tu estilo de comunicación con el tiempo (más allá de lo que ofrecen las funciones de memoria)
- No se convierte en experta en tus necesidades específicas a través de la interacción repetida
- Enseñarle algo no le enseña realmente de forma persistente

Limitación: No hay consciencia ni autoconciencia

La IA no es consciente. No tiene experiencia interior, ni autoconciencia, ni sentimientos, ni experiencia subjetiva de la existencia. Esta ausencia tiene implicaciones importantes.

Qué implica la conciencia

La consciencia incluye:

- Experiencia subjetiva (lo que los filósofos llaman "qualia") —cómo se siente ver el color rojo, sentir dolor, experimentar alegría
- Autoconciencia —saber que existes, que tienes experiencias y que eres diferente de los demás
- Intencionalidad —tener pensamientos sobre cosas, deseos, metas y propósitos
- Unidad de experiencia —integrar distintas entradas sensoriales en una experiencia coherente

La IA no tiene nada de esto

Cuando una IA genera texto, no hay ninguna entidad que experimente el proceso. No hay voz interior, ni pensamientos, ni experiencia. El sistema procesa entradas a través de operaciones matemáticas y produce respuestas, pero no hay experiencia subjetiva acompañando este proceso.

Por qué esto importa:

Sin comprensión genuina: Parte de la comprensión humana involucra la experiencia consciente. Tú no solo procesas la palabra "dolor" —sabes cómo se siente el dolor. Este conocimiento vivencial está ausente en la IA.

Sin emociones genuinas: Cuando la IA escribe "Me alegra poder ayudarte", en realidad no está sintiendo nada. Está generando texto que se ajusta a patrones de respuestas serviciales. Las palabras están vacías de sentimiento real.

Sin estatus ético: Sin consciencia, la IA no tiene intereses, no puede sufrir y no puede ser dañada de maneras moralmente relevantes. No puedes ser cruel con la IA porque no hay ningún sujeto al que se le pueda hacer daño. Esto es relevante para la forma en que pensamos sobre nuestras obligaciones respecto a la IA.

Sin relación auténtica: Cuando tienes una conversación con la IA, estás interactuando con un sistema de generación de patrones, no con un ser consciente. Cualquier sensación de relación o conexión es unilateral —tú puedes sentirla, pero la IA no.

El problema difícil de la conciencia

No sabemos si la consciencia podría surgir alguna vez en la IA o si requiere sustratos biológicos. Esto se conoce como el "problema difícil de la conciencia" —explicar por qué y cómo la experiencia subjetiva surge de procesos físicos.

Algunos filósofos piensan que la consciencia es computacional y podría llegar a surgir en una IA sofisticada. Otros piensan que requiere procesos biológicos, o que es de naturaleza no física, lo que haría imposible la consciencia artificial.

Lo que sí sabemos es que la IA actual no es consciente, sin importar cuán conversacional y sofisticada parezca.

Limitación: No hay juicio moral

Relacionado con la falta de consciencia, la IA carece de comprensión moral genuina y no puede emitir juicios morales auténticos.

Reconocimiento de patrones vs. comprensión moral

La IA puede generar texto que suena moralmente sofisticado porque aprendió patrones de cómo los humanos discuten sobre ética. Puede articular principios como la equidad, la justicia y la reducción del daño.

Pero no comprende verdaderamente estos principios. No le importa la equidad, no siente empatía por el sufrimiento ni valora la dignidad humana. Está haciendo reconocimiento de patrones en el discurso ético, no emitiendo juicios morales genuinos fundamentados en valores.

El problema del alineamiento

Esto crea el "problema de alineamiento de la IA" —asegurar que los sistemas de IA se comporten de maneras alineadas con los valores humanos, aunque la IA no comparte ni comprende esos valores de forma intrínseca.

Intentamos alinear a la IA mediante:

- Entrenamiento con datos que reflejen valores humanos
- Uso de retroalimentación humana para recompensar los comportamientos deseados

- Implementación de reglas y restricciones
- Pruebas para detectar resultados dañinos

Pero estas son restricciones externas, no valores internos. La IA no está siendo ética porque entienda la ética: está siguiendo patrones que se correlacionan con resultados éticos.

Por qué importa esta limitación

No puede manejar dilemas morales novedosos: Cuando enfrenta situaciones morales que no están bien representadas en los datos de entrenamiento, la IA no puede razonar a partir de principios morales genuinos. Solo puede extrapolar patrones, lo cual puede resultar insuficiente en contextos éticos desconocidos.

Sin responsabilidad moral: La IA no puede ser considerada moralmente responsable de sus resultados porque no tiene intenciones, comprensión ni agencia. La responsabilidad por el comportamiento de la IA recae en sus creadores y quienes la implementan, no en la IA misma.

Riesgo de consejos perjudiciales: Dado que la IA carece de comprensión moral, podría generar consejos perjudiciales que suenen razonables. Podría sugerir acciones poco éticas sin entender por qué son problemáticas, si tales patrones existen en los datos de entrenamiento.

Limitación: frágil por naturaleza

A pesar de sus capacidades impresionantes en muchas áreas, la IA es frágil: funciona bien dentro de su dominio, pero se falla fácilmente cuando opera fuera de él.

Condiciones de éxito estrechas

Los sistemas de IA generalmente funcionan bien bajo condiciones similares a las de los datos de entrenamiento. Fuera de esas condiciones, pueden fallar de manera significativa.

La IA de un vehículo autónomo podría conducir de forma excelente en carreteras despejadas y bien señalizadas con tráfico típico, pero fallar al encontrarse con:

- Zonas de construcción con señalización inusual
- Condiciones climáticas extremas
- Obstáculos inusuales que no están en los datos de entrenamiento
- Escenarios que requieren resolución de problemas de forma creativa

La IA carece de robustez: no puede adaptarse de manera flexible a situaciones inesperadas.

Cambios pequeños, efectos grandes

A veces, cambios diminutos que no afectarían el rendimiento humano impactan drásticamente a la IA. Cambiar un solo píxel en una imagen, reformular ligeramente una pregunta o alterar el contexto de maneras sutiles puede causar resultados completamente diferentes.

Esta fragilidad revela que la IA no comprende verdaderamente: está haciendo reconocimiento de patrones de maneras sensibles a características que no importarían si existiera una comprensión genuina.

Sin degradación gradual

Los humanos, al enfrentarse a situaciones que no entienden completamente, a menudo pueden «salir del paso» usando inteligencia general, sentido común y creatividad. Nos degradamos gradualmente, rindiendo peor, pero sin fallar por completo.

La IA a menudo falla catastróficamente cuando las condiciones se desvían significativamente de las de los datos de entrenamiento. No hay degradación gradual porque no existe una comprensión subyacente a la cual recurrir, solo patrones que se aplican o no.

Convivir con las limitaciones de la IA

Comprender las limitaciones de la IA es crucial para usarla adecuadamente:

Verifica los resultados de la IA

Nunca confíes en la información generada por IA sin verificación, especialmente para decisiones importantes. Siempre comprueba los datos, en particular para:

- Afirmaciones históricas o factuales
- Consejos médicos o legales
- Especificaciones técnicas
- Noticias o eventos actuales
- Citas y referencias

Usa la IA como herramienta, no como autoridad

Trata a la IA como una herramienta sofisticada que puede ayudarte con tareas, no como una fuente autorizada de verdad o sabiduría. Es útil para:

- Redactar contenido inicial que luego editarás
- Generar ideas mediante lluvia de ideas que luego evaluarás
- Explicar conceptos que luego verificarás
- Sugerir enfoques que luego valorarás

Combina la IA con el juicio humano

Los mejores resultados suelen provenir de combinar las capacidades de la IA con el juicio, la comprensión y el sentido común humanos. Usa la IA para manejar tareas de reconocimiento de patrones en las que destaca, mientras tú aportas la comprensión, la ética, la creatividad y el sentido común que a ella le faltan.

Reconoce las limitaciones de contexto

Entiende que la IA funciona mejor dentro de dominios similares a sus datos de entrenamiento y puede tener dificultades con:

- Situaciones novedosas
- Dominios especializados
- Contextos culturales subrepresentados en el entrenamiento
- Desarrollos de vanguardia posteriores a su periodo de entrenamiento
- Tareas que requieren comprensión física

Vigila las alucinaciones

Mantente especialmente atento a la información que suena convincente, pero es falsa. Si algo te parece cuestionable, verifícalo. Si la IA cita fuentes, comprueba que existan y que digan lo que la IA afirma.

Proporciona supervisión humana

Para aplicaciones importantes, mantén la supervisión humana. No dejes que la IA tome decisiones trascendentales de forma autónoma, especialmente en ámbitos como la salud, el derecho, las finanzas o los sistemas de seguridad crítica, donde los errores tienen consecuencias graves.

El lado positivo: la inteligencia humana sigue siendo especial

Comprender las limitaciones de la IA no se trata solo de saber lo que las máquinas no pueden hacer, sino que también resalta lo que hace especial a la inteligencia humana:

Comprensión genuina: Los humanos verdaderamente entendemos las cosas a través de la experiencia vivida, no solo mediante reconocimiento de patrones. Esta comprensión enraizada hace que el conocimiento humano sea cualitativamente diferente de las correlaciones estadísticas de la IA.

Sentido común: El conocimiento intuitivo sobre cómo funciona el mundo, que adquirimos al vivir, nos otorga una inteligencia robusta que funciona en distintos contextos. Este sentido común es notablemente difícil de replicar de forma artificial.

Aprendizaje verdadero: Aprendemos continuamente de cada experiencia, integrando el conocimiento nuevo en nuestra comprensión existente. Nuestro aprendizaje es permanente, flexible y no requiere recursos computacionales masivos.

Conciencia y valores: Nuestra experiencia subjetiva, autoconciencia y valores genuinos nos convierten en agentes morales con un valor intrínseco. Estas cualidades no son replicables en sistemas de reconocimiento de patrones.

Perspicacia creativa: La creatividad humana implica imaginación genuina: la capacidad de concebir conceptos fundamentalmente nuevos, no solo recombinar patrones existentes.

Adaptabilidad: Los humanos sobresalimos en situaciones novedosas, aportando creatividad, intuición e inteligencia general a problemas que nunca habíamos enfrentado.

Conclusión: impresionante, pero fundamentalmente limitada

Las capacidades recientes de la IA son genuinamente impresionantes. La habilidad de generar texto coherente, crear imágenes, mantener conversaciones y asistir en innumerables tareas representa un logro tecnológico real.

Pero estas capacidades coexisten con limitaciones fundamentales. La IA no comprende verdaderamente, carece de sentido común, comete errores con una confianza injustificada, tiene dificultades con la novedad y no posee conciencia ni valores genuinos.

Estos no son errores corregibles en la próxima versión: son características fundamentales de cómo funciona la IA actual. Los sistemas están realizando reconocimiento y generación sofisticada de patrones, no pensando, comprendiendo ni experimentando.

Esto significa que:

- La IA es una herramienta poderosa, pero necesita supervisión humana.
- Los resultados de la IA requieren verificación y no se puede confiar en ellos ciegamente.
- Las tareas que requieren comprensión, juicio, creatividad o sentido común todavía necesitan a los humanos.
- El valor de la inteligencia, la sabiduría y el juicio humanos no ha disminuido.

Comprender estas limitaciones nos ayuda a usar la IA de manera adecuada, aprovechando sus fortalezas mientras compensamos sus debilidades con capacidades humanas. También nos ayuda a apreciar lo que hace especial e irremplazable a la inteligencia humana.

A medida que la IA siga avanzando, algunas limitaciones podrían ser abordadas. Pero las diferencias fundamentales entre el reconocimiento de patrones (por sofisticado que sea) y la comprensión verdadera sugieren que ciertas limitaciones podrían persistir. La pregunta no es si la IA puede hacer cosas impresionantes —claramente puede— sino si el reconocimiento de patrones a gran escala puede dar lugar a una comprensión genuina.

Por ahora, la IA sigue siendo una herramienta poderosa pero limitada, que funciona mejor en combinación con la inteligencia, el juicio y la comprensión humanos. Reconocer estas limitaciones no es pesimista, sino realista, y nos ayuda a construir expectativas apropiadas y usar la IA con sabiduría, manteniendo la supervisión, verificación y juicio humanos que siguen siendo esenciales.

Nueve

Las oportunidades y desafíos de la IA

Comprender ambos lados de la revolución

La IA puede ayudar a los médicos a diagnosticar enfermedades, mejorar la eficiencia en el trabajo y resolver problemas complejos. Pero también plantea preguntas sobre cambios laborales, privacidad, sesgos en la toma de decisiones y cómo verificamos qué es real frente a lo generado por la IA.

La inteligencia artificial no es puramente beneficiosa ni puramente perjudicial: es una tecnología poderosa con oportunidades genuinas para mejorar la vida humana y preocupaciones serias que requieren atención cuidadosa. Comprender ambos lados nos permite maximizar los beneficios de la IA mientras mitigamos sus riesgos. Exploremos las oportunidades que presenta la IA y los desafíos que genera, examinando cómo esta tecnología está transformando la sociedad de maneras complejas.

OPORTUNIDADES: Cómo la IA puede beneficiar a la humanidad

Salud: salvando vidas y mejorando el diagnóstico

Una de las aplicaciones más prometedoras de la IA está en el ámbito de la salud, donde ya está demostrando un claro potencial para salvar vidas.

Análisis de imágenes médicas:

Los sistemas de IA pueden analizar radiografías, resonancias magnéticas, tomografías computarizadas y otras imágenes médicas con una precisión notable. Estos sistemas han sido entrenados con millones de imágenes médicas y pueden detectar patrones que incluso radiólogos experimentados podrían pasar por alto.

Por ejemplo, la IA puede identificar cáncer de pulmón en etapa temprana en radiografías de tórax, detectando a veces tumores tan pequeños que los médicos los pasan por alto. Los estudios han demostrado que la IA puede igualar o superar el rendimiento de los radiólogos humanos en la detección de ciertas afecciones.

Por qué esto importa: La detección temprana mejora drásticamente las tasas de éxito del tratamiento. Si la IA ayuda a detectar el cáncer u otras enfermedades antes, puede salvar vidas directamente. En sistemas de salud que enfrentan escasez de radiólogos, la IA puede ayudar a procesar la acumulación de estudios pendientes de revisión.

Asistencia diagnóstica:

Los sistemas de IA pueden ayudar a los médicos a diagnosticar enfermedades analizando los síntomas del paciente, su historial médico, los resultados de pruebas y comparándolos con vastas bases de datos de conocimiento médico. IBM Watson Health y sistemas similares pueden sugerir posibles diagnósticos e investigaciones relevantes que los médicos quizá no hayan considerado.

Estos sistemas no reemplazan el criterio médico, sino que lo potencian, proporcionando una «segunda opinión» que considera más datos y literatura médica de los que cualquier ser humano podría manejar. Son especialmente valiosos para enfermedades raras, donde un médico individual podría ver solo unos pocos casos a lo largo de toda su carrera.

Descubrimiento de fármacos:

Tradicionalmente, desarrollar nuevos medicamentos puede llevar entre 10 y 15 años y cuesta miles de millones de dólares. Gran parte de ese tiempo se dedica a probar millones de compuestos moleculares potenciales para encontrar aquellos que podrían ser eficaces.

La IA puede acelerar drásticamente este proceso al predecir qué estructuras moleculares tienen probabilidades de ser eficaces contra enfermedades específicas, reduciendo el espacio de búsqueda de millones de posibilidades a miles de candidatos prometedores. Esto no elimina las pruebas, pero las hace mucho más eficientes.

Durante la pandemia de COVID-19, la IA ayudó a identificar medicamentos existentes que podrían reutilizarse para el tratamiento y aceleró el desarrollo de vacunas al predecir estructuras e interacciones proteicas.

Medicina personalizada:

La IA puede analizar las características individuales del paciente —perfil genético, historial médico, factores de estilo de vida— para recomendar tratamientos personalizados. Lo que funciona para un paciente puede no funcionar para otro con la misma enfermedad, y la IA puede ayudar a identificar qué tratamientos tienen más probabilidades de ser eficaces para cada persona.

Esta personalización puede mejorar los resultados y reducir los efectos secundarios al evitar tratamientos que no funcionen para determinados individuos.

Monitoreo remoto:

Los dispositivos portátiles y las aplicaciones de teléfono inteligente con IA pueden monitorear continuamente indicadores de salud —frecuencia cardíaca, niveles de actividad, patrones de sueño, glucosa en sangre— y alertar a pacientes y médicos sobre cambios preocupantes antes de que se conviertan en emergencias.

Para enfermedades crónicas como la diabetes o las enfermedades cardíacas, este monitoreo continuo puede prevenir complicaciones y ayudar a los pacientes a gestionar su salud de manera más eficaz.

Resumen de oportunidades en salud:

La IA en el sector salud representa una oportunidad para:

- Detectar enfermedades antes, cuando son más tratables
- Reducir errores diagnósticos
- Hacer que el análisis de nivel experto esté disponible en zonas desatendidas
- Acelerar la investigación médica y el desarrollo de fármacos
- Personalizar el tratamiento para cada paciente
- Monitorear la salud de forma continua, no solo durante las visitas al médico

Estas capacidades podrían prolongar vidas, mejorar la calidad de vida y hacer que la atención médica sea más accesible y eficaz.

Eficiencia laboral: hacer más con menos esfuerzo

La IA puede encargarse de tareas rutinarias y repetitivas, liberando a las personas para que se concentren en trabajos que requieren creatividad, criterio y conexión humana.

Automatización de tareas tediosas:

Piensa en las tareas que consumen una enorme cantidad de tiempo, pero no requieren mucha creatividad:

- Ingreso y organización de datos
- Programar reuniones buscando horarios que funcionen para todos
- Clasificar y priorizar correos electrónicos
- Generar informes rutinarios
- Transcribir reuniones y entrevistas
- Crear borradores iniciales de documentos estándar

La IA puede realizar estas tareas más rápido y con mayor precisión que las personas, liberando tiempo para tareas de mayor valor. Un profesional de marketing podría dedicar el 20 % de su tiempo a tareas administrativas y el 80 % a la estrategia creativa; la IA podría invertir esta proporción, encargándose de las tareas administrativas para que esa persona se concentre en la estrategia.

Potenciación de las capacidades humanas:

En lugar de reemplazar a los trabajadores, la IA a menudo potencia sus capacidades:

Un escritor que utiliza IA puede:

- Generar esquemas para superar el bloqueo creativo
- Obtener sugerencias para mejorar la claridad
- Revisar gramática y estilo al instante
- Investigar temas de manera más eficiente

Un diseñador que usa IA puede:

- Generar múltiples variaciones de diseño rápidamente
- Eliminar fondos de imágenes automáticamente
- Crear maquetas iniciales para refinar
- Probar diferentes esquemas de color de forma ágil

Un programador que usa IA puede:

- Escribir código repetitivo automáticamente
- Depurar problemas con mayor rapidez
- Obtener sugerencias de enfoques más adecuados
- Documentar código automáticamente

En cada caso, el ser humano mantiene el control, tomando decisiones creativas y ejerciendo su criterio, mientras la IA gestiona los aspectos rutinarios.

Aceleración de la investigación:

Los científicos e investigadores usan la IA para:

- Analizar conjuntos de datos masivos demasiado grandes para el análisis manual
- Identificar patrones en datos experimentales
- Buscar entre millones de artículos científicos para encontrar estudios relevantes
- Generar hipótesis para poner a prueba
- Simular sistemas complejos

Esta aceleración puede impulsar el descubrimiento científico en campos que van desde la ciencia climática hasta la ingeniería de materiales y las ciencias sociales.

Mejora del servicio al cliente:

Los chatbots con IA gestionan consultas rutinarias de servicio al cliente las 24 horas del día, los 7 días de la semana, proporcionando respuestas instantáneas a preguntas comunes. Esto libera a los representantes humanos de servicio al cliente para atender problemas complejos que requieren empatía, criterio y resolución de problemas de forma creativa.

El resultado: los clientes reciben un servicio más rápido para asuntos sencillos, y los representantes humanos se ocupan de un trabajo más interesante y significativo en lugar de responder repetidamente las mismas preguntas básicas.

Resumen de oportunidades en eficiencia:

La capacidad de la IA para encargarse de tareas rutinarias crea oportunidades para:

- Reducir el tiempo dedicado a tareas tediosas
- Enfocar el esfuerzo humano en trabajo creativo y estratégico
- Lograr más con los mismos recursos

- Hacer que la experiencia profesional sea más accesible y escalable
- Acelerar la investigación y la innovación
- Mejorar los tiempos de respuesta y la disponibilidad

Esta eficiencia no necesariamente significa menos empleos, sino empleos diferentes, potencialmente más satisfactorios y centrados en capacidades exclusivamente humanas.

Resolución de problemas complejos

Algunos problemas son tan complejos que el análisis humano por sí solo difícilmente pueda resolverlos. La IA puede ayudar a enfrentar estos desafíos.

Ciencia climática y medioambiental:

Los sistemas climáticos implican innumerables variables que interactúan entre sí —temperaturas oceánicas, condiciones atmosféricas, radiación solar, patrones de vegetación y más—. La IA puede:

- Procesar datos climáticos de miles de sensores en todo el mundo
- Modelar sistemas climáticos con un nivel de detalle sin precedentes
- Predecir eventos climáticos extremos con mayor antelación y precisión
- Optimizar sistemas de energía renovable
- Identificar estrategias eficientes de captura de carbono

Estas capacidades nos ayudan a comprender mejor el cambio climático y a responder ante él.

Tráfico y planificación urbana:

La IA puede optimizar el flujo del tráfico en las ciudades mediante:

- Ajustar la sincronización de los semáforos según el tráfico en tiempo real
- Predecir la congestión y sugerir rutas alternativas
- Planificar los horarios del transporte público basándose en patrones de uso reales
- Simular el impacto de cambios en la infraestructura antes de su implementación

Las ciudades que utilizan IA para la gestión del tráfico han reducido la congestión, acortado los tiempos de desplazamiento y disminuido las emisiones de vehículos en ralentí.

Optimización de la red eléctrica:

Las redes eléctricas deben equilibrar la oferta y la demanda segundo a segundo. La IA puede:

- Predecir patrones de demanda energética
- Optimizar cuándo utilizar diferentes fuentes de energía
- Integrar energías renovables variables (solar, eólica) de manera más eficaz
- Identificar problemas en la red antes de que provoquen cortes
- Reducir el desperdicio de energía

Esto hace que los sistemas energéticos sean más eficientes, fiables y sostenibles.

Optimización agrícola:

La IA ayuda a los agricultores a:

- Monitorear la salud de los cultivos mediante imágenes satelitales y de drones
- Predecir los momentos óptimos de siembra y cosecha
- Aplicar agua y fertilizantes de forma precisa donde se necesita, en lugar de hacerlo de manera uniforme
- Detectar plagas de forma temprana

- Predecir rendimientos

La agricultura de precisión con IA puede aumentar la producción de alimentos y al mismo tiempo reducir el consumo de agua, la escorrentía de productos químicos y el impacto ambiental.

Descubrimiento científico:

La IA ha contribuido a avances en diversas ciencias:

- Predicción de estructuras proteicas (AlphaFold), acelerando la investigación biológica
- Descubrimiento de nuevos materiales con propiedades deseadas
- Identificación de asteroides potenciales que podrían amenazar la Tierra
- Análisis de datos de física de partículas para descubrir nuevas partículas
- Identificación de patrones en datos genéticos vinculados a enfermedades

Estos descubrimientos hacen avanzar el conocimiento humano y resuelven problemas que antes parecían intratables.

Resumen de oportunidades en resolución de problemas complejos:

La capacidad de la IA para procesar grandes volúmenes de datos e identificar patrones sutiles crea oportunidades para:

- Abordar el cambio climático de manera más eficaz
- Mejorar la infraestructura y los sistemas urbanos
- Avanzar en la comprensión científica
- Aumentar la producción de alimentos de forma sostenible
- Optimizar los sistemas energéticos
- Enfrentar problemas demasiado complejos para el análisis humano por sí solo

Estas aplicaciones pueden mejorar la calidad de vida a nivel global y abordar desafíos existenciales que enfrenta la humanidad.

Accesibilidad y democratización

La IA puede hacer que capacidades que antes solo estaban disponibles para expertos sean accesibles para todos.

Traducción de idiomas:

La IA de traducción en tiempo real elimina las barreras lingüísticas, permitiendo:

- La comunicación entre personas que hablan diferentes idiomas
- El acceso a información en cualquier idioma
- Los negocios y la colaboración internacional
- Que los viajeros se desenvuelvan en países extranjeros de forma independiente

Esto democratiza la comunicación, haciendo que el mundo esté más conectado.

Educación:

Los sistemas de tutoría con IA pueden:

- Ofrecer instrucción personalizada adaptada al ritmo de cada estudiante
- Brindar educación en zonas donde faltan docentes cualificados
- Hacer que el aprendizaje sea accesible las 24 horas del día, los 7 días de la semana, sin tutores costosos
- Explicar conceptos de múltiples maneras hasta que el estudiante los comprenda
- Proporcionar ejercicios prácticos con niveles de dificultad apropiados

Esto hace que la educación de calidad sea más accesible independientemente de la ubicación o de las circunstancias económicas.

Herramientas profesionales:

La IA pone herramientas de nivel profesional en manos de todos:

- Edición de fotos y video que antes requería habilidades de experto
- Capacidades de diseño gráfico
- Asistencia y corrección de textos
- Herramientas de composición musical
- Generación de documentos legales para necesidades comunes

Habilidades que antes requerían años de formación o costosos servicios profesionales ahora son accesibles para cualquiera.

Tecnología asistiva:

La IA ayuda a las personas con discapacidades:

- Lectores de pantalla que describen imágenes a usuarios con discapacidad visual
- Subtitulado en tiempo real para personas sordas o con dificultades auditivas
- Texto predictivo que ayuda a personas con dificultades motoras a escribir más rápido
- Control por voz para quienes no pueden usar interfaces tradicionales
- IA que puede detectar caídas o emergencias médicas y pedir ayuda

Estas tecnologías aumentan la independencia y la calidad de vida.

PREOCUPACIONES: Lo que debe preocuparnos

Si bien las oportunidades son significativas, la IA también plantea preocupaciones legítimas que requieren atención.

Desplazamiento laboral e impacto económico

Quizás la preocupación más extendida sea el impacto de la IA en el empleo.

¿Qué empleos están en riesgo?

La IA amenaza empleos que implican tareas rutinarias y predecibles:

- Ingreso y procesamiento de datos
- Contabilidad y teneduría de libros básica
- Atención al cliente para consultas sencillas
- Preparación rutinaria de documentos legales
- Redacción básica y generación de contenido
- Conducción (a medida que se desarrollan los vehículos autónomos)
- Manufactura y trabajo en almacenes
- Algunos aspectos de la radiología y la patología
- Traducción y transcripción

Los estudios sugieren que entre el 30 y el 40 % de las tareas laborales actuales podrían ser automatizadas por la IA, aunque la eliminación total de empleos es menos común; por lo general, la IA automatiza parte de un trabajo, no el trabajo entero.

El patrón histórico:

La tecnología ha transformado el empleo a lo largo de la historia. La Revolución Industrial eliminó muchos trabajos agrícolas y artesanales, pero creó empleos en fábricas. Las computadoras eliminaron los departamentos de mecanografía y muchos puestos administrativos, pero crearon empleos en el sector de tecnologías de la información.

El patrón es claro: la tecnología destruye algunos empleos y crea otros, pero la transición suele ser dolorosa para los trabajadores desplazados, y los nuevos empleos pueden requerir habilidades diferentes a las que requerían los anteriores.

Por qué esta vez podría ser diferente:

Algunos economistas argumentan que la IA podría ser diferente porque:

- Afecta el trabajo cognitivo, no solo al trabajo físico
- El ritmo de cambio es más rápido que en disrupciones anteriores
- La IA podría llegar a manejar muchas tareas que actualmente requieren inteligencia humana
- Los nuevos empleos también podrían ser automatizables por la IA

Otros sostienen que nos adaptaremos como siempre, generando nuevas oportunidades laborales a medida que la IA se encargue de las tareas rutinarias.

La verdadera preocupación:

Incluso si el número total de empleos no disminuye, la transición es dolorosa. Un camionero de 50 años desplazado por vehículos autónomos no puede reconvertirse fácilmente en ciencia de datos. Las comunidades construidas en torno a industrias específicas enfrentan disrupciones cuando la IA transforma esas industrias.

La preocupación no se limita a las tasas de desempleo: se trata de la dignidad humana, la estabilidad de las comunidades y de si los beneficios económicos de la IA se comparten de forma equitativa o se concentran entre quienes controlan la IA.

Posibles respuestas:

Abordar esta preocupación requiere:

- Programas de reconversión laboral para ayudar a los trabajadores a adaptarse
- Sistemas educativos que preparen a los estudiantes para un mundo con IA
- Sistemas de protección social para los trabajadores desplazados
- Políticas que distribuyan los beneficios de la IA de manera amplia
- Énfasis en empleos que destaquen habilidades exclusivamente humanas (creatividad, empatía, criterio)

Privacidad y vigilancia

Las capacidades de la IA hacen posible una vigilancia y recopilación de datos sin precedentes, lo que plantea serias preocupaciones en materia de privacidad.

Cómo la IA amenaza la privacidad:

Reconocimiento facial extendido: La IA puede identificar a personas en fotos y videos de forma instantánea. Los gobiernos y las empresas podrían rastrear los movimientos de las personas a través de redes de cámaras, sabiendo adónde te diriges, con quién te reúnes y qué haces.

El sistema de crédito social de China utiliza esta tecnología de manera extensiva. Ciudades de todo el mundo están desplegando reconocimiento facial, a menudo sin reglas claras sobre cómo se usan o almacenan los datos.

Rastreo del comportamiento: La IA analiza tu comportamiento en línea —en qué haces clic, cuánto tiempo te dedicas a leer un artículo, qué compras, con quién te comunicas— y construye perfiles detallados de tus intereses, creencias y hábitos.

Estos perfiles pueden utilizarse para publicidad dirigida, pero también para manipulación, discriminación o control.

Agregación de datos: La IA puede combinar datos de múltiples fuentes —tus redes sociales, historial de compras, datos de ubicación, historial de navegación, información de salud— para inferir información que nunca compartiste explícitamente, como las opiniones políticas, orientación sexual, condiciones de salud o situación financiera.

Inferencia a partir de datos públicos: Incluso si eres cuidadoso con tu privacidad, la IA puede inferir información sobre ti a partir de datos públicos: las publicaciones en redes sociales de tus amigos (que podrían etiquetarte o mencionarte), registros públicos, perfiles profesionales y más.

Análisis de voz y comunicaciones: La IA puede analizar llamadas de voz para detectar emociones, estrés o engaño. Puede escanear correos electrónicos y mensajes en busca de palabras clave. Esto permite una vigilancia a una escala previamente imposible.

El efecto disuasorio:

Cuando las personas saben que están siendo constantemente monitoreadas y analizadas, su comportamiento cambia. Podrían evitar ciertas búsquedas, conversaciones o asociaciones por temor a ser juzgadas o enfrentar consecuencias. Esta autocensura socava la libertad incluso cuando no existen restricciones explícitas.

¿Quién tiene este poder?

Las preocupaciones sobre la privacidad involucran tanto a gobiernos como a empresas privadas. Los gobiernos podrían usar la IA para el control social. Las empresas podrían usarla con fines de lucro, incluyendo la posible venta de acceso a tus datos o utilizándolos de formas que no anticipaste cuando aceptaste los términos de servicio.

Resumen de las preocupaciones sobre privacidad:

La IA permite la vigilancia y el análisis de datos a una escala sin precedentes, amenazando:

- La privacidad personal y la autonomía
- La libertad frente a la vigilancia constante

- El control sobre tu propia información
- La protección contra la manipulación basada en perfiles personales detallados

Abordar esto requiere regulaciones de privacidad sólidas, transparencia sobre la recopilación de datos y límites al uso de la IA para vigilancia.

Sesgo y equidad en la toma de decisiones

Los sistemas de IA pueden perpetuar o amplificar los sesgos humanos, generando resultados injustos.

Cómo se introduce el sesgo en los sistemas de IA:

Los datos de entrenamiento reflejan sesgos históricos: La IA aprende de datos generados por humanos, que reflejan sesgos humanos. Los datos históricos de préstamos podrían mostrar que los bancos aprobaron menos créditos a ciertos grupos demográficos, no porque esos grupos fueran menos solventes, sino debido a la discriminación. Una IA entrenada con estos datos aprende patrones discriminatorios.

Sesgo de medición: Si se usan registros de arrestos para entrenar una IA de predicción del delito y ciertos barrios son vigilados con mayor intensidad, los datos mostrarán tasas de criminalidad más elevadas en esas zonas, incluso si las tasas reales de delincuencia son similares en otros lugares. La IA aprende a dirigirse a áreas ya sobrevigiladas, perpetuando el problema.

Sesgo de representación: Si los datos de entrenamiento no incluyen ejemplos diversos, la IA rinde peor con los grupos subrepresentados. El reconocimiento facial entrenado principalmente con rostros blancos tiene peor desempeño con personas de color. El reconocimiento de voz entrenado con el acento estadounidense estándar tiene dificultades con otros acentos.

Sesgo de los diseñadores: Las personas que diseñan los sistemas de IA —desproporcionadamente hombres, blancos y de países ricos— pueden no advertir cómo sus sistemas afectan a diferentes comunidades, incorporando sesgos de manera inadvertida.

Ejemplos del mundo real:

IA en procesos de contratación: Amazon desarrolló una herramienta de reclutamiento con IA que penalizaba los currículos que contenían la palabra «women's» (como en «women's chess club», es decir, «club de ajedrez femenino»), porque aprendió de datos históricos de contratación en los que los hombres eran contratados con más frecuencia para roles técnicos. El sistema aprendió a preferir candidatos masculinos.

Justicia penal: Diversos estudios han demostrado que las herramientas de evaluación de riesgo utilizadas en sentencias y decisiones de libertad condicional etiquetan incorrectamente a acusados negros como de mayor riesgo que a acusados blancos con antecedentes similares, probablemente debido a datos históricos sesgados.

Préstamos: Los sistemas de IA que determinan la solvencia crediticia en ocasiones han rechazado solicitudes de préstamos a solicitantes cualificados de comunidades minoritarias a tasas más altas, posiblemente porque aprendieron de patrones de préstamo históricamente discriminatorios.

Salud: Una IA utilizada para identificar pacientes que necesitaban atención médica adicional derivó sistemáticamente a menos pacientes negros que a pacientes blancos igualmente enfermos, porque utilizaba el gasto sanitario como indicador de las necesidades de salud. Sin embargo, los pacientes negros históricamente habían recibido menos atención y, por tanto, tenían un gasto menor, incluso estando igual de enfermos.

Por qué el sesgo es especialmente preocupante en la IA:

- **Escala:** Las decisiones sesgadas de un ser humano afectan a individuos; las de una IA sesgada afectan a millones
- **Opacidad:** A menudo no queda claro por qué la IA tomó una decisión determinada, lo que dificulta detectar el sesgo

- **Autoridad:** Las decisiones de la IA suelen tratarse como objetivas e incuestionables
- **Automatización:** Los resultados sesgados ocurren sin revisión ni rendición de cuentas por parte de seres humanos
- **Persistencia:** Una vez que el sesgo está integrado en un sistema desplegado, sigue afectando a las personas hasta que el sistema se corrige

Resumen de los problemas de equidad:

La IA puede codificar y amplificar los sesgos humanos, lo que conduce a:

- Resultados discriminatorios en contratación, préstamos, justicia penal y atención sanitaria
- Perpetuación de desigualdades históricas
- Perjuicio a comunidades ya marginadas
- Decisiones que parecen objetivas pero que en realidad están sesgadas

Para abordar esto se necesita:

- Equipos diversos construyendo la IA
- Auditorías rigurosas para detectar sesgos
- Datos de entrenamiento diversos y representativos
- Transparencia sobre cómo la IA toma decisiones
- Rendición de cuentas cuando la IA causa daño

Desinformación y verificación de la verdad

La capacidad de la IA para generar contenido realista amenaza nuestra capacidad de distinguir la verdad de la falsedad.

El problema de los deepfakes:

La IA puede crear:

- **Videos falsos** de personas diciendo cosas que nunca dijeron ("deepfakes")
- **Audios falsos** con la voz de una persona diciendo cualquier cosa
- **Imágenes falsas** de eventos que nunca ocurrieron
- **Documentos falsos** que parecen auténticos

A medida que esta tecnología mejora, distinguir lo real de lo falso se vuelve cada vez más difícil.

Consecuencias políticas y sociales:

Interferencia electoral: Imagina un video falso de un candidato político diciendo algo ofensivo, publicado días antes de una elección. Incluso si se desmiente rápidamente, millones podrían verlo y creerlo, lo que podría influir en los resultados electorales.

Erosión de la confianza: Cuando cualquiera puede falsificar cualquier cosa, la gente podría dejar de creer en las pruebas reales. Un político podría desestimar grabaciones genuinamente escandalosas como "deepfakes", y sus seguidores podrían creerle. La verdad pasa a depender de lo que cada uno quiera creer.

Ataques personales: Actores maliciosos podrían crear imágenes o videos falsos comprometedores de cualquier persona —políticos, activistas, ciudadanos comunes— para acosar, chantajear o destruir reputaciones.

Revisión histórica: Imágenes o documentos históricos falsos podrían enturbiar nuestra comprensión del pasado, haciendo que la historia parezca incierta y cuestionable.

Inundación de contenido sintético:

La IA puede generar contenido con tal rapidez que podría inundar las redes sociales, secciones de comentarios y foros digitales con:

- Reseñas de productos falsas
- Artículos de noticias falsos
- Cuentas falsas en redes sociales publicando propaganda
- Movimientos de base falsos (en realidad generados por IA)

Esta "contaminación informativa" dificulta enormemente encontrar información genuina.

Estafas sofisticadas:

La IA permite estafas más convincentes:

- Correos electrónicos que imitan a la perfección el estilo de escritura de alguien
- Llamadas de voz que suenan exactamente como un familiar diciendo que necesita dinero de emergencia
- Sitios web y documentos falsos que parecen completamente legítimos
- Ataques de phishing personalizados basados en el análisis que realiza la IA de tus redes sociales

Desafíos para el periodismo:

Los periodistas enfrentan una dificultad creciente para verificar la información cuando:

- Las imágenes y los videos pueden ser completamente fabricados
- Los documentos pueden falsificarse a la perfección
- Las fuentes podrían ser perfiles falsos generados por IA
- Las afirmaciones pueden respaldarse con pruebas falsas, pero convincentes

Resumen de los desafíos de verificación:

El contenido generado por IA amenaza:

- Nuestra capacidad para verificar la verdad
- •La confianza en los medios y en las pruebas
- •Los procesos democráticos
- •La reputación y la seguridad personal
- •La comprensión compartida de la realidad

Para abordar esto se necesita:

- Tecnología para detectar contenido generado por IA
- Firmas digitales y sistemas de autenticación
- Educación en alfabetización mediática
- Plataformas que asuman responsabilidad sobre el contenido sintético
- Consecuencias legales para la creación malintencionada de contenido falso

Concentración del poder

La IA podría concentrar el poder en menos manos, lo que suscita preocupaciones sobre el control corporativo y gubernamental.

Quién controla la IA:

Desarrollar IA de vanguardia requiere:

- Enormes recursos computacionales (millones de dólares en hardware)
- Cantidades masivas de datos
- Conocimiento especializado
- Recursos financieros significativos para investigación y desarrollo

Solo las grandes empresas tecnológicas y las organizaciones bien financiadas pueden costearlo, lo que crea una concentración de capacidades de IA en unas pocas entidades: Google, Microsoft, Meta, OpenAI, Amazon y algunas otras, además de organizaciones gubernamentales.

El desequilibrio de poder:

Estas organizaciones controlan sistemas de IA de los que dependen millones de personas en todo el mundo, pero los usuarios tienen poca capacidad de influencia sobre su funcionamiento. Las empresas deciden:

- Con qué datos entrenar
- Qué valores incorporar en el sistema
- Qué hará y qué no hará la IA
- Quién obtiene acceso y en qué condiciones
- Cómo la IA influye en la información que reciben las personas

Esto otorga un poder enorme a un pequeño número de ejecutivos tecnológicos.

Concentración económica:

La IA podría acelerar la concentración de la riqueza. Las empresas con la mejor IA pueden:

- Operar de manera más eficiente que sus competidores
- Ofrecer mejores servicios
- Atraer más clientes y datos
- Mejorar aún más su IA con esos datos

Esto crea un círculo virtuoso para los ganadores y un círculo vicioso para los perdedores, lo que podría llevar a mercados donde "el ganador se lleva todo", en los que una o dos empresas impulsadas por IA dominan cada sector.

Poder gubernamental:

Los gobiernos con capacidades avanzadas de IA ejercen un poder sin precedentes:

- Vigilancia y control social
- Ventajas militares
- Planificación y control económico
- Gestión de la información y propaganda

Esto podría permitir el autoritarismo a escalas antes imposibles, u otorgar a ciertas naciones ventajas abrumadoras sobre otras.

Resumen de los riesgos de control:

La IA podría concentrar el poder al:

- Colocar capacidades en manos de pocas organizaciones
- Permitir una vigilancia y un control sin precedentes
- Crear dinámicas económicas donde el ganador se lleva todo
- Otorgar una influencia enorme a quienes controlan la IA

Para abordar esto se necesita:

- IA de código abierto para democratizar el acceso
- Regulación que impida el abuso del poder de la IA
- Aplicación de leyes antimonopolio para prevenir monopolios
- Cooperación internacional en gobernanza de la IA
- Participación pública en las decisiones sobre el desarrollo de la IA

Seguridad y militarización

La IA crea nuevos desafíos de seguridad y podría aumentar la peligrosidad de las armas.

Amenazas de ciberseguridad

La IA puede:

- Encontrar vulnerabilidades en el software más rápido que las personas
- Generar ataques de phishing sofisticados y personalizados para cada objetivo
- Automatizar intentos de ataques informáticos a gran escala
- Evadir sistemas de seguridad aprendiendo sus patrones

Esto hace que los ciberataques sean más frecuentes y sofisticados, amenazando la infraestructura crítica, los sistemas financieros y los datos personales.

Armas autónomas

Las armas autónomas basadas en IA que seleccionan y atacan objetivos sin intervención humana generan preocupaciones:

- Excluyen a los seres humanos de las decisiones de vida o muerte
- Reducen las barreras para la violencia (no hay soldados en riesgo)
- Comportamiento impredecible en situaciones complejas
- Carreras armamentísticas en armas autónomas
- Acceso de actores no estatales a armas avanzadas

Muchos investigadores en IA abogan por la prohibición de las armas autónomas, pero su desarrollo sigue avanzando.

Campañas de desinformación

Naciones hostiles podrían usar la IA para:

- Generar propaganda a una escala masiva
- Crear cuentas falsas en redes sociales para sembrar división
- Producir deepfakes de líderes durante crisis

- Manipular la opinión pública de manera sistemática

Amenazas biológicas:

La IA podría ayudar a diseñar armas biológicas o a predecir cómo modificar patógenos peligrosos. Si bien la IA también ayuda a defenderse contra estas amenazas, su naturaleza de doble uso resulta preocupante.

Resumen sobre la preocupación por la seguridad:

La IA crea desafíos de seguridad a través de:

- Capacidades mejoradas de ciberataque
- Armas autónomas
- Guerra de la información sofisticada
- Potencial para amenazas biológicas
- Reducción de las barreras para ataques sofisticados

Para abordar esto se necesita:

- Acuerdos internacionales que limiten las aplicaciones peligrosas
- Investigación sólida en seguridad de la IA
- Divulgación responsable de las capacidades de la IA
- Controles sobre la investigación de IA con doble uso

Equilibrar oportunidades y preocupaciones

La pregunta no es si la IA presenta oportunidades o riesgos —claramente presenta ambas—. El desafío está en maximizar los beneficios y minimizar los daños.

Principios para una IA beneficiosa

Supervisión humana: Mantén la supervisión humana en las decisiones importantes. La IA debe asistir y potenciar el juicio humano, no reemplazarlo por completo, especialmente en situaciones de alto riesgo.

Transparencia: Las personas afectadas por decisiones de IA deberían poder comprender cómo se tomaron esas decisiones. "La IA lo dijo" no es aceptable cuando se trata de decisiones importantes sobre salud, empleo o justicia.

Rendición de cuentas: Cuando la IA causa daño, alguien —los desarrolladores, quienes la implementan o los usuarios— debe asumir responsabilidades. Necesitamos marcos legales que establezcan responsabilidades claras.

Equidad: Los sistemas de IA deben ser auditados periódicamente en busca de sesgos y para asegurar la equidad. Los sistemas que muestren patrones discriminatorios deben corregirse o dejar de utilizarse.

Protección de la privacidad: Límites estrictos en la recopilación y el uso de datos, con consentimiento informado y explícito y la posibilidad de optar por no ser analizado por IA.

Seguridad: Los sistemas de IA deben estar protegidos contra el uso indebido, y las aplicaciones peligrosas deben restringirse.

Desarrollo inclusivo: El desarrollo de la IA debe incluir voces diversas —diferentes géneros, razas, culturas y perspectivas— para detectar problemas que equipos homogéneos podrían no identificar.

Distribución de beneficios: Los beneficios económicos de la IA deben distribuirse ampliamente en lugar de concentrarse en unos pocos. Esto podría requerir nuevas políticas, regulaciones o estructuras económicas.

El papel de la regulación

Una regulación adecuada puede maximizar los beneficios y minimizar los daños:

Ámbitos a regular:

- Aplicaciones de alto riesgo (justicia penal, salud, contratación) que requieran supervisión humana y auditorías de equidad
- Protecciones de privacidad que limiten la recopilación y el uso de datos
- Requisitos de transparencia en la toma de decisiones de la IA
- Restricciones a la tecnología de vigilancia
- Normas contra deepfakes maliciosos y desinformación
- Estándares de seguridad para sistemas autónomos
- Aplicación de leyes antimonopolio para prevenir monopolios

Qué no regular en exceso:

- Investigación y desarrollo beneficiosos
- Aplicaciones con bajo riesgo de daño
- Desarrollo de IA de código abierto que democratice el acceso
- Innovación que crea oportunidades

El objetivo es una regulación inteligente que prevenga daños sin sofocar la innovación beneficiosa.

Responsabilidad individual

Las personas también tienen un papel que desempeñar para asegurar que la IA beneficie a la sociedad en su conjunto:

- **Mantente informado:** Comprende las capacidades y limitaciones de la IA. Sé consciente de cuándo interactúas con una IA.
- **Verifica la información:** No confíes en el contenido generado por IA sin verificarlo. Sé escéptico con la información que encuentras en línea.
- **Protege tu privacidad:** Piensa bien qué datos compartes. Utiliza herramientas de privacidad cuando sea apropiado.

- **Exige rendición de cuentas:** Apoya regulaciones y políticas que responsabilicen a los desarrolladores de IA. Elige productos y servicios de empresas responsables.
- **Proporciona retroalimentación:** Cuando los sistemas de IA se comporten de manera inapropiada, repórtalo. Las empresas a menudo dependen de los informes de los usuarios para identificar problemas.
- **Usa la IA con criterio:** Utiliza las herramientas de IA con propósitos beneficiosos, no dañinos. Considera las implicaciones de tu uso.

Conclusión: Cómo navegar la era de la IA

La IA presenta oportunidades reales para mejorar la atención médica, aumentar la productividad, resolver problemas complejos y poner más capacidades al alcance de todos. Estos beneficios son reales y significativos.

Pero la IA también plantea desafíos legítimos sobre el desplazamiento laboral, la privacidad, los sesgos, la desinformación, la concentración del poder y la seguridad. Estos riesgos también son reales y requieren atención seria.

El futuro no está predeterminado. Que la IA resulte en general beneficiosa o perjudicial depende de las decisiones que tomemos:

- Cómo desarrollamos e implementamos los sistemas de IA
- Qué regulaciones promulgamos
- Cómo distribuimos los beneficios y gestionamos las transformaciones
- Si priorizamos el bienestar humano por encima de las ganancias
- Cómo equilibramos la innovación con la seguridad

Comprender tanto las oportunidades como las preocupaciones nos permite participar de forma informada en estas decisiones cruciales. En lugar de un entusiasmo acrítico o un miedo instintivo, necesitamos un compromiso crítico y reflexivo con las complejidades de la IA.

El objetivo debería ser orientar el desarrollo de la IA para:

- Maximizar los beneficios para la humanidad en general
- Minimizar los daños y riesgos
- Garantizar la equidad y la rendición de cuentas
- Preservar la capacidad de decisión y la dignidad humanas
- Abordar la desigualdad en lugar de agravarla
- Proteger la privacidad y la verdad
- Mantener los valores y el juicio humanos

Esto requiere cooperación entre tecnólogos, legisladores, la sociedad civil y el público en general. Está en juego mucho: la IA moldeará el futuro del trabajo, la salud, la información, la privacidad y las estructuras de poder. Hacerlo bien importa enormemente.

La era de la IA ha llegado. La pregunta ahora es: ¿qué tipo de futuro con IA vamos a crear? ¿Uno que sirva a los mejores intereses de la humanidad, o uno que genere nuevos problemas mientras resuelve los antiguos? La respuesta depende de reconocer tanto las oportunidades como los riesgos, y luego actuar con criterio para maximizar las primeras mientras mitigamos las segundas.

Este es el desafío y la responsabilidad de nuestro tiempo.

Diez
Tú formas parte de la conversación
Por qué tu voz importa para dar forma al futuro de la IA

A medida que la IA se vuelve más común, todos estamos descubriendo juntos cómo usarla de manera responsable, qué reglas tienen sentido y cómo asegurarnos de que beneficie a todos. Tu perspectiva sobre cómo debería funcionar en la sociedad es fundamental.

Cuando la gente piensa en el desarrollo de la inteligencia artificial, a menudo se imagina que ocurre en laboratorios de investigación lejanos, controlados por gigantes tecnológicos y científicos de élite. Asumen que las decisiones sobre la IA las toman expertos alejados de la vida cotidiana, y que las personas comunes no tienen voz ni voto en cómo evoluciona esta poderosa tecnología. Esta suposición es errónea y, además, peligrosamente errónea. La verdad es que todas las personas afectadas por la IA —lo que cada vez incluye a toda la población— tienen un papel legítimo en determinar cómo se desarrolla la IA y cómo la sociedad la utiliza. Tu perspectiva importa, tus preocupaciones son válidas y tu participación en la conversación sobre la IA es bienvenida y necesaria.

Por qué esto no es solo una cuestión técnica

El primer punto crucial que debes entender es que la IA no es simplemente un desafío técnico para que los ingenieros lo resuelvan. Es un desafío social, ético, político y humano que nos afecta a todos.

La IA toca todos los aspectos de la vida

La IA ya influye en:

- Si te contratan para un trabajo
- Qué tasa de interés te ofrecen en un préstamo
- Qué información ves en las redes sociales
- Cómo patrulla la policía tu vecindario
- Qué tratamientos médicos recomiendan los médicos
- Qué oportunidades educativas te ofrecen
- Con quién te emparejan en las aplicaciones de citas
- Qué precio te cobran por los productos
- Si te aprueban una vivienda
- Cómo evalúan los tribunales a los acusados en casos penales

Estas no son cuestiones técnicas: son cuestiones de equidad, justicia, oportunidad y dignidad humana. Las personas afectadas por estos sistemas de IA tienen perspectivas esenciales sobre si están funcionando de forma correcta y equitativa.

La experiencia técnica no es suficiente

Los ingenieros pueden construir sistemas de IA que funcionen técnicamente —que procesen datos, hagan predicciones y generen resultados—. Pero los ingenieros por sí solos no pueden determinar:

- **Qué problemas debería resolver la IA:** ¿Deberíamos priorizar la IA para la salud, las aplicaciones militares, la publicidad, el entretenimiento o las soluciones climáticas? Estos son juicios de valor sobre las prioridades de la sociedad.
- **Qué compensaciones resultan aceptables:** Si la IA mejora la eficiencia, pero elimina empleos, ¿es aceptable? Si mejora la seguridad, pero reduce la privacidad, ¿dónde está el equilibrio correcto? Estas no son preguntas técnicas, sino éticas y políticas.

- **Qué resultados son justos:** ¿Es justo que un sistema de IA sea muy preciso en general, pero tenga un desempeño deficiente con un grupo minoritario? Los ingenieros pueden medir la precisión, pero la "equidad" es una determinación social que varía entre culturas y contextos.
- **Qué riesgos son tolerables:** ¿Cuánto riesgo de que la IA cometa errores en diagnósticos médicos es aceptable? ¿Qué tan autónomos deberían ser los sistemas de armas? Estas son decisiones de la sociedad, no son puramente técnicas.
- **Qué nunca debería hacer la IA:** ¿Debería usarse la IA para la vigilancia masiva? ¿Debería tomar decisiones sobre libertad condicional? ¿Debería manipular las emociones de las personas con fines de lucro? Estos límites éticos deben ser establecidos por la sociedad, no solo por los tecnólogos.

Los ingenieros construyen lo que la sociedad les pide que construyan y operan dentro de las reglas que la sociedad establece. Si la sociedad no participa en esa conversación, los ingenieros construirán según sus propios valores y suposiciones, que pueden no representar los intereses de todos.

La historia muestra el peligro de dejarlo todo en manos de los expertos

La historia ofrece ejemplos aleccionadores de tecnologías desarrolladas principalmente por expertos sin una participación pública suficiente:

Las armas nucleares fueron desarrolladas por físicos que posteriormente lamentaron la falta de un debate social más amplio sobre si debían construirlas y cómo controlarlas. Algunos científicos del Proyecto Manhattan dedicaron el resto de sus vidas a abogar por el control de armamentos, deseando que la sociedad hubiera participado más en las decisiones sobre la tecnología nuclear.

Las plataformas de redes sociales fueron creadas por tecnólogos que optimizaban el "engagement" sin considerar suficientemente los impactos en la salud mental, la democracia o la cohesión social. Solo después de que los daños a la sociedad se hicieron evidentes comenzaron conversaciones más amplias sobre regulación y responsabilidad.

La ingeniería genética avanzó rápidamente en los laboratorios de investigación hasta que la preocupación pública llevó a la Conferencia de Asilomar, donde los científicos acordaron restricciones autoimpuestas y pidieron la participación del público en las decisiones sobre la modificación genética.

En cada uno de estos casos, restringir la conversación a expertos condujo a problemas que una participación social más amplia podría haber evitado o mitigado. La IA es potencialmente más trascendental que cualquiera de estas tecnologías anteriores, lo que hace que la participación pública sea aún más crucial.

Qué significa realmente "ser parte de la conversación"

Cuando decimos que eres parte de la conversación sobre la IA, ¿cómo se traduce eso en la práctica? ¿Cómo participan las personas comunes en la configuración del desarrollo y el uso de la IA?

Compartir tus experiencias e inquietudes

Una de las contribuciones más valiosas que cualquiera puede hacer es simplemente compartir sus experiencias con los sistemas de IA y expresar sus inquietudes sobre cómo se están utilizando.

Tu experiencia personal importa:

Si has experimentado un sistema de IA que se comporta de forma injusta, esa información es valiosa:

- Una IA de filtrado de currículos que parece discriminar
- Un algoritmo de redes sociales que amplifica contenido dañino
- Un chatbot de atención al cliente que no logra ayudarte
- Un sistema de recomendaciones que crea burbujas de filtro

- Un algoritmo de precios que cobra precios diferentes a distintas personas

Reportar estas experiencias ayuda a identificar problemas que los desarrolladores podrían no ver desde su perspectiva. Las empresas tecnológicas a menudo no saben que sus sistemas están fallando hasta que los usuarios se lo hacen saber. Los investigadores que estudian la equidad de la IA dependen de reportes del mundo real sobre resultados discriminatorios.

Tu experiencia no es solo una anécdota: es información sobre cómo funciona realmente la IA en el mundo real, que es diferente de cómo funciona en pruebas controladas. Los problemas que te afectan probablemente afectan a muchas otras personas, y hablar al respecto ayuda a sacar esos problemas a la luz.

Tus inquietudes no se desestiman:

Cuando te preocupa la IA —ya sea por el desplazamiento laboral, la privacidad, la desinformación o cualquier otra cosa— esa preocupación es legítima y vale la pena expresarla. No necesitas experiencia técnica para identificar que algo no funciona correctamente o para preocuparte por el impacto de la IA en tu vida cotidiana.

Históricamente, las preocupaciones del público en torno a la tecnología a menudo han precedido el reconocimiento de los problemas por parte de los expertos. Los padres ya habían expresado preocupaciones sobre el impacto de las redes sociales en la salud mental de los adolescentes mucho antes de que los investigadores confirmaran esos efectos. Los defensores de la privacidad advirtieron sobre los riesgos de vigilancia antes de que las filtraciones de datos se hicieran públicas.

Tus inquietudes ayudan a definir la agenda de investigación de los académicos, lo que abordan los legisladores y lo que priorizan las empresas. Cuando suficientes personas expresan preocupación por un tema, se vuelve imposible ignorarlo.

Participar en debates públicos

La gobernanza de la IA incluye cada vez más consultas públicas: oportunidades para que cualquiera participe en la configuración de las reglas y las normas.

Períodos de comentarios públicos:

Las agencias gubernamentales que desarrollan regulaciones de IA generalmente tienen períodos de comentarios públicos durante los cuales cualquier persona puede presentar su opinión. En Estados Unidos, la Comisión Federal de Comercio, la Comisión Federal de Comunicaciones y otras agencias solicitan comentarios públicos sobre normas relacionadas con la IA.

Estos procesos no están destinados únicamente a expertos. Los comentarios de personas comunes afectadas por la IA tienen peso. La perspectiva de un docente sobre la IA en la educación, la perspectiva de un paciente sobre la IA en la atención médica, o la perspectiva de un trabajador sobre la IA en los procesos de contratación, todas aportan un contexto esencial para los reguladores.

La mayoría de las personas no participa en estos procesos, lo que hace que los comentarios provengan de manera desproporcionada de empresas tecnológicas y grupos de defensa. Una participación más amplia daría lugar a aportes más equilibrados.

Asambleas ciudadanas y foros públicos:

Muchas ciudades, universidades y organizaciones organizan debates públicos sobre la IA. Estos foros brindan oportunidades para:

- Conocer los avances en IA
- Hacer preguntas a los expertos
- Compartir perspectivas e inquietudes
- Discutir temas locales relacionados con la IA
- Influir en las decisiones comunitarias sobre el uso de la IA

Asistir y participar en estos foros te convierte en un participante activo de la conversación de una manera directa y tangible.

Debates en línea:

Las redes sociales, las secciones de comentarios, los foros y las comunidades en línea ofrecen espacios para debatir sobre la IA. Aunque pueden ser caóticos, también moldean la opinión pública y a veces influyen directamente en quienes toman las decisiones que siguen la opinión pública.

Participar en forma reflexiva en los debates en línea —compartir información, hacer preguntas, plantear inquietudes, cuestionar suposiciones— contribuye a la conversación más amplia sobre la IA.

Voto y participación política

La IA es cada vez más un tema político, y la participación política es una forma poderosa de moldear el papel de la IA en la sociedad.

La IA como tema político:

Los políticos están comenzando a proponer políticas sobre IA:

- Regulaciones sobre el uso de la IA en contrataciones, préstamos y justicia penal
- Protecciones de privacidad que limiten la vigilancia por IA
- Requisitos de transparencia en la toma de decisiones por IA
- Restricciones sobre aplicaciones específicas de IA
- Financiamiento para investigación y desarrollo de IA
- Programas de educación y reconversión laboral para trabajadores afectados por la IA

La manera en que los políticos abordan estos temas depende en parte de lo que los ciudadanos comunican como prioridades. Si los votantes dejan claro que les importan los temas de IA, los políticos responden.

Contactar a tus representantes electos:

Contactar a los funcionarios electos —a través de llamadas, correos electrónicos, cartas o reuniones— sobre inquietudes relacionadas con la IA es una participación directa en la gobernanza democrática. Cuando los representantes escuchan repetidamente sobre un tema de boca de sus electores, pasa a ocupar un lugar prioritario.

No necesitas proponer soluciones de política específicas. Simplemente comunicar tus inquietudes y prioridades ayuda: "Me preocupa la vigilancia con IA en nuestra comunidad", "Me preocupa que la IA reemplace empleos sin apoyo para los trabajadores", "Quiero protecciones de privacidad más fuertes contra la recopilación de datos por IA".

Votar según las posturas sobre la IA:

A medida que la IA se vuelve más relevante políticamente, las posturas de los políticos sobre temas de IA pueden convertirse en un factor al momento de votar. Apoyar a candidatos con enfoques reflexivos y responsables hacia la gobernanza de la IA ayuda a moldear las políticas públicas.

Política local:

La gobernanza de la IA no es solo un asunto nacional. Las decisiones locales también importan:

- ¿Debería tu ciudad usar reconocimiento facial en espacios públicos?
- ¿Debería tu distrito escolar permitir herramientas de escritura con IA?
- ¿Debería tu policía local usar algoritmos de vigilancia predictiva?
- ¿Deberían los servicios municipales usar IA para tomar decisiones sobre los residentes?

Estos temas locales a menudo permiten una participación más directa a través de reuniones del concejo municipal, juntas escolares y foros comunitarios.

Decisiones de consumo e influencia en el mercado

La forma en que eliges usar (o no usar) productos y servicios basados en IA influye en cómo las empresas desarrollan e implementan la IA.

Elegir empresas responsables:

Las empresas compiten por los clientes, y las preferencias de los consumidores influyen en el comportamiento de las empresas. Si los consumidores prefieren empresas que:

- Usan la IA de manera responsable y transparente
- Protegen la privacidad de los usuarios
- Evitan prácticas manipuladoras de IA
- Prueban y mitigan los sesgos de la IA
- Tratan a los trabajadores de manera justa a pesar de la automatización con IA

Entonces las empresas tienen incentivos para actuar en consecuencia. Las decisiones de los consumidores no resolverán todos los problemas, pero crean presión de mercado a favor de un desarrollo responsable de la IA.

Brindar retroalimentación:

Las empresas quieren saber lo que piensan los usuarios. Dar retroalimentación sobre las funcionalidades de IA —qué funciona, qué no, qué te preocupa— influye en el desarrollo de productos. Las empresas rastrean la satisfacción de los usuarios, el uso de funciones y las quejas, y ajustan sus productos con base en esta información.

Cuando muchos usuarios se quejan de una función de IA, las empresas a menudo la modifican. Cuando los usuarios elogian algo, las empresas invierten más en ello. Tu retroalimentación individual puede parecer pequeña, pero cuando se suma a la de muchos otros usuarios, influye en las decisiones corporativas.

Términos de servicio y consentimiento:

Aunque los términos de servicio suelen ser poco prácticos de leer, tomar decisiones informadas sobre lo que aceptas es importante. Si suficientes personas rechazan servicios con prácticas invasivas de IA, las empresas toman nota.

Cada vez más, las regulaciones de privacidad como el RGPD (en Europa) y la CCPA (en California) otorgan a los usuarios derechos para saber cómo se utilizan sus datos y para optar por no participar. Ejercer estos derechos envía la señal de que la privacidad es importante para los usuarios, lo que fomenta prácticas más protectoras.

Defensa en el lugar de trabajo

Para muchas personas, el impacto más directo de la IA se da en el trabajo. La participación en el ámbito laboral moldea la forma en que los empleadores implementan la IA.

Hacer preguntas:

Cuando los empleadores introducen sistemas de IA, los trabajadores pueden y deben preguntar:

- ¿Cómo afectará esta IA a mi trabajo?
- ¿Qué decisiones tomará la IA y qué supervisión existe?
- ¿Cómo se entrenó la IA y se ha probado para detectar sesgos?
- ¿Qué pasa si la IA comete errores?
- ¿Cómo se evaluará el rendimiento: con métricas de IA o con criterio humano?
- ¿Qué reconversión o apoyo laboral está disponible a medida que la IA cambia los requisitos del puesto?

Estas preguntas impulsan a los empleadores a pensar cuidadosamente en la implementación de la IA y a tratar a los trabajadores de manera justa en el proceso.

Negociación colectiva:

En los lugares de trabajo sindicalizados, la implementación de IA puede ser objeto de negociación colectiva. Los sindicatos pueden negociar:

- Límites sobre cómo se usa la IA para vigilancia o evaluación
- Requisitos de supervisión humana sobre las decisiones de la IA
- Protecciones contra la eliminación de empleos impulsada por la IA
- Oportunidades de recapacitación
- Transparencia sobre los sistemas de IA

Incluso en lugares de trabajo no sindicalizados, cuando los trabajadores se organizan para expresar sus inquietudes sobre la IA, esto genera presión a favor de una implementación responsable.

Estándares profesionales:

Las asociaciones profesionales en muchos campos están desarrollando directrices para el uso de la IA. Participar en estas asociaciones y conversaciones ayuda a contribuir a definir los estándares profesionales que influyen en cómo se utiliza la IA en tu campo.

Educación y concientización

Informarte sobre la IA y ayudar a otros a comprenderla es en sí mismo una forma de participación en la conversación.

Aprender sobre la IA:

Comprender los fundamentos de la IA —qué puede y qué no puede hacer, cómo funciona, qué riesgos plantea— permite una participación más informada en discusiones y decisiones. No necesitas convertirte en experto, pero una alfabetización básica es de gran ayuda.

Cada vez hay más recursos disponibles: cursos en línea, artículos, videos, libros y programas de educación comunitaria. A medida que aprendes, estás mejor preparado para contribuir a las conversaciones sobre la IA.

Enseñar a otros:

Compartir lo que aprendes con familiares, amigos, colegas y miembros de tu comunidad multiplica tu impacto. La alfabetización en IA es baja entre la población general, y el aprendizaje entre pares es poderoso.

Explicarle a un padre o una madre cómo funcionan los algoritmos de las redes sociales, conversar con compañeros de trabajo sobre cómo la IA podría afectar tu industria, o ayudar a amigos a entender los problemas de privacidad de la IA genera conciencia y permite una participación más amplia en la conversación.

Alfabetización mediática:

Comprender cómo evaluar críticamente la información sobre la IA — distinguir la exageración de la realidad, reconocer el alarmismo frente a las preocupaciones legítimas e identificar quién se beneficia de determinadas narrativas— te permite participar de manera más efectiva en las discusiones.

Por qué tu perspectiva es especialmente importante

Quizás pienses: "No soy experto, así que ¿por qué importaría mi perspectiva?". Hay varias razones por las que las perspectivas no expertas no solo son valiosas, sino esenciales.

Tú representas el uso y el impacto en el mundo real

Los desarrolladores de IA trabajan en contextos específicos, a menudo en empresas tecnológicas bien financiadas en regiones de alto poder adquisitivo. Es posible que no comprendan cómo la IA afecta a:

- Personas en diferentes circunstancias económicas

- Diferentes comunidades culturales
- Personas con discapacidades
- Adultos mayores menos familiarizados con la tecnología
- Comunidades rurales con necesidades diferentes a las urbanas
- Trabajadores en industrias que enfrentan la automatización
- Estudiantes en escuelas con recursos insuficientes

Tu experiencia vivida proporciona un contexto esencial del que carecen los desarrolladores. Si eres docente, comprendes las realidades del aula que los desarrolladores de herramientas educativas con IA podrían pasar por alto. Si eres dueño de un pequeño negocio, entiendes necesidades diferentes a las de las grandes corporaciones. Si eres una persona mayor, experimentas problemas de accesibilidad tecnológica que los desarrolladores más jóvenes podrían no considerar.

Estas perspectivas no son menos valiosas que la experiencia técnica: son diferentes y complementarias. Un buen desarrollo de IA requiere tanto habilidad técnica como comprensión del contexto real.

Aportas perspectivas éticas y de valores

Los expertos técnicos pueden construir IA para optimizar cualquier objetivo, pero decidir qué objetivos perseguir implica juicios de valor en los que la opinión de todos es relevante.

Diferentes comunidades tienen diferentes valores:

Lo que se considera "justo" varía entre culturas y comunidades. Las culturas individualistas podrían priorizar la oportunidad individual, mientras que las culturas colectivistas podrían priorizar la armonía grupal. Diferentes tradiciones religiosas tienen distintos marcos éticos. Diferentes filosofías políticas conducen a diferentes visiones sobre las concesiones aceptables.

No existe un sistema de valores objetivamente "correcto". En sociedades democráticas y diversas, la IA debería reflejar valores ampliamente compartidos, alcanzados mediante una conversación inclusiva y no solo los valores de los desarrolladores.

Si te afecta, deberías tener voz:

Un principio democrático básico: quienes se ven afectados por las decisiones deberían participar en su toma. Si la IA afecta tu empleo, tu vecindario, tu atención médica, la educación de tus hijos, tienes plena legitimidad para participar en las decisiones sobre cómo se utiliza.

Esto no es solo una cuestión filosófica. La evidencia demuestra que las tecnologías desarrolladas sin la participación de las comunidades afectadas a menudo fracasan o generan daños no intencionados. El diseño participativo —involucrar a los usuarios y las comunidades afectadas en el desarrollo tecnológico— produce mejores resultados.

Podrías notar problemas que otros pasan por alto

Las personas directamente afectadas por los sistemas de IA a menudo detectan problemas que otros no ven.

La experiencia vivida revela casos extremos:

Los desarrolladores prueban los sistemas de IA, pero no pueden anticipar cada escenario del mundo real. Los usuarios se encuentran con casos límite y situaciones inusuales que revelan problemas. El reporte de un sistema de IA que falla en un contexto específico aporta información valiosa.

Tú experimentas el sesgo directamente:

Si un sistema de IA te trata de manera injusta debido a tu raza, género, edad, discapacidad u otros factores, experimentas ese sesgo de primera mano. Aunque los desarrolladores pueden detectar sesgos estadísticamente, nada reemplaza los testimonios de las personas que sufren la discriminación. Muchos sesgos descubiertos en la IA surgieron de usuarios que denunciaron un trato injusto.

Tú comprendes el contexto que los desarrolladores no conocen:

Un sistema de IA puede funcionar técnicamente bien, pero aun así causar problemas en contextos específicos. Un docente sabe que un sistema de IA para calificar podría desalentar la escritura creativa, incluso si evalúa los ensayos con precisión. Un profesional de la salud sabe que un sistema de IA de programación eficiente podría crear dinámicas problemáticas en la atención al paciente. El contexto importa, y las personas que están en esos contextos son expertas en ellos.

Las perspectivas diversas mejoran los resultados

Los grupos homogéneos tienden a tomar peores decisiones que los diversos, especialmente cuando se trata de tecnologías que afectan a poblaciones diversas. Esto está bien documentado en la investigación.

Los puntos ciegos de la homogeneidad:

Cuando la IA es desarrollada principalmente por hombres jóvenes en Silicon Valley, refleja sus perspectivas y deja fuera otras. Esto ha provocado:

- Reconocimiento facial que funciona mal con mujeres y personas de color
- Asistentes de voz que no entienden las voces femeninas tan bien como las masculinas
- Sistemas de IA que no contemplan las discapacidades
- Rastreo de salud que no tiene en cuenta la biología femenina
- Productos que asumen normas culturales occidentales

La participación diversa en las conversaciones sobre IA ayuda a detectar estos puntos ciegos antes de que perjudiquen a las personas.

Innovación a través de la diversidad:

Las diferentes perspectivas no solo permiten detectar problemas, sino que generan mejores ideas. Alguien de un contexto diferente podría imaginar aplicaciones beneficiosas de la IA que otros no considerarían, o proponer soluciones a los desafíos de la IA que no se les ocurrirían a grupos homogéneos.

Los mejores resultados provienen de la diversidad de perspectivas: expertos técnicos, especialistas en ética, personas de las comunidades afectadas, responsables de políticas públicas, trabajadores y consumidores, todos aportando sus puntos de vista.

Lo que estamos descubriendo juntos

La conversación sobre la IA no consiste en revelar respuestas que los expertos ya conocen. Genuinamente estamos descubriendo estas cuestiones juntos, porque muchas preguntas aún no tienen respuestas claras.

Preguntas sin respuestas claras

¿Cuánto desplazamiento laboral es aceptable a cambio de eficiencia?

No existe una respuesta objetivamente correcta. Algunas personas priorizan la eficiencia económica y creen que los trabajadores desplazados encontrarán nuevas oportunidades. Otras priorizan la estabilidad laboral y la preservación comunitaria. Son juicios de valor que la sociedad debe tomar colectivamente.

¿Dónde trazar la línea entre la personalización útil y la segmentación manipuladora?

La IA puede personalizar contenido según los intereses individuales, lo cual es útil para encontrar información relevante, pero potencialmente manipulador cuando se usa para explotar vulnerabilidades o crear adicción. ¿Dónde está la línea? La sociedad aún está tratando de resolverlo.

¿Cómo equilibramos los beneficios de seguridad frente a los costos en privacidad?

La vigilancia con IA puede atrapar delincuentes y prevenir el terrorismo, pero también permite el control autoritario y coarta la libertad. Diferentes sociedades podrían alcanzar diferentes equilibrios basándose en sus valores e historias. No hay una respuesta universal correcta.

¿Qué nivel de transparencia se requiere para las decisiones de la IA?

La transparencia total podría revelar información propietaria o permitir que se manipule el sistema. La opacidad total niega a las personas la comprensión de las decisiones que les afectan. El equilibrio adecuado sigue siendo objeto de debate.

¿Cómo definimos y medimos la equidad?

Los matemáticos han demostrado que diferentes definiciones de equidad algorítmica son mutuamente incompatibles: no se pueden optimizar todas simultáneamente. Elegir qué definición priorizar implica juicios de valor que la sociedad debe tomar.

¿Qué no se le debería permitir hacer nunca a la IA?

Algunas aplicaciones de la IA podrían ser fundamentalmente problemáticas, independientemente de lo bien que se implementen. ¿Debería la IA tomar decisiones médicas de vida o muerte? ¿Deberían existir armas autónomas? ¿Debería la IA manipular las emociones de las personas? Estos límites deben determinarse colectivamente.

Las respuestas dependen de la deliberación democrática

Dado que estas preguntas involucran valores y compensaciones, no solo hechos técnicos, responderlas requiere deliberación democrática: que la sociedad discuta colectivamente las opciones, sopese las compensaciones y tome decisiones que reflejen valores compartidos.

Esta deliberación está ocurriendo ahora en:

- Audiencias gubernamentales y procedimientos regulatorios
- Investigación académica y conferencias
- Comités de ética corporativos y equipos de políticas
- Organizaciones de la sociedad civil y grupos de defensa
- Cobertura mediática y debate público
- Organismos internacionales y organismos de normalización

Pero esta deliberación está incompleta sin una amplia participación pública. Cuando las conversaciones se limitan a élites —políticos, ejecutivos, académicos— se pierden perspectivas esenciales y pueden llegar a conclusiones que no reflejan los valores de la sociedad en su conjunto.

Las normas se están estableciendo ahora

Las normas que rigen el uso de la IA —qué es aceptable, qué no lo es, qué se espera, qué es tabú— se están estableciendo ahora mismo a través de las prácticas y conversaciones actuales.

La desventaja del primer actor:

A menudo, quien actúa primero establece la norma. Si las empresas comienzan a usar la IA de formas invasivas para la privacidad sin resistencia, eso se vuelve la norma. Si los trabajadores no objetan inicialmente la vigilancia invasiva mediante IA, se convierte en práctica estándar. Las normas son más fáciles de establecer que de cambiar después.

Esto hace que la participación actual sea especialmente importante. Las normas que se fijen ahora darán forma al uso de la IA durante años o décadas. Ausentarse de esta conversación significa aceptar normas establecidas por otros.

Cambios abruptos en las normas sociales:

Las normas sociales pueden cambiar de repente cuando suficientes personas comienzan a cuestionarlas. Fumar era algo normalizado y luego se convirtió rápidamente en tabú cuando la opinión pública cambió. Cambios similares podrían producirse con las prácticas de IA: lo que actualmente se acepta podría volverse inaceptable si la opinión pública se vuelve en su contra.

Tu participación al cuestionar las prácticas actuales y abogar por otras mejores contribuye a posibles cambios normativos.

Cómo participar de manera efectiva

Entender que deberías participar es una cosa; saber cómo hacerlo de manera efectiva es otra. Aquí tienes formas prácticas de hacer que tu participación sea significativa.

Empieza desde tu realidad

No necesitas convertirte en un experto en IA ni en activista. Empieza con lo que te resulte accesible:

Observa la IA en tu vida:

Presta atención a dónde interactúas con la IA. Cuando lo hagas, pregúntate:

- ¿Cómo me está afectando esta IA?
- ¿Esto parece justo y beneficioso?
- ¿Qué preocupaciones me genera?
- ¿Quién se beneficia de este sistema de IA?

Esta conciencia es la base para una participación informada.

Conversa con las personas que conoces:

Las conversaciones con familiares, amigos y colegas sobre la IA son valiosas. Estas conversaciones:

- Generan conciencia
- Desarrollan una comprensión colectiva
- Identifican preocupaciones compartidas
- Generan impulso para la acción

Estas conversaciones informales son parte de la deliberación social más amplia sobre la IA.

Involúcrate en los ámbitos que te afectan directamente:

Céntrate en los temas relacionados con la IA en contextos donde te afectan directamente:

- Tu lugar de trabajo
- La escuela de tus hijos
- Tu comunidad
- Tu profesión
- Tus pasatiempos e intereses

No necesitas involucrarte en cada tema de IA; enfocarte en donde tienes intereses directos y experiencia hace que la participación sea más significativa y sostenible.

Fórmate, pero no esperes a ser experto

Aprende continuamente:

Mantente informado sobre los avances en IA a través de:

- Periodismo de calidad que cubra la IA
- Recursos educativos y artículos explicativos
- Documentales sobre IA

- Programas de educación comunitaria
- Cursos en línea (muchos gratuitos)

Pero no necesitas esperar hasta ser un experto para participar. Una comprensión básica es suficiente para una participación significativa.

Consulta fuentes diversas:

Obtén información desde diversas perspectivas:

- Empresas tecnológicas que promueven la IA
- Críticos que plantean preocupaciones sobre la IA
- Investigadores que estudian los impactos de la IA
- Periodistas que investigan temas de IA
- Organizaciones de la sociedad civil que abogan por una IA responsable

Esta diversidad de fuentes te ayuda a formarte una visión más matizada.

Céntrate en preguntas e inquietudes, no en soluciones

No necesitas proponer soluciones políticas detalladas para participar de manera significativa. Plantear preguntas e inquietudes ya es valioso en sí mismo:

Buenas preguntas que puedes plantear:

- "¿Cómo afectará este sistema de IA a las personas en [situación específica]?"
- "¿Se ha evaluado si esta IA tiene sesgos contra [grupo específico]?"
- "¿Qué pasa si esta IA comete un error?"
- "¿Quién se beneficia de esta IA y quién podría resultar perjudicado?"
- "¿Qué transparencia existe sobre cómo esta IA toma decisiones?"

- "¿Qué recursos tienen las personas si la IA las trata injustamente?"

Estas preguntas obligan a quienes toman decisiones a reflexionar con mayor detenimiento sobre el despliegue de la IA.

Inquietudes válidas que puedes expresar:

- "Me preocupan las implicaciones para la privacidad de esta vigilancia con IA."
- "Me preocupa que esta IA pueda perpetuar la discriminación."
- "Me inquieta el desplazamiento laboral en mi sector."
- "Me perturba la desinformación generada por IA."
- "Me incomoda cómo se está utilizando esta IA."

Expresar inquietudes indica qué es importante para las personas y qué requiere atención.

Amplifica las voces de las comunidades más afectadas

A veces, la participación más valiosa consiste en amplificar las voces de otros, especialmente las de las comunidades más afectadas por la IA, pero menos representadas en las conversaciones al respecto.

Escucha a las comunidades marginadas:

Las comunidades que experimentan discriminación a menudo son las primeras en notar los sesgos de la IA. Los trabajadores en empleos susceptibles de automatización entienden los impactos en el empleo. Las poblaciones vulnerables en materia de privacidad reconocen antes que nadie los riesgos de vigilancia.

Escuchar a estas comunidades y elevar sus preocupaciones hace que las conversaciones sean más inclusivas y completas.

Comparte las historias de otras personas:

Si tienes plataformas o redes, compartir las perspectivas de las comunidades afectadas amplía su alcance. Retuitear, republicar o compartir verbalmente las experiencias de otros en conversaciones incorpora voces diversas al debate.

Participa en procesos formales

Cuando surjan oportunidades de participación, participa en los procesos formales que dan forma a cómo se regula y gestiona la IA:

Envía comentarios públicos:

Cuando las agencias gubernamentales solicitan opinión pública sobre regulaciones de IA, envía comentarios compartiendo tu perspectiva. Estas contribuciones se incorporan al registro oficial e influyen en las políticas.

Asiste a reuniones públicas:

Los ayuntamientos, los consejos escolares y otros organismos a veces celebran reuniones sobre el uso de la IA dentro de sus jurisdicciones. Asistir y participar durante los períodos de comentarios públicos influye en las decisiones locales.

Firma peticiones y apoya causas:

Cuando las organizaciones difunden peticiones sobre temas de IA que te importan, firmarlas y compartirlas demuestra la preocupación pública ante los responsables de tomar decisiones.

Participa en encuestas e investigaciones:

Los investigadores que estudian la opinión pública sobre la IA ayudan a orientar las políticas. Participar en encuestas y estudios aporta datos sobre la opinión pública.

Exige rendición de cuentas

Exige rendición de cuentas a las instituciones por su uso de la IA:

Haz preguntas a las instituciones:

- Pregunta a tu empleador cómo se usa la IA en la contratación, la evaluación y la vigilancia laboral
- Pregunta a tu banco cómo la IA afecta las decisiones de préstamo
- Pregunta en la escuela de tus hijos sobre la IA en la educación
- Pregunta a tu gobierno municipal sobre la vigilancia mediante IA
- Pregunta a las empresas cuyos productos utilizas sobre sus prácticas de IA

Estas preguntas generan presión hacia la transparencia y la rendición de cuentas.

Reporta los problemas:

Cuando los sistemas de IA se comporten de manera problemática, repórtalo:

- Presenta quejas ante las agencias correspondientes
- Contacta al servicio de atención al cliente de la empresa
- Informa a organizaciones de protección al consumidor
- Comparte experiencias con periodistas que investigan la IA
- Documenta los problemas para posibles acciones colectivas

Los reportes de problemas permiten identificar cuestiones que requieren atención.

Vota con tu atención y tu apoyo

Apoya a las empresas responsables:

Cuando tengas opciones, apoya a empresas y organizaciones que demuestren un desarrollo y uso responsable de la IA. Las señales del mercado son relevantes, y las empresas responden a las preferencias de sus clientes.

Apoya al periodismo responsable:

El periodismo de calidad que investiga temas de IA y los explica al público es una infraestructura esencial para la participación pública informada. Apoyar ese periodismo (mediante suscripciones, donaciones o compartiéndolo) fortalece esta infraestructura.

Apoya a las organizaciones de defensa:

Las organizaciones que abogan por una IA responsable —como el AI Now Institute, la Electronic Frontier Foundation, la Algorithm Justice League y muchas otras— requieren apoyo público para ser efectivas. Apoyarlas amplifica tu impacto más allá de la participación individual.

Lo que está en juego: por qué esto importa

Algunos podrían preguntarse si la participación individual realmente importa dado el poder de las empresas tecnológicas y los gobiernos. Sí, importa por varias razones.

La acción colectiva cambia los resultados

La acción individual, por sí sola, tiene un impacto limitado, pero la acción colectiva cambia los resultados. Cuando muchas personas expresan sus preocupaciones, participan en consultas, contactan a sus representantes y toman decisiones de mercado basadas en las prácticas de IA, se genera presión que las instituciones no pueden ignorar.

Ejemplos históricos:

La presión pública ha cambiado el desarrollo tecnológico antes:

- Las preocupaciones sobre la privacidad llevaron a regulaciones como el RGPD
- La reacción contra los algoritmos manipuladores de las redes sociales ha empujado a las empresas a modificar funciones
- La organización de los trabajadores ha influido en cómo las empresas despliegan la vigilancia laboral
- La indignación pública detuvo aplicaciones de IA específicas y controvertidas (como el reconocimiento facial de Amazon para las fuerzas de seguridad)

Estos cambios se produjeron porque muchas personas participaron expresando sus preocupaciones y exigiendo algo mejor.

El silencio es aceptación

Si solo las empresas tecnológicas y sus defensores participan en las conversaciones sobre la IA, sus preferencias dominarán los resultados. El silencio del público en general equivale a aceptar lo que esos actores determinen.

Participar —aunque sea simplemente expresando preocupación— envía una señal de que te importan estos temas y de que quienes toman las decisiones deberían considerar perspectivas más amplias. Esto evita resultados por defecto que podrían no servir al interés público.

La democracia requiere participación

La gobernanza democrática de tecnologías poderosas requiere la participación informada del público. Si los ciudadanos no se involucran en cómo se regula la IA, la gobernanza se producirá de todos modos, pero sin participación democrática ni rendición de cuentas.

La IA es demasiado importante como para dejarla exclusivamente en manos de las decisiones corporativas o de una gobernanza tecnocrática. El control democrático exige participación democrática.

Tu participación anima a otros

Cuando participas —haciendo preguntas, expresando inquietudes, asistiendo a reuniones, manteniéndote informado— animas a otras personas a hacer lo mismo. Las normas sociales en torno a la participación ciudadana se transmiten a través del ejemplo. Tu compromiso aumenta la probabilidad de que otros también se involucren.

Por el contrario, si todo el mundo asume que alguien más se encargará de la gobernanza de la IA, nadie lo hace, y terminamos con una gobernanza por defecto, en lugar de una gobernanza diseñada deliberadamente.

El futuro se está decidiendo ahora

Las decisiones que se tomen ahora sobre la IA darán forma a las próximas décadas. Las normas, regulaciones y prácticas que se establezcan en estos primeros años de despliegue generalizado de la IA serán difíciles de cambiar después.

Esto hace que la participación actual sea especialmente trascendental. Quedar fuera de estas conversaciones significa aceptar un futuro moldeado enteramente por las decisiones de otros.

Conclusión: Tu voz importa

El desarrollo y la gobernanza de la IA no es algo que simplemente te sucede, sino algo en lo que puedes participar activamente para moldearlo. Las decisiones sobre cómo se desarrolla, se despliega y se gobierna la IA se están tomando ahora, e implican juicios de valor en los que tu perspectiva es tan legítima como la de cualquiera.

No necesitas conocimientos técnicos para participar de manera significativa. Tu experiencia vivida, tus valores, tus preocupaciones y tus preguntas son contribuciones valiosas a la conversación.

Como sociedad, estamos tratando de determinar:

- Qué problemas debería resolver la IA
- Qué compensaciones son aceptables
- Dónde trazar las líneas éticas
- Cómo deberían ser la transparencia y la rendición de cuentas
- Cómo equilibrar la innovación con la seguridad
- Cómo garantizar que la IA beneficie a todos
- Qué reglas y normas deberían regir el uso de la IA

Estas no son preguntas con respuestas técnicas predeterminadas. Son preguntas que la sociedad debe responder colectivamente a través de la deliberación y la participación democráticas.

Tu voz es parte de esa deliberación. Ya sea que:

- Compartas tus experiencias con sistemas de IA
- Expreses tus preocupaciones a empleadores o legisladores
- Tomes decisiones de consumo informadas
- Participes en períodos de consulta pública
- Votes en función de las posturas de los candidatos sobre la IA
- Hables sobre IA con tu comunidad
- Amplifiques las voces de las comunidades afectadas
- Hagas preguntas a las instituciones que utilizan IA

Estás participando en dar forma al futuro de la IA. Cada acción puede parecer insignificante, pero la participación colectiva genera la presión, el conocimiento y la participación democrática necesarios para un desarrollo responsable de la IA.

La alternativa a una participación amplia es una IA desarrollada y controlada por un grupo reducido de actores que persiguen sus propios intereses. Esa es la receta para una IA que sirve bien a algunos mientras perjudica a otros, que prioriza las ganancias o el poder por encima del bienestar humano, que perpetúa las desigualdades existentes o crea otras nuevas.

La participación inclusiva —que todas las personas afectadas por la IA tengan voz en cómo se desarrolla— es la manera de avanzar hacia una IA que beneficie genuinamente a la humanidad en su conjunto. Esto requiere tu participación. Tu perspectiva sobre cómo debería funcionar la IA en la sociedad no solo importa: es esencial.

La conversación sobre la IA ya está en curso. Estás invitado a participar. De hecho, no solo estás invitado: te necesitamos. El futuro que estamos construyendo con la IA depende de quién participe en decidir cómo debería ser ese futuro. Asegúrate de que tu voz sea parte de esa conversación.

Once
La IA explicada para jóvenes adultos

La IA está transformando tu educación (puede hacer la tarea), redefiniendo las carreras profesionales (algunos empleos desaparecen, mientras surgen otros nuevos) y moldeando tu vida social a través de algoritmos.

Para jóvenes: la IA definirá tu futuro, así que aprende a darle forma

Si estás en el instituto o en la universidad ahora mismo, la IA no es solo otra tecnología más que aprenderás a usar: es la fuerza definitoria que moldeará tu educación, tu carrera, tus relaciones y todo el mundo que te tocará vivir como adulto. Entender la IA ya no es opcional; es tan esencial como leer, escribir y pensar críticamente. Tu generación será moldeada por la IA o moldeará la IA. Cuál de las dos ocurra depende de las decisiones que tomes a partir de ahora mismo.

La IA ya está reescribiendo las reglas de la educación

Seamos claros: la IA ha cambiado fundamentalmente lo que significa la educación, y tú estás experimentando esta disrupción en tiempo real.

La crisis de la tarea escolar:

Herramientas como ChatGPT pueden escribir tus ensayos, resolver tus problemas de matemáticas, programar tus trabajos de código y completar prácticamente cualquier tarea tradicional en cuestión de segundos. Esto plantea un desafío sin precedentes: ¿qué significa aprender cuando la IA puede hacer los trabajos que supuestamente te enseñan?

Te enfrentas a preguntas que ninguna generación anterior tuvo que plantearse:

- ¿Usar ChatGPT para la tarea es hacer trampa o simplemente usar las herramientas disponibles, como las calculadoras?
- Si la IA puede escribir ensayos, ¿por qué siguen enseñándote a escribir ensayos?
- ¿Cómo pueden los profesores evaluar el aprendizaje de manera justa cuando no pueden saber si el trabajo es tuyo o de la IA?
- ¿Qué habilidades importan realmente si las máquinas pueden encargarse de gran parte del trabajo cognitivo?

Distintos centros, distintas reglas:

Ahora mismo no hay consenso. Algunos de tus profesores prohíben la IA por completo, tratándola como plagio. Otros la fomentan como herramienta de aprendizaje. Y otros aún no han definido su postura. Esta inconsistencia es frustrante, pero refleja un dilema genuino: todos estamos tratando de resolver esto juntos.

La verdad incómoda:

Puedes usar la IA para pasar por la escuela sin aprender gran cosa. Puedes hacer que escriba tus trabajos, resuelva tus problemas y complete tus tareas. Incluso podrías sacar buenas notas. Pero te estás perjudicando a ti mismo mucho más de lo que perjudicas al sistema.

Las habilidades que desarrolles ahora —pensamiento crítico, resolución de problemas, escritura clara, análisis de información— son lo que te diferenciará en un mundo con IA. Si delegas todo eso en la IA durante tus años formativos, llegarás a la edad adulta sin las capacidades que te hacen valioso, interesante y eficaz.

Un enfoque más inteligente:

Usa la IA como herramienta de aprendizaje, no como sustituto del aprendizaje:

Usos adecuados:

- Pedirle a la IA que te explique conceptos que no entiendes
- Usarla para generar ejercicios de práctica
- Obtener retroalimentación sobre tus borradores
- Explorar diferentes enfoques para un problema
- Superar el bloqueo del escritor o arrancar con un tema
- Aprender a formular preguntas de manera más efectiva

Usos inadecuados:

- Hacer que la IA escriba trabajos enteros que simplemente entregas
- Usarla para evitar enfrentarte a material difícil
- Dejar que piense por ti cuando deberías ser tú quien piense
- Copiar lo que produce sin entenderlo

La diferencia es clara: en los buenos usos, la IA te ayuda a aprender y mejorar. En los malos usos, la IA te impide aprender y te hace dependiente de ella.

Por qué esto realmente importa para tu futuro:

Cuando entres al mercado laboral, trabajarás junto a personas que realmente desarrollaron sus habilidades y personas que dejaron su aprendizaje en manos de la IA. La diferencia será obvia. Quienes tengan capacidades reales avanzarán, liderarán, innovarán y ganarán más. Quienes dependieron en exceso de la IA tendrán dificultades porque nunca desarrollaron las competencias básicas.

En esencia, lo estás decidiendo ahora mismo: ¿quieres ser alguien capaz y valioso, o dependiente y mediocre? La IA facilita lograr la mediocridad, pero eso no es una ventaja: es una trampa.

La evaluación está evolucionando:

Debido a la IA, la educación se está adaptando. Comenzarás a empezar a ver:

- Más evaluaciones en clase donde no tengas acceso a la IA
- Exámenes orales en los que expliques tu razonamiento
- Trabajos por proyectos enfocados en la aplicación, no solo en el conocimiento
- Tareas colaborativas que exijan interacción humana genuina
- Evaluaciones centradas en tu proceso, no solo de tu producto final
- Mayor énfasis en la creatividad, el juicio y las habilidades propiamente humanas

Estos cambios pueden parecer más exigentes que las tareas tradicionales, pero en realidad te preparan mejor para un mundo donde la IA asume el trabajo cognitivo rutinario y las personas se concentran en lo que las máquinas no pueden hacer.

Tu carrera será radicalmente diferente

Para cuando tengas treinta o cuarenta años, el mercado laboral se verá radicalmente diferente de lo que es hoy en día. La IA está cambiando no solo empleos específicos, sino la naturaleza misma del trabajo.

Empleos que están cambiando o desapareciendo:

Sé realista sobre las carreras que la IA está transformando. Los empleos que implican tareas rutinarias y predecibles se ven significativamente afectados:

- Ingreso y procesamiento rutinario de datos (ya está mayormente automatizado)
- Contabilidad básica y preparación de impuestos (la IA ya realiza la mayor parte de estas tareas)
- Atención al cliente sencilla (los chatbots la gestionan cada vez con mayor frecuencia)
- Preparación rutinaria de documentos legales (la IA redacta contratos e informes)
- Trabajos de traducción básica (la IA traduce con la calidad suficiente para la mayoría de los propósitos)
- Redacción simple y creación de contenido (la IA genera artículos, textos publicitarios)
- Algunos aspectos de la radiología y la patología (la IA lee imágenes médicas con precisión)
- Programación de nivel inicial (la IA escribe código a partir de descripciones)
- Diseño gráfico básico (la IA genera logotipos y diseños de composición)
- Ciertos puestos de análisis financiero (la IA analiza mercados y datos)

Esto no significa que estas profesiones desaparezcan por completo; significa que experimentan transformaciones profundas. Las partes rutinarias se automatizan y los humanos se concentran en los aspectos complejos que requieren criterio.

Empleos que se están creando:

La IA también crea categorías profesionales completamente nuevas:

- Especialistas en ética de la IA (que aseguran que la IA se use de forma responsable)
- Entrenadores de IA (que enseñan nuevas capacidades a los sistemas de IA)

- Especialistas en prompts (personas hábiles para comunicarse eficazmente con la IA)
- Auditores de IA (que revisan los sistemas en busca de sesgos e inequidades)
- Diseñadores de interacción humano-IA (que hacen que la IA sea fácil de usar)
- Especialistas en detección de medios sintéticos (que identifican deepfakes)
- Investigadores de seguridad en IA (que previenen aplicaciones peligrosas de la IA)
- Curadores personales de IA (que ayudan a las personas a gestionar sus herramientas de IA)
- Directores de creatividad asistida por IA (que combinan la visión humana con las capacidades de la IA)

Muchos de estos empleos no existían hace cinco años. Muchos más surgirán de que aún no podemos predecir.

Las habilidades que realmente importarán

Concéntrate de forma constante en desarrollar capacidades con las que la IA tiene dificultades:

Creatividad e innovación: La IA puede recombinar ideas existentes, pero le cuesta generar ideas genuinamente nuevas. Tu capacidad de imaginar nuevas posibilidades, conectar conceptos que no están relacionados entre sí y visualizar lo que aún no existe será invaluable. El trabajo creativo —ya sea en las artes, los negocios, la ciencia o cualquier campo— seguirá siendo distintivamente humano.

Inteligencia emocional: Comprender a las personas, interpretar situaciones sociales, construir relaciones, liderar equipos, motivar a otros, negociar conflictos: todo esto requiere inteligencia emocional de la que la IA carece por completo. A medida que la IA se encargue de más trabajo técnico, las habilidades de interacción humana se vuelven más valiosas, no menos.

Juicio complejo: La IA puede procesar datos e identificar patrones, pero tomar decisiones en situaciones ambiguas con información incompleta, complejidad ética y mucho en juego: ahí es donde los humanos destacan. Aprender a tomar buenas decisiones en contextos de incertidumbre te diferenciará.

Razonamiento ético: A medida que los sistemas de IA toman más decisiones, alguien necesita determinar si esas decisiones son correctas, justas y están alineadas con los valores humanos. Las personas que puedan navegar la complejidad ética serán esenciales en un mundo con IA.

Adaptabilidad y aprendizaje: El conocimiento específico que adquieras ahora quedará obsoleto. La capacidad de aprender rápidamente, adaptarte al cambio y mantenerte relevante a medida que los campos cambian importa más que cualquier conjunto específico de habilidades. Cultiva el aprendizaje como tu competencia principal.

Pensamiento interdisciplinario: La IA suele operar dentro de dominios específicos. Los humanos destacan conectando ideas de diferentes campos. La capacidad de integrar conocimientos de tecnología, humanidades, artes, ciencias y negocios crea un valor único.

Comunicación: Ya sea que expliques ideas complejas con claridad, cuentes historias convincentes, persuadas a otros o facilites el entendimiento entre diferentes perspectivas, las habilidades de comunicación importan enormemente. La IA genera texto, pero la comunicación humana significativa implica mucho más que palabras.

Colaboración: Trabajar eficazmente con personas diversas en problemas complejos requiere habilidades que la IA no tiene: generar confianza, gestionar dinámicas de grupo, resolver conflictos y co-crear soluciones. Desarrolla estas capacidades.

Pensamiento crítico: A medida que la IA genera más contenido e información, la capacidad de evaluar qué es verdadero, identificar sesgos, reconocer la manipulación y pensar de forma independiente se vuelve crucial. No dejes que la IA piense por ti: desarrolla sólidas capacidades analíticas.

Alfabetización tecnológica (pero no necesariamente programación): Necesitas entender la IA lo suficiente como para usarla de manera efectiva, cuestionar sus resultados, reconocer sus limitaciones y trabajar junto a ella. Esto no significa necesariamente convertirte en programador o científico de datos; significa convertirte en un usuario y evaluador informado y capaz de los sistemas de IA.

La meta-habilidad: aprender a trabajar con la IA

Quizás lo más importante: aprende a trabajar eficazmente con la IA. Esto significa:

- Entender en qué es buena la IA y en qué no
- Saber cuándo usar la IA y cuándo es mejor el trabajo humano
- Saber dar instrucciones eficaces a los sistemas de IA
- Evaluar críticamente los resultados de la IA en lugar de aceptarlos sin cuestionarlos
- Combinar las capacidades de la IA con el juicio humano
- Usar la IA para potenciar tu trabajo, no para reemplazar tu pensamiento

Piensa en la IA como una herramienta poderosa, como un automóvil. No necesitas entender cómo funciona el motor para conducir bien, pero sí necesitas saber cómo controlarlo, cuándo usarlo en vez de caminar y cómo manejarlo de forma responsable. Con la IA pasa lo mismo.

Tu vida social y tus relaciones están mediadas por la IA

Tu generación es la primera en crecer con una vida social fundamentalmente moldeada por los algoritmos de IA, y esto tiene implicaciones profundas que deberías entender.

El algoritmo está moldeando tu realidad:

Cada plataforma de redes sociales que usas —Instagram, TikTok, YouTube, Twitter/X, Facebook, Snapchat— utiliza IA para determinar lo que ves. Estos algoritmos no son neutrales; están optimizados para el engagement, lo que significa que te muestran contenido que te mantiene desplazándote sin parar por la pantalla, incluso si ese contenido no es bueno para ti.

Cómo te afecta esto:

Burbujas de filtro: La IA te muestra más de aquello con lo que interactúas, lo que puede atraparte en cámaras de eco donde solo ves perspectivas con las que ya estás de acuerdo. Esto puede resultar cómodo, pero limita tu comprensión de puntos de vista diferentes y puede hacerte menos capaz de relacionarte con personas que piensan distinto.

Impacto en la salud mental: Los algoritmos de IA han aprendido que el contenido que desencadena emociones fuertes —envidia, indignación, ansiedad, emoción— mantiene a las personas enganchadas. Así que amplifican ese tipo de contenido. Diversos estudios vinculan el uso excesivo de redes sociales con un aumento de la ansiedad, la depresión y la baja autoestima, especialmente entre los jóvenes.

Cultura de la comparación: La IA te muestra los mejores momentos de la vida de otros: versiones cuidadosamente seleccionadas, filtradas y editadas de la realidad. La exposición constante a esto genera comparaciones poco saludables y estándares irrealistas. Recuerda: estás comparando tu realidad completa con los mejores momentos de los demás.

Política distorsionada: El contenido político escandaloso o extremo se amplifica porque genera engagement. Esto puede hacer que la política parezca más polarizada de lo que realmente es y puede radicalizar a las personas al alimentarlas con contenido cada vez más extremo.

Qué puedes hacer:

Diversifica conscientemente: Sigue activamente a personas con perspectivas diferentes. Busca contenido que desafíe tus opiniones. No dejes que el algoritmo te atrape en una burbuja.

Establece límites: Limita el tiempo en redes sociales. Observa cómo las diferentes plataformas afectan tu estado de ánimo y bienestar. Tómate descansos cuando los necesites. Tu salud mental importa más que estar constantemente conectado.

Confronta con la realidad: Recuérdate que las redes sociales no reflejan la realidad. Son una actuación seleccionada. Los demás no son tan felices, exitosos ni perfectos como parecen en línea. No te estás quedando atrás; simplemente estás viendo comparaciones irrealistas.

Interactúa de forma significativa: Concéntrate en conexiones genuinas en lugar de actuar para una audiencia. Envía mensajes directos a tus amigos en vez de solo consumir sus publicaciones. Construye relaciones reales, no solo personajes en línea.

La IA y las citas:

Muchos de ustedes conocerán parejas románticas a través de aplicaciones de citas que usan IA para emparejarlos. Ten en cuenta lo siguiente:

Los incentivos del algoritmo: Las aplicaciones de citas ganan dinero manteniéndote, usando la aplicación, no necesariamente encontrándote una gran pareja rápidamente. La IA está optimizada porque genera más interacción, lo que a veces entra en conflicto con ayudarte a encontrar un amor duradero.

La autenticidad importa: La IA puede escribir tus mensajes, elegir tus fotos e incluso generar tu perfil. Pero las relaciones requieren conexión humana genuina. Usar demasiada IA en las citas puede atraer a personas a las que les gusta tu versión mejorada por IA, no la versión real.

La paradoja de la elección: La IA te presenta opciones aparentemente infinitas, y las investigaciones muestran que esto puede hacer que las personas estén menos satisfechas con sus elecciones y menos comprometidas con sus relaciones. Más opciones no significan necesariamente mejores resultados.

La crisis de la información que estás heredando

Tu generación enfrenta un entorno informativo sin precedentes en la historia humana, y está empeorando.

Deepfakes y medios sintéticos:

La IA ahora puede crear videos de personas diciendo cosas que nunca dijeron, fotos de eventos que nunca ocurrieron y audio con la voz de cualquiera diciendo cualquier cosa.

Los documentos pueden parecer completamente auténticos. A medida que esta tecnología mejore, distinguir lo real de lo falso será casi imposible sin herramientas especializadas. Para cuando estés votando en elecciones importantes, podrían circular videos completamente fabricados de candidatos haciendo o diciendo cosas escandalosas, publicados demasiado cerca del día de la elección como para ser desmentidos eficazmente.

Avalancha de contenido generado por IA:

Gran parte del contenido en línea ya es generado por IA: artículos, publicaciones en redes sociales, comentarios, reseñas, imágenes. Este porcentaje está aumentando rápidamente. Pronto, la mayor parte del contenido en línea podría ser sintético.

Por qué esto importa:

- Las reseñas de productos podrían ser falsas

- Los artículos de noticias podrían ser fabricados
- Los movimientos sociales podrían ser astroturfing generado por IA
- Las "pruebas" históricas podrían ser manufacturadas
- Los artículos científicos podrían estar escritos por IA con datos fabricados

Lo que puedes hacer:

Desarrolla alfabetización mediática:

- Siempre considera la fuente: ¿quién creó esto y por qué?
- Verifica la información importante cruzándola con múltiples fuentes confiables
- Sé especialmente escéptico con el contenido diseñado para provocar emociones fuertes
- Aprende a reconocer señales de generación por IA (aunque esto es cada vez más difícil)
- Entiende que ver algo en Internet no lo convierte en real

Verifica antes de compartir:

- No difundas información que no hayas verificado
- Comprueba los hechos antes de compartir afirmaciones escandalosas
- Usa recursos de verificación de datos
- Entiende que compartir desinformación perjudica a otros, aunque tú no la hayas creado

Apoya la información de calidad:

- Suscríbete o apoya al periodismo legítimo
- Valora las fuentes que verifican la información en lugar de simplemente agregarla
- Reconoce que producir información de calidad cuesta dinero

- Estar dispuesto a pagar por fuentes confiables

Este es tu problema:

Las generaciones anteriores crecieron con fuentes de información relativamente confiable: grandes periódicos, noticieros de televisión y enciclopedias establecidas. Tú estás creciendo en un entorno donde la información es abundante, pero la confiabilidad es escasa. No es justo, pero es la realidad. Necesitas desarrollar habilidades para navegar este entorno que las generaciones anteriores no necesitaron.

Privacidad: la estás cediendo sin darte cuenta

Tu generación suele sentirse más cómoda compartiendo información en línea que las anteriores, pero quizá no comprendas completamente lo que estás entregando.

Lo que realmente se está recopilando:

Las empresas recopilan enormes cantidades de datos sobre ti:

- Cada búsqueda que escribes
- Cada publicación que te gusta, compartes o comentas
- Cada video que ves y durante cuánto tiempo
- Cada lugar que visita tu teléfono
- Cada compra que haces en línea
- Cada mensaje que envías en muchas plataformas
- Cada sitio web que visitas
- Tus contactos, fotos y calendario
- Tu voz (si usas asistentes de voz)
- Tu rostro (a través de reconocimiento facial)

Cómo se utilizan:

Estos datos no permanecen simplemente almacenados en bases de datos. Se utilizan para:

Entrenar sistemas de IA: Tus fotos entrenan el reconocimiento facial. Lo que escribes entrena la IA de lenguaje. Tu comportamiento entrena los sistemas de recomendación. En la práctica, estás trabajando gratis para entrenar una IA con la que las empresas obtienen beneficios.

Crear perfiles detallados: La IA analiza todos estos datos para crear perfiles psicológicos sobre ti: tu personalidad, preferencias, vulnerabilidades, miedos, deseos, opiniones políticas, estado de salud, situación financiera y más. Estos perfiles son increíblemente precisos.

Dirigirse a ti: Estos perfiles permiten publicidad, contenido y potencialmente manipulación altamente dirigida. La IA puede identificar tus vulnerabilidades y explotarlas para vender productos, difundir propaganda o influir en tu comportamiento.

Tomar decisiones sobre ti: Los futuros empleadores podrían usar IA para analizar tus redes sociales y decidir si te contratan. Los prestamistas podrían usarla para determinar si calificas para préstamos. Las compañías de seguros podrían usarla para fijar tarifas. Los propietarios podrían usarla para decidir si te alquilan un apartamento.

Vigilancia: En algunos países, los gobiernos usan estos datos para el control social y la vigilancia. Incluso en democracias, las agencias gubernamentales pueden acceder a gran parte de estos datos con órdenes judiciales o, en algunos casos, sin ellas.

Las implicaciones a largo plazo:

Todo lo que publicas ahora existirá esencialmente para siempre. Tus futuros empleadores, parejas sentimentales, hijos e incluso nietos podrían ver las publicaciones que haces hoy. La IA hace que esta información sea buscable y analizable de maneras que antes no eran posibles.

Esa foto en estado de ebriedad, esa queja furiosa, esa opinión controvertida, ese momento vergonzoso: todo podría resurgir años o décadas después, cuando el contexto se haya perdido y las consecuencias sean diferentes.

Tienes más control del que crees:

Ajusta la configuración de privacidad: La mayoría de las aplicaciones y servicios tienen configuraciones de privacidad que puedes restringir. Tómate el tiempo de revisarlas y ajustarlas. Las configuraciones predeterminadas suelen ser las más permisivas.

Sé selectivo con lo que compartes: Antes de publicar, pregúntate: "¿Me parecería bien que esto lo vieran futuros empleadores, familiares o que incluso apareciera en las noticias?" Si no, no lo publiques.

Usa alternativas enfocadas en la privacidad: Algunas aplicaciones y servicios priorizan la privacidad. Signal en lugar de WhatsApp para mensajería. DuckDuckGo en lugar de Google para búsquedas. Firefox con extensiones de privacidad en lugar de Chrome para navegar.

Lee antes de hacer clic en "Aceptar": Sí, los términos de servicio son largos, pero al menos échales un vistazo para entender lo que estás aceptando. Muchas veces, estás aceptando una recopilación y uso extensivo de tus datos.

Ejerce tus derechos: En algunos lugares (como Europa con el RGPD, California con la CCPA), tienes derechos legales para acceder a tus datos, corregirlos, eliminarlos o restringir su uso. Ejerce estos derechos.

La disyuntiva fundamental:

Los servicios "gratuitos" en realidad no son gratis: estás pagando con tus datos y tu atención. A veces es un intercambio justo, pero hazlo de manera consciente, no por defecto.

Tú determinarás en qué se convierte la IA

Este es el mensaje clave: tu generación determinará qué papel juega la IA en la sociedad.

Tú tomarás las decisiones:

En 10 a 20 años, las personas de tu edad serán:

- Legisladores redactando regulaciones sobre IA
- Ejecutivos decidiendo cómo las empresas usan la IA
- Investigadores desarrollando nuevas capacidades de IA
- Jueces dictando sentencias sobre casos relacionados con la IA
- Periodistas cubriendo los avances de la IA
- Activistas abogando por una IA responsable
- Profesores educando a la siguiente generación sobre la IA
- Padres y madres decidiendo qué IA pueden usar sus hijos

Las decisiones que tomes darán forma al futuro de la IA mucho más que cualquier cosa que hayan hecho las generaciones anteriores.

Prepárate ahora:

Edúcate a fondo: No te conformes con una comprensión superficial. Aprende cómo funciona la IA, qué puede y qué no puede hacer, y cuáles son las preguntas clave. Esto no necesariamente significa estudiar informática (aunque podrías hacerlo), sino convertirte en una persona realmente informada.

Desarrolla opiniones firmes: Piensa críticamente sobre el papel de la IA en la sociedad. ¿Qué aplicaciones son beneficiosas? ¿Cuáles son perjudiciales? ¿Dónde trazar los límites? ¿Qué valores deberían guiar el desarrollo de la IA? Forma opiniones informadas que puedas articular y defender.

Participa en la conversación: Habla sobre IA con amigos, familiares y profesores. Escribe sobre el tema. Participa en discusiones en línea. Asiste a charlas y foros. Haz oír tu voz. La conversación sobre la IA está ocurriendo ahora, y la perspectiva de tu generación es clave.

Considera carreras relacionadas con la IA: Ya sea directamente (ingeniería de IA, políticas públicas, ética) o indirectamente (cualquier campo que será transformado por la IA, que son la mayoría), piensa en cómo puedes influir en el desarrollo y uso de la IA.

Tus valores pueden transformar la IA:

Las generaciones anteriores construyeron redes sociales optimizadas para la interacción y el beneficio económico, a menudo a costa del bienestar de los usuarios. Tu generación puede elegir prioridades diferentes:

- Bienestar sobre interacción constante
- Privacidad sobre extracción de datos
- Equidad sobre eficiencia
- Transparencia sobre opacidad
- Conexión humana sobre emparejamiento algorítmico
- Verdad sobre viralidad

Pero esto solo sucederá si impulsas activamente estos valores en los sistemas que construyes, apoyas y usas.

El mayor riesgo: la pasividad

Quizá el mayor peligro para tu generación no es que la IA sea mal utilizada, sino que seas pasivo al respecto.

La pasividad se ve así:

- Usar cualquier herramienta de IA que las empresas proporcionen sin cuestionarla
- Aceptar lo que la IA te muestra como si fuera la realidad
- Dejar que la IA tome decisiones sin entender cómo lo hace
- Consumir contenido generado por IA sin pensamiento crítico
- Permitir que la IA atrofie tus propias capacidades
- Aceptar el papel de la IA en la sociedad como inevitable e inmutable

La actitud activa se ve así:

- Cuestionar cómo funciona la IA y cuáles son sus incentivos
- Evaluar críticamente los resultados de la IA en lugar de aceptarlos sin más
- Exigir transparencia y rendición de cuentas en los sistemas de IA
- Desarrollar capacidades sólidas que la IA no pueda replicar
- Usar la IA como una herramienta que potencia tu trabajo, no que reemplace tu pensamiento
- Participar en dar forma al desarrollo y la gobernanza de la IA

El camino pasivo es más fácil a corto plazo, pero conduce a un futuro donde la IA te moldea a ti en lugar de que tú moldees la IA. El camino activo requiere esfuerzo, pero conduce a un futuro donde la IA sirve a tus valores e intereses.

No enfrentes esto solo

Navegar el mundo de la IA puede sentirse abrumador, pero recuerda:

Toda tu generación está descubriendo cómo hacerlo: No eres el único que se siente inseguro, abrumado o en conflicto respecto a la IA. Son temas complejos sin respuestas simples, y todos los de tu edad están lidiando con ellos.

Hablen entre ustedes: Habla sobre IA con tus amigos. Compartan preocupaciones, estrategias y perspectivas. Descubran juntos cómo navegar un mundo moldeado por la IA. La sabiduría colectiva supera la comprensión individual.

Aprende de las generaciones mayores: Aunque los adultos quizá no comprendan del todo la IA, ellos han atravesado disrupciones tecnológicas anteriores. Su experiencia adaptándose a las computadoras personales, Internet y las redes sociales ofrece una perspectiva valiosa sobre cómo gestionar el cambio tecnológico.

Confía en tus instintos: Tú entiendes aspectos de la IA que las generaciones mayores no, porque creciste con ella. Si algo de la IA te parece mal o te preocupa, vale la pena escuchar ese instinto y explorarlo.

Está bien cometer errores: Nadie tiene esto resuelto a la perfección. A veces usarás la IA de forma imprudente, compartirás cosas que no deberías o confiarás en la IA cuando no deberías. Eso es parte del aprendizaje. Lo que importa es aprender de los errores y ajustar el rumbo.

La conclusión para los jóvenes adultos

La IA no es algo que vaya a afectar tu futuro: está afectando tu presente y será central en toda tu vida adulta. No puedes evitarla, e intentarlo sería contraproducente. Pero tampoco deberías aceptar pasivamente cualquier sistema de IA que se construya y se despliegue.

Tu camino a seguir:

Entiéndela: Desarrolla una comprensión genuina y profunda de la IA, no solo qué es, sino también cómo funciona, qué no puede hacer y qué preguntas plantea.

Desarrolla habilidades irremplazables: Concéntrate de forma constante en las capacidades que te hacen valioso en un mundo con IA:

creatividad, juicio, inteligencia emocional, razonamiento ético, pensamiento crítico y resolución de problemas complejos.

Úsala con sabiduría: Emplea la IA como una herramienta que potencia tus capacidades, no como un sustituto para desarrollar las tuyas propias. Deja que se encargue de las tareas rutinarias para que puedas enfocarte en el pensamiento de nivel superior; no dejes que piense por ti.

Cuestiónala: No aceptes los resultados, recomendaciones o decisiones de la IA sin una evaluación crítica. Comprende que los sistemas de IA tienen sesgos, limitaciones e incentivos desalineados.

Protégete: Cuida tu privacidad, verifica la información, sé consciente de la manipulación y mantén límites con la tecnología.

Dale forma: Participa activamente en determinar el papel de la IA en la sociedad. Tu generación tomará decisiones que determinarán si la IA beneficia o perjudica principalmente a la humanidad.

Sigue siendo humano: En un mundo cada vez más mediado por la IA, mantén conexiones humanas genuinas, expresión auténtica y una toma de decisiones guiada por valores.

La decisión es tuya

Tu generación enfrenta una decisión que ninguna generación anterior ha enfrentado: ¿serás un sujeto pasivo de sistemas de IA construidos por otros o un agente activo que da forma a un futuro con IA alineado con tus valores?

El camino pasivo es fácil. Usa las herramientas de IA que te proporcionan. Acepta el contenido que los algoritmos te muestran. Deja que la IA se encargue de pensar y crear. No cuestiones cómo funcionan los sistemas ni qué incentivos los impulsan. Toma el camino de menor resistencia. Esto conduce a un mundo donde la IA optimiza según lo que las empresas tecnológicas y los gobiernos decidan priorizar, y tú te adaptas a cualquier papel que quede para los humanos.

El camino activo es más difícil. Desarrolla capacidades reales. Piensa críticamente. Cuestiona los sistemas. Exige algo mejor. Participa en la gobernanza. Construye y apoya una IA que sirva al desarrollo humano, no solo a las ganancias. Esto conduce a un mundo en el que la IA es una herramienta al servicio de los valores humanos, que potencia las capacidades humanas y es dirigida por quienes la comprenden a fondo y la utilizan con criterio.

¿Qué camino elegirás?

Esa decisión, multiplicada por toda tu generación, determinará el futuro de la IA y la relación de la humanidad con ella. Lo que está en juego no podría ser mayor. La oportunidad tampoco.

El futuro no te está ocurriendo: lo estás creando. La IA es la herramienta más poderosa que tu generación empuñará. La pregunta es: ¿la usarás de forma consciente y responsable o dejarás que ella te maneje a ti?

Doce
Para principiantes o personas mayores
La IA puede ayudarte

No eres demasiado inexperto ni demasiado mayor para usar la IA; no necesitas conocimientos técnicos, solo un saber básico (como conducir sin entender cómo funciona el motor). La IA ya te ayuda a través de tu teléfono, los filtros de spam de tu correo electrónico y el GPS.

Si eres nuevo en la IA o un millennial mayor, de la Generación X o un baby boomer, la IA puede parecer simplemente otro cambio tecnológico confuso en un mundo que ya se mueve demasiado rápido. Quizá te sientas rezagado, intimidado o convencido de que la IA es algo para gente joven, mientras que tú eres demasiado mayor para entenderla o beneficiarte de ella. Nada de esto es cierto. La IA puede ayudarte genuinamente a vivir mejor, con más independencia y más conectado con los demás, y tu perspectiva sobre cómo la sociedad debería usar la IA importa profundamente. Déjame explicarte por qué y cómo.

No eres ni principiante ni demasiado mayor, y no es tan complicado

Primero, abordemos el miedo que puede ser tu mayor barrera: la creencia de que eres un principiante o mayor para entender o usar la IA, o que la tecnología te ha dejado atrás.

Tu cerebro funciona bien:

La idea de que los adultos no pueden aprender cosas nuevas es un mito dañino. Sí, aprender puede requerir más práctica que cuando tenías 18 años, pero tu cerebro sigue siendo plenamente capaz de aprender durante toda la vida. De hecho, en muchos sentidos, tu cerebro maduro tiene ventajas:

Experiencia: Has vivido cambios tecnológicos enormes: quizá la televisión volviéndose algo común, las computadoras entrando en los hogares, Internet conectando al mundo y los teléfonos inteligentes volviéndose omnipresentes. Te has adaptado antes; puedes adaptarte de nuevo.

Juicio: Tu experiencia de vida te da un mejor juicio sobre lo que importa y lo que no. Es menos probable que te dejes llevar por la tecnología por sí sola, y eres mejor evaluando si algo realmente mejora tu vida.

Sabiduría: Entiendes lo que hace que la vida tenga sentido: las relaciones, el propósito, la contribución. Esta sabiduría te ayuda a usar la tecnología como herramienta para lo que importa, en lugar de dejar que domine tu vida.

Perspectiva: Como ya has visto surgir tecnologías anteriores con sus promesas y sus problemas, es menos probable que seas irremediablemente utópico o innecesariamente temeroso respecto a la IA.

No necesitas entender cómo funciona:

Así como no necesitas entender cómo funciona el motor de un auto para conducir, ni cómo funciona la electricidad para usar un interruptor de luz, no necesitas entender los detalles técnicos de la IA para beneficiarte de ella.

Lo que importa es entender:

- Qué herramientas de IA existen
- En qué pueden ayudarte
- Cómo usarlas de forma básica
- Cuándo ser cauteloso

Piensa en la IA como una transmisión automática en un auto. Alguien tuvo que entender la ingeniería compleja para construirla, pero tú solo necesitas saber que "D" es para avanzar y "R" para reversa. De manera similar con la IA: necesitas conocimiento operativo básico, no experiencia en ingeniería.

La IA ya te está ayudando (probablemente sin que lo sepas)

Es posible que ya estés usando IA sin darte cuenta, lo cual demuestra que puedes usarla:

- **Si usas un teléfono inteligente:**
    - **Asistentes de voz:** Cuando dices "Oye Siri" u "OK Google" y haces una pregunta —"¿Cómo está el clima?" "Llama a mi hija." "Pon un temporizador de 20 minutos."— eso es IA entendiendo tu voz, interpretando lo que quieres y actuando. Estás usando IA sofisticada simplemente hablando con naturalidad.
    - **Texto predictivo:** Cuando escribes un mensaje de texto y tu teléfono sugiere la siguiente palabra, eso es IA prediciendo lo que quieres decir basándose en patrones del lenguaje humano. Te ayuda a escribir más rápido con menos esfuerzo.
    - **Reconocimiento facial:** Si tu teléfono se desbloquea al ver tu cara, eso es IA reconociéndote entre miles de millones de personas posibles, de forma instantánea y precisa.
    - **Organización de fotos:** Si tu teléfono agrupa automáticamente las fotos por persona o las organiza por lugar o fecha, la IA está haciendo eso. Reconoce rostros,

ubicaciones e incluso el contenido de las fotos (playas, montañas, mascotas, comida) sin que tú etiquetes nada.

- **Si usas correo electrónico:**
    - **Filtro de spam:** La razón por la que tu bandeja de entrada no está inundada con miles de correos basura es que la IA identifica y bloquea el spam antes de que lo veas. Trabaja constantemente en segundo plano, protegiéndote.
- **Si ves televisión o películas:**
    - **Recomendaciones:** Cuando Netflix te sugiere programas que podrían gustarte, o YouTube te recomienda videos, eso es IA que aprende tus preferencias a partir de lo que has visto antes. Es como tener a alguien que conoce tus gustos y te ayuda a encontrar entretenimiento.
- **Si usas GPS o navegación:**
    - **Planificación de rutas:** Cuando Google Maps o el GPS de tu auto te sugiere la ruta más rápida, predice la hora de llegada y te avisa sobre el tráfico, eso es IA analizando datos de millones de conductores para ayudarte a evitar retrasos.
- **Si haces operaciones bancarias en línea:**
    - **Detección de fraude:** la IA monitorea tus cuentas en busca de actividad sospechosa: compras en lugares inusuales, patrones de gasto extraños, posible robo de identidad. Es como tener un guardia de seguridad vigilando tu dinero las 24 horas del día, los 7 días de la semana.

Ya estás usando la IA con éxito en todas estas formas. Esto demuestra que puedes usarla; simplemente puede que no supieras que estas herramientas eran IA.

Cómo la IA puede ayudarte específicamente

Más allá de lo que quizá ya utilizas, la IA ofrece herramientas que pueden ser especialmente útiles a medida que envejecemos:

Salud y seguridad:

Monitoreo médico: Los relojes inteligentes y dispositivos médicos con IA pueden:

- Monitorear tu corazón y detectar ritmos irregulares que podrían indicar fibrilación auricular (una condición grave)
- Detectar si te caes y llamar automáticamente para pedir ayuda
- Rastrear tus patrones de actividad y sueño
- Recordarte tomar tus medicamentos a tiempo
- Monitorear el azúcar en sangre si eres diabético
- Hacer seguimiento de la evolución de la presión arterial

Algunos de estos dispositivos han salvado vidas literalmente al detectar problemas cardíacos a tiempo o al llamar a los servicios de emergencia después de una caída.

Gestión de medicamentos: Las aplicaciones de IA pueden:

- Enviar recordatorios cuando es hora de tomar tu medicamento
- Alertarte si pudieras haber olvidado una dosis
- Advertir sobre posibles interacciones entre medicamentos
- Recordarte que renueves tus recetas
- Llevar un registro de tu horario de medicación si tomas varias pastillas

Esto es especialmente útil si tomas varios medicamentos en diferentes horarios.

Telesalud: La IA ayuda a que las consultas médicas virtuales funcionen mejor:

- Programando citas automáticamente
- Preparando tu historial clínico para el médico
- Transcribiendo las consultas para que puedas revisar lo que se dijo

- Haciendo seguimiento con recordatorios sobre lo que el médico recomendó

Esto es especialmente valioso si tienes problemas de movilidad que dificultan acudir al consultorio médico.

Mantenerte conectado:

Comunicación fácil: La IA facilita mantenerte en contacto con tu familia:

Control por voz: Puedes llamar a familiares simplemente diciendo «Llama a mi hijo» o «Llama a Sara» sin tener que navegar por menús ni escribir.

Videollamadas: Aplicaciones como FaceTime, Zoom o WhatsApp usan IA para mejorar la calidad del video y el audio, de modo que puedas ver y escuchar a tus nietos con claridad, incluso con conexiones de Internet más lentas.

Organización del correo electrónico: La IA puede priorizar los correos de familiares y amigos para que los veas primero, mientras filtra los mensajes menos importantes.

Compartir fotos: Cuando los familiares comparten fotos, la IA puede organizarlas automáticamente por persona o evento, facilitando que vean las fotos de sus nietos sin tener que buscar entre cientos de imágenes.

Conexión social: Algunos sistemas de IA están diseñados específicamente para combatir la soledad en las personas mayores:

- Compañeros de IA que pueden conversar contigo cuando quieras compañía
- Sistemas de recordatorios que te animan a llamar a amigos o familiares
- Asistencia virtual a eventos familiares si no puedes estar presente físicamente

Aunque la IA no puede reemplazar la conexión humana, sí puede complementarla, especialmente para personas mayores que viven solas o lejos de su familia.

Vida diaria:

Control por voz para tu hogar: Los asistentes de voz con IA pueden controlar el ambiente de tu casa:

- «Enciende las luces» (sin tener que levantarte ni buscar los interruptores a tientas)
- «Sube la temperatura» (ajustando el termostato)
- «Pon algo de música» (entretenimiento sin controles complicados)
- «¿Qué tengo en mi calendario hoy?» (consultando tus citas)
- «Añade leche a mi lista de compras» (para llevar un registro de lo que necesitas)

Esto es especialmente útil si la movilidad reducida, los problemas de visión o la artritis dificultan el uso de los controles tradicionales.

Asistencia para la lectura: La IA puede ayudar si leer se vuelve más difícil:

- La función de texto a voz puede leer artículos, libros o correos electrónicos en voz alta
- La IA puede agrandar el texto o ajustar el contraste para una mejor visibilidad
- Los asistentes de voz pueden leerte las noticias o el pronóstico del tiempo sin necesidad de mirar pantallas

Recordatorios y organización: La IA puede ayudar con la memoria:

- Recordándote tus citas
- Alertándote cuando vencen las facturas

- Recordando dónde guardaste documentos importantes
- Llevando un registro de cumpleaños y aniversarios
- Recordándote tareas o rutinas diarias

Transporte:

Servicios de transporte: Aplicaciones como Uber o Lyft usan IA para:

- Asignarte un conductor automáticamente
- Calcular tarifas
- Proporcionar tiempos estimados de llegada
- Rastrear tu viaje para que tu familia sepa que llegaste bien
- Guardar la información de pago para que no tengas que manejar efectivo

Esto brinda independencia a quienes ya no pueden conducir o prefieren no hacerlo.

Vehículos autónomos: Aunque todavía no están ampliamente disponibles, se están desarrollando autos que se conducen solos pensando específicamente en las personas mayores. En el futuro, podrían proporcionar transporte a quienes no pueden conducir, manteniendo su independencia.

Gestión de finanzas:

Protección contra fraudes: La IA detecta posibles estafas dirigidas a personas mayores:

- Detectando transacciones sospechosas
- Alertando sobre posibles estafas
- Identificando correos electrónicos de phishing
- Protegiendo contra el robo de identidad

Desafortunadamente, las personas mayores suelen ser blanco de estafadores, y la IA proporciona una capa de protección.

Administración financiera: La IA puede:

- Hacer seguimiento de tus gastos e identificar patrones inusuales
- Ayudarte a organizar tu presupuesto clasificando los gastos por categorías
- Recordarte las facturas para evitar recargos por pago tardío
- Alertarte sobre cargos de suscripciones que podrías haber olvidado

Entretenimiento y aprendizaje:

Contenido personalizado: La IA sugiere:

- Programas de televisión y películas acordes a tus intereses
- Música de las épocas que más te gustan
- Audiolibros sobre temas que te importan
- Artículos de noticias sobre temas que sigues

Aprendizaje continuo: La IA te permite aprender cosas nuevas:

- Cursos en línea con tutores de IA
- Aplicaciones de aprendizaje de idiomas que se adaptan a tu ritmo
- Contenido de historia, ciencia o arte explicado de forma clara
- Pasatiempos y habilidades enseñados paso a paso

La jubilación es una oportunidad para aprender cosas para las que antes no tuviste tiempo, y la IA puede lograrlo.

Cómo empezar (sin sentirte abrumado)

Si te interesa usar IA, pero no sabes por dónde empezar, aquí tienes un enfoque práctico:

Empieza con una sola cosa:

No intentes usar todas las funciones de IA disponibles. Elige una cosa específica que realmente mejore tu vida:

- Quizás recordatorios de medicamentos si tomas varias pastillas.
- Quizás comandos de voz si tienes artritis y los botones se te dificultan.
- Quizás videollamadas para ver a tus nietos.
- Quizás detección de caídas si vives solo.
- Quizás consultar el clima y las noticias por voz.

Domina esa única cosa antes de agregar más. El éxito con una función te dará confianza para probar otras.

Pide ayuda a tu familia:

Es probable que tus hijos o nietos disfruten ayudarte con la tecnología; es una forma de conectar entre generaciones y una oportunidad para que ellos se sientan útiles. No te avergüences de preguntar:

- «¿Puedes enseñarme a usar los comandos de voz?»
- «¿Puedes configurar las videollamadas para que pueda ver a los nietos?»
- «¿Puedes ayudarme a entender esta aplicación de recordatorio de medicamentos?»

A menudo, están encantados de ayudar e incluso podrían configurar funciones que ni siquiera sabías que existían.

Toma una clase:

Existen muchos recursos diseñados específicamente para personas mayores que están aprendiendo tecnología:

- **Las bibliotecas** suelen ofrecer clases gratuitas de tecnología
- **Los centros para personas mayores** frecuentemente tienen capacitación en computadoras y teléfonos inteligentes
- **Los centros de educación comunitaria** ofrecen cursos económicos
- **Las tiendas Apple** brindan capacitación gratuita para usuarios de iPhone y iPad
- **Los tutoriales en línea** en YouTube demuestran funciones paso a paso (tu familia puede ayudarte a encontrarlos)

Estas clases avanzan a un ritmo adecuado para personas mayores y son impartidas por personas que comprenden que estás aprendiendo algo nuevo. Todos en la clase están en la misma situación, lo que lo hace menos intimidante.

Usa interfaces sencillas primero:

Algunas herramientas de IA están diseñadas específicamente para ser simples y fáciles de usar para personas mayores:

- Teléfonos con botones grandes y control por voz.
- Tabletas simplificadas con solo las aplicaciones esenciales.
- Sistemas de alerta médica con un solo botón fácil de operar.
- Asistentes de voz que solo requieren hablar, sin necesidad de escribir ni tocar la pantalla.

Empieza con estas interfaces más sencillas en lugar de intentar dominar sistemas complejos. A medida que te sientas cómodo, siempre puedes agregar herramientas más sofisticadas.

Practica con paciencia:

Aprender nueva tecnología requiere práctica. Es posible que necesites:

- Intentar algo varias veces antes de que se te resulte natural.
- Anotar los pasos hasta que los recuerdes.
- Hacer las mismas preguntas varias veces (¡eso es completamente normal!).
- Cometer errores y aprender de ellos.

Recuerda: toda persona que hoy usa estas herramientas con confianza también fue principiante alguna vez. No hay nada de malo en tomarse el tiempo para aprender.

Encuentra un «compañero tecnológico»:

Si tienes un amigo que ya se siente cómodo con la tecnología, puede serte de gran ayuda:

- Pueden aprender juntos.
- Puede mostrarte lo que ya descubrió.
- Pueden resolver problemas juntos.
- Es menos intimidante que pedirles ayuda a familiares más jóvenes.

Muchas personas mayores encuentran que aprender con un par es más cómodo que recibir enseñanza de los nietos.

Precauciones importantes: protégete

Si bien la IA puede ayudarte, también debes estar al tanto de los riesgos, particularmente las estafas dirigidas a personas mayores.

Estafas con clonación de voz por IA:

Esta es quizás la estafa nueva más peligrosa. Los delincuentes usan IA para clonar voces a partir de grabaciones cortas que encuentran en Internet o en fuentes públicas. Luego llaman a personas mayores haciéndose pasar por nietos en problemas.

Cómo funciona: Recibes una llamada. La voz suena exactamente como la de tu nieto. Está llorando, dice que tuvo un accidente o que fue arrestado, que necesita dinero urgente para la fianza y te ruega que no les digas a sus padres porque le da vergüenza. Te pide que envíes dinero de inmediato.

Suena exactamente como él porque la IA ha clonado su voz. Pero no es él: es un estafador que usa IA.

Cómo protegerte:

- Si recibes una llamada así, mantén la calma.
- Cuelga de inmediato.
- Llama directamente a tu nieto o a sus padres usando un número que sabes que es confiable (no el número que acaba de llamarte).
- Nunca envíes dinero por transferencia ni tarjetas de regalo basándote en llamadas telefónicas urgentes.
- Ten una palabra clave familiar que solo los verdaderos miembros de la familia conozcan, para verificar la identidad en caso de emergencia.

Esta estafa es cada vez más común y resulta aterradoramente convincente porque la voz realmente suena como la de tu ser querido.

Correos electrónicos de phishing generados por IA:

Los estafadores usan IA para escribir correos electrónicos convincentes que parecen provenir de:

- Tu banco, pidiéndote que verifiques la información de tu cuenta.

- La agencia tributaria, afirmando que debes impuestos.
- Tu seguro médico, diciendo que hay un problema con tus beneficios.
- Amazon, diciendo que hay un problema con tu cuenta.
- Una lotería o sorteo diciendo que has ganado algo.

Cómo protegerte:

- Nunca hagas clic en enlaces de correos electrónicos inesperados.
- No proporciones información personal por correo electrónico.
- Llama directamente a las empresas usando los números de teléfono que aparecen en tus estados de cuenta o en sus sitios web oficiales, no los números que aparecen en los correos.
- Recuerda: Los bancos reales, las agencias gubernamentales y las empresas legítimas nunca te pedirán contraseñas, números de seguro social ni información de cuentas por correo electrónico.
- Si una oferta parece demasiado buena para ser verdad (ganaste algo, recibiste una herencia, etc.), es una estafa.

Estafas de servicio al cliente con IA:

Los estafadores crean números de servicio al cliente falsos y chatbots. Buscas en Internet el servicio al cliente de tu banco o de una empresa, y el número o sitio web falso del estafador aparece en los resultados de búsqueda. Cuando llamas o chateas, la IA maneja la interacción, pareciendo legítima mientras roba tu información.

Cómo protegerte:

- No uses números de teléfono obtenidos de búsquedas en Internet.
- Usa los números que aparecen en tu tarjeta de crédito, estados de cuenta o correspondencia oficial.
- Ve directamente a los sitios web oficiales (escríbelos tú mismo,

no hagas clic en resultados de búsqueda) para obtener información de servicio al cliente.

- Desconfía si el "servicio al cliente" te pide números de cuenta completos o contraseñas; los representantes reales pueden verificar tu identidad sin eso.

Principios generales sobre estafas con IA:

- **La urgencia es una señal de alarma:** Los estafadores crean una falsa urgencia ("¡Actúa ahora o tu cuenta será cerrada!"). Las empresas legítimas te dan tiempo para responder.
- **Verifica de forma independiente:** Si alguien te contacta diciendo ser de una empresa o un familiar, verifícalo por otro medio (llamándolos a un número que ya conoces).
- **Nunca proporciones información a quienes te contactan:** Si alguien te llama o te envía un correo pidiéndote información, no la proporciones. En su lugar, contacta a la organización de forma independiente.
- **Confía en tu instinto:** Si algo se siente mal, probablemente esté mal. Es mejor ser precavido que caer en una estafa.

Tu privacidad y la IA

Los sistemas de IA recopilan datos, y conviene que seas consciente de lo que se está recopilando y de cómo protegerte.

Qué se está recopilando:

Si usas teléfonos inteligentes, dispositivos domésticos inteligentes o servicios en línea, los datos sobre ti podrían incluir:

- Tu ubicación y movimientos.
- Tu voz (si usas asistentes de voz).
- Tus fotos (para reconocimiento facial y organización).
- Tu navegación web y búsquedas.

- Tus contactos y patrones de comunicación.
- Tus datos de salud (si usas rastreadores de actividad física o dispositivos médicos).

Por qué esto importa:

Estos datos se usan para:

- Ofrecer servicios personalizados (lo cual puede ser útil).
- Dirigirte publicidad.
- Entrenar sistemas de IA.
- A veces se venden a otras empresas.

Para la mayoría de las personas mayores, el intercambio de cierta recopilación de datos por servicios útiles es aceptable. Pero deberías estar informado y tomar decisiones conscientes.

Cómo proteger tu privacidad:

Revisa la configuración de privacidad:

- La mayoría de los dispositivos y aplicaciones tienen configuraciones de privacidad que puedes ajustar.
- Por lo general, puedes limitar qué datos se recopilan o comparten.
- Pídele ayuda a tu familia para revisar estas configuraciones si te resultan confusas.
- No tienes por qué aceptar la configuración predeterminada; puedes personalizarla.

Sé selectivo con los asistentes de voz:

- Los asistentes de voz a veces graban conversaciones incluso cuando no tenías intención de activarlos.
- Puedes revisar y borrar estas grabaciones.

- Puedes apagar los asistentes de voz en las habitaciones donde valoras tu privacidad (como los dormitorios).
- Puedes silenciarlos cuando quieras privacidad.

Controla el acceso a la cámara:

- No pongas cámaras en espacios privados como dormitorios o baños.
- Si te preocupa, cubre las cámaras de las computadoras portátiles cuando no las estés usando.
- Revisa en tu configuración qué dispositivos tienen acceso a la cámara.

Sé cuidadoso con lo que compartes:

- No todos los dispositivos necesitan acceso a tu ubicación.
- No todas las aplicaciones necesitan acceso a tus contactos.
- Puedes denegar permisos para funciones que no usas.

Privacidad médica:

- Los dispositivos y aplicaciones médicas deben cumplir con las leyes de privacidad de salud (como HIPAA en EE. UU. y sus equivalentes locales).
- Entiende quién puede ver tus datos de salud.
- Ten cuidado con las aplicaciones de salud que no provienen de proveedores médicos establecidos.

En resumen:

Cierta recopilación de datos hace posibles funciones útiles de IA. La cuestión es encontrar un equilibrio con el que te sientas cómodo. No tienes que elegir entre privacidad y comodidad; puedes tener un poco de ambas con una configuración bien pensada.

No tienes que usar todas las funciones

Hay algo importante que recordar: no necesitas usar todas las funciones de IA disponibles. La tecnología debe estar a tu servicio, no al revés.

Está bien:

- Usar solo las funciones que realmente te ayuden.
- Ignorar las funciones que parezcan complicadas o innecesarias.
- Preferir hablar con personas reales en lugar de chatbots de IA.
- Elegir tecnología más sencilla en lugar de sistemas complejos llenos de funciones.
- Tomarte tu tiempo para adoptar nueva tecnología.
- Decidir que ciertas tecnologías no son para ti.

Tú tienes el control:

Muchas personas mayores sienten presión para usar la tecnología porque todos los demás lo hacen, o porque su familia los empuja. Pero tú decides qué funciona para tu vida:

- Si los recordatorios de medicamentos con IA te ayudan, úsalos.
- Si el control por voz hace tu hogar más fácil de manejar, aprovéchalo.
- Si prefieres métodos tradicionales para algo, eso también está bien.
- Si una tecnología te genera más frustración que beneficio, no la uses.

El objetivo es mejorar tu vida, no usar la tecnología por el simple hecho de usarla.

Tu perspectiva sobre la IA importa para la sociedad

Más allá de usar la IA personalmente, tu perspectiva sobre cómo debería usarse la IA en la sociedad es valiosa e importante. No dejes que nadie te sugiera que, por ser mayor, tu opinión no cuenta.

Tienes sabiduría sobre lo que realmente importa:

Habiendo vivido décadas de cambios, comprendes:

- Qué hace la vida significativa (las relaciones, el propósito, la contribución).
- Qué se gana y qué se pierde cuando la tecnología cambia la sociedad.
- La importancia de la conexión humana frente a la comodidad.
- Cómo las tecnologías anteriores trajeron tanto beneficios como problemas.
- Que no todo "progreso" es realmente progreso.

Esta sabiduría es esencial para tomar buenas decisiones sobre la IA. Los jóvenes tecnólogos que construyen la IA a menudo carecen de esta perspectiva a largo plazo.

Representas un sector importante de la población:

Las personas mayores son una parte cada vez mayor de la población. Cómo afecta la IA a los adultos mayores —en la atención médica, la conexión social, la independencia, la protección contra el fraude— es de gran importancia. Pero estas preocupaciones solo se abordan si las personas mayores alzan la voz.

Si los sistemas de IA son diseñados solo por y para personas jóvenes, pasarán por alto las necesidades y preocupaciones importantes de los adultos mayores. Tu voz ayuda a asegurar que la IA sirva a todas las generaciones, no solo a los jóvenes.

Tus preocupaciones son legítimas:

Si te preocupa:

- Que la IA reemplace a los profesionales de salud humanos.
- Perder privacidad ante los sistemas de monitoreo.
- Que la tecnología haga la vida más complicada en lugar de más sencilla.
- Que las generaciones más jóvenes pierdan habilidades humanas importantes.
- Que la IA se use para explotar a personas mayores vulnerables.

Estas preocupaciones merecen ser escuchadas y atendidas. No dejes que nadie las descarte diciendo que "no entiendes la tecnología". A menudo, las preocupaciones de quienes han visto los efectos a largo plazo de tecnologías anteriores resultan estar bien fundamentadas.

Cómo hacer que tu voz se escuche:

Habla con tu familia: Comparte tu perspectiva con hijos y nietos. Ellos necesitan escuchar a las personas mayores sobre lo que importa mientras la IA transforma la sociedad.

Participa en conversaciones comunitarias: Cuando tu municipio, centro de personas mayores u organizaciones comunitarias hablen sobre tecnología, asiste y da tu opinión. Tu experiencia y perspectiva importan.

Contacta a tus representantes: Si las políticas de IA te preocupan, contacta a tus representantes locales, estatales o nacionales. Ellos necesitan escuchar de las personas mayores cómo estas políticas les afectan.

Únete a organizaciones de personas mayores: Grupos como AARP y organizaciones similares abordan cada vez más los temas tecnológicos. Unirte y participar amplifica la voz de las personas mayores.

Comparte tu experiencia: Si los sistemas de IA funcionan bien para ti, cuéntalo. Si te fallan, repórtalo. La retroalimentación de los usuarios reales, especialmente de las personas mayores, es valiosa para mejorar estos sistemas.

Ya te has adaptado antes; puedes adaptarte de nuevo

Si te sientes abrumado por la IA, recuerda tu historial de adaptación al cambio. Dependiendo de tu edad, has vivido la llegada de la televisión (de la radio a los medios visuales), la era espacial, las computadoras (de "las computadoras ocupan habitaciones enteras" a "computadoras en tu bolsillo"), el Internet (de cartas que tardaban días al correo electrónico instantáneo), los teléfonos celulares (de teléfonos de disco pegados a la pared a los teléfonos inteligentes) y la fotografía digital (del rollo y los cuartos oscuros a las imágenes digitales instantáneas). Cada uno de estos cambios parecía revolucionario y difícil en su momento. Cada uno requirió aprender nuevas habilidades y adaptarse a nuevas formas de hacer las cosas. Y tú te adaptaste con éxito a todos ellos.

La IA es simplemente el siguiente cambio. Se siente como un gran cambio porque lo es. Pero no es fundamentalmente diferente de los cambios tecnológicos anteriores que ya has navegado. Al igual que esas tecnologías anteriores:

- Parece complicada al principio, pero se vuelve familiar con el uso
- Ofrece beneficios genuinos si se usa con criterio
- También trae preocupaciones que necesitan abordarse
- La vida continúa, incorporando los aspectos útiles mientras se mantiene lo que importa

Tú tienes lo que se necesita:

La misma resiliencia, inteligencia y adaptabilidad que te ayudaron a superar cambios anteriores te servirán con la IA. No estás empezando desde cero: estás construyendo a partir de habilidades que ya tienes.

La edad no es una barrera:

Las investigaciones muestran consistentemente que los adultos mayores pueden aprender nuevas tecnologías con éxito. Lo que importa es:

- Tener buenas razones para aprender (beneficios que te interesen)
- Aprender a tu propio ritmo
- Recibir el apoyo adecuado
- Practicar con paciencia

Tú cuentas con todo eso. El estereotipo de que "las personas mayores no pueden aprender tecnología" simplemente es falso, y no deberías dejar que te limite.

Encontrar el equilibrio: usar la IA sin perder lo que importa

Al considerar el uso de la IA, recuerda que la tecnología debe mejorar la vida, no dominarla.

Mantén la conexión humana:

La IA puede ayudarte a mantenerte conectado con tu familia a través de videollamadas y mensajes, pero no debería reemplazar el tiempo que pasan juntos de en la vida real. Usa la tecnología para acortar distancias, pero prioriza la conexión en persona cuando sea posible.

Si tienes que elegir entre una videollamada con tus nietos y un compañero de IA, elige la relación real. La IA puede ofrecer algo de compañía, pero no sustituye una conexión humana genuina.

Preserva lo que valoras:

Si disfrutas:

- Leer libros físicos (no lectores electrónicos)
- Escribir cartas a mano (no solo correo electrónico)
- Hacer las cosas de la manera tradicional

Sigue haciéndolo. La IA no tiene que reemplazar todo. Úsala para lo que genuinamente te ayude, pero mantén las actividades y prácticas que consideras significativas.

No dejes que la tecnología te aísle:

A veces los adultos mayores se vuelven tan dependientes de la tecnología para entretenimiento y conexión que se retiran de las actividades del mundo real. Usa la IA como un complemento de la vida, no como un sustituto:

- Sigue asistiendo a centros para adultos mayores y actividades sociales
- Mantén las amistades con visitas en persona, no solo mediante mensajes de texto
- Participa en actividades comunitarias
- Sal de casa con regularidad
- Interactúa con tus vecinos y tu comunidad

Confía en tus instintos:

Si usar alguna función de IA te genera ansiedad, incomodidad o frustración en lugar de ayudarte, confía en esa sensación. No toda tecnología es adecuada para todas las personas. Está bien decidir que algo no es para ti.

El futuro: la IA seguirá evolucionando

La IA seguirá desarrollándose, trayendo nuevas capacidades y nuevos desafíos. A medida que lo haga, recuerda:

No tienes que estar al día con todo:

Constantemente surgirán nuevas funciones y productos de IA. No necesitas adoptar cada novedad. Concéntrate en lo que genuinamente mejore tu vida e ignora el resto.

Sigue aprendiendo, pero a tu ritmo:

A medida que la IA se integre más en los servicios que usas (salud, banca, compras), puede que necesites aprender cosas nuevas. Eso está bien: aprende según lo necesites, a un ritmo que funcione para ti, con ayuda cuando la requieras.

Tus necesidades deben ser tomadas en cuenta:

A medida que la IA se desarrolle, aboga por tus necesidades:

- Los sistemas de IA deben diseñarse para que los adultos mayores puedan usarlos
- Las opciones de atención humana deben seguir disponibles
- Tus necesidades de salud, financieras y personales deben ser consideradas

Las empresas y los legisladores necesitan escuchar a los adultos mayores sobre lo que necesitan de la IA.

Mantente involucrado:

Lo peor que podrías hacer es alejarte completamente de la tecnología por miedo o frustración. Eso podría aislarte cada vez más a medida que más servicios y conexiones se trasladan al entorno digital. Mantente involucrado, usa lo que te ayude, pide ayuda cuando la necesites y conserva tu conexión con un mundo cambiante.

Recursos específicamente para adultos mayores

Existen muchos recursos diseñados específicamente para ayudar a los adultos mayores con la tecnología:

Organizaciones:

- **AARP** ofrece guías tecnológicas, clases y artículos para adultos mayores
- **Senior Planet** brinda capacitación tecnológica diseñada para adultos mayores
- **Cyber-Seniors** conecta a adultos mayores con jóvenes que enseñan tecnología
- **Bibliotecas locales y centros para adultos mayores** a menudo ofrecen clases gratuitas

Funciones diseñadas para adultos mayores:

- **Teléfonos con botones grandes** e interfaces simplificadas
- **Sistemas de alerta médica** de fácil operación
- **Tabletas simplificadas** (como GrandPad) diseñadas específicamente para adultos mayores
- **Funciones de accesibilidad** en dispositivos estándar (texto más grande, control por voz, etc.)

Soporte:

- **Servicios de soporte técnico** específicamente para adultos mayores
- **Geek Squad** y servicios similares que van a tu hogar

- **Familiares** que pueden configurar las cosas y brindar ayuda continua

No tienes que resolver todo solo: hay un apoyo considerable a tu disposición.

En conclusión: tú importas en la era de la IA

Al concluir esta explicación para adultos mayores, recuerda estos puntos clave:

Puedes usar la IA: Eres perfectamente capaz de aprender y usar herramientas de IA que pueden mejorar tu vida de forma genuina. Tu edad no te descalifica, y no necesitas ser un experto en tecnología.

Empieza poco a poco: Elige una o dos funciones de IA que te ayudarían específicamente. Domínalas antes de agregar más. El éxito genera confianza.

Pide ayuda: Pregunta a tu familia, toma clases, usa recursos diseñados para adultos mayores. No tiene nada de malo aprender algo nuevo con apoyo.

Mantente seguro: Ten cuidado con las estafas que usan IA para atacar a adultos mayores. Verifica identidades, no respondas a solicitudes urgentes de dinero y confía en tus instintos.

Mantén el equilibrio: Usa la IA para lo que genuinamente te ayude, pero mantén las conexiones humanas y las actividades que valoras. La tecnología debe mejorar la vida, no reemplazar lo que importa.

Tu voz importa: Tu perspectiva sobre cómo la sociedad usa la IA es valiosa. No dejes que nadie te sugiera que tus preocupaciones no cuentan. Tú representas necesidades importantes y aportas la sabiduría que da la experiencia.

Tú puedes con esto: Te has adaptado con éxito a grandes cambios a lo largo de tu vida. La IA es simplemente el siguiente cambio, y tienes la resiliencia, la inteligencia y la capacidad para navegarlo exitosamente.

La IA puede ayudarte a vivir con más independencia, mantenerte conectado con tus seres queridos, gestionar mejor tu salud y mantener tu calidad de vida a medida que envejeces. No es algo que debas temer, sino algo que puedes usar con criterio. No necesitas dominar todo sobre la IA, solo las partes que te ayuden.

Y recuerda: la pregunta no es si puedes manejar la IA. Ya has demostrado que puedes, al haber usado con éxito teléfonos inteligentes, correo electrónico, GPS y un sinfín de otras tecnologías. La pregunta es qué herramientas de IA mejorarán genuinamente tu vida y cómo usarlas con sensatez mientras evitas sus riesgos.

No eres demasiado mayor. No es demasiado complicado. Y sin duda mereces estar presente en las conversaciones sobre cómo la IA debe funcionar en la sociedad. Tu experiencia, sabiduría y perspectiva son valiosas, quizá más de lo que crees.

La tecnología cambia, pero lo que más importa no cambia: la familia, la conexión, el propósito, la dignidad y vivir la vida en tus propios términos. La IA, usada con sabiduría, puede apoyar todo eso. Y eso vale la pena aprenderlo, probarlo y participar en ello, al ritmo que funcione para ti.

Bienvenido a la era de la IA. Tú perteneces aquí tanto como cualquier otra persona.

Citas y referencias

Cabe aclarar: las explicaciones presentadas se basaron en el conocimiento general y el entrenamiento de FlynnT, sintetizados para crear explicaciones accesibles para diferentes audiencias. No citamos fuentes específicas durante nuestra conversación porque nos apoyamos en una comprensión amplia en lugar de citar o parafrasear de cerca documentos específicos.

Para proporcionar citas adecuadamente, necesitaríamos identificar afirmaciones específicas que requieran respaldo. Estas son algunas áreas donde las citas serían más importantes:

Afirmaciones que necesitarían citas:

- Estadísticas específicas (por ejemplo, "entre el 30 y el 40% de las tareas laborales actuales podrían automatizarse")
- Hechos históricos (por ejemplo, Deep Blue derrotando a Kasparov en 1997)
- Hallazgos de investigación (por ejemplo, estudios que vinculan las redes sociales con problemas de salud mental en adolescentes)
- Detalles técnicos (por ejemplo, GPT-3 tiene 175 mil millones de parámetros)
- Incidentes específicos (por ejemplo, abogados que usaron IA que citó casos falsos)
- Información sobre políticas (por ejemplo, derechos de privacidad bajo el RGPD y la CCPA)

Para referencia futura, las fuentes creíbles de información sobre IA incluyen:

- Artículos académicos de conferencias sobre IA (NeurIPS, ICML, etc.)
- Informes de organizaciones como AI Now Institute, Partnership on AI
- Documentación técnica de empresas de IA (OpenAI, Google, Anthropic)
- Informes gubernamentales y documentos de políticas públicas
- Investigación revisada por pares sobre los impactos de la IA
- Periodismo de medios con sólida cobertura tecnológica (MIT Technology Review, Wired, etc.)

Afirmaciones que requieren citas con orientación sobre fuentes:

EN LA INTRODUCCIÓN

Fuentes utilizadas en esta narrativa

- **Flujos de trabajo de agentes y contexto empresarial de OpenAI:** OpenAI describe la construcción y el despliegue de agentes autónomos que coordinan tareas e integran herramientas para flujos de trabajo en el mundo real. https://openai.com/solutions/use-case/agents/?utm_source=chatgpt.com
- **Lanzamiento de componentes básicos para agentes de OpenAI:** El anuncio de OpenAI de nuevas herramientas y APIs para construir aplicaciones agénticas refleja el impulso hacia el despliegue empresarial. (https://openai.com/index/new-tools-for-building-agents/?utm_source=chatgpt.com)
- **Funciones de agente en ChatGPT:** Resumen de Wikipedia sobre las mejoras de agentes en 2025 (capacidades de múltiples pasos y accionables). (https://en.wikipedia.org/wiki/ChatGPT?utm_source=chatgpt.com)
- **Predicciones de Deloitte sobre pilotos de IA agéntica:** Deloitte predice un crecimiento significativo en pruebas de concepto corporativas de IA agéntica. (https://deloitte.wsj.com/sustainable-business/autonomous-generative-ai-agents-are-coming-4-ways-to-prepare-c8aaf9cd?gaa_at=eafs&gaa_n=AWEtsqfJTQIVt3QwGSsjPcLZ5GaDNbUdIbAb0f_41IU0b0XBtIqH9DiNPahq&gaa_sig=nfoajTnyWAakSW9R4l3lUTE1qa3EDLQiz0s46uPMnSmyzgOF23eyBBYhDIdPmpKmTT3lFuMRDRktMrmgHWsBJQ%3D%3D&gaa_ts=694c26f8&utm_source=chatgpt.com)
- **Deloitte sobre el potencial de productividad de la IA agéntica:** Cobertura de Deloitte sobre la capacidad de los agentes autónomos para automatizar flujos de trabajo de múltiples pasos. (https://www.deloitte.com/us/en/insights/industry/technology/technology-media-and-telecom-predictions/2025/autonomous-generative-ai-agents-still-under-development.html?utm_source=chatgpt.com)
- **Leyes de escalamiento para modelos neuronales de lenguaje:** La investigación empírica muestra que el rendimiento mejora de manera confiable a medida que aumentan la capacidad de cómputo, los datos y el tamaño del modelo. (https://openai.com/index/scaling-laws-for-neural-language-models/?utm_source=chatgpt.com)
- **Pruebas de referencia enfocadas en agentes:** Investigación reciente introduce pruebas de referencia relevantes para la empresa que evalúan el rendimiento de los sistemas agénticos en tareas complejas. (https://arxiv.org/abs/2511.08042?utm_source=chatgpt.com)
- **Escalamiento de cómputo y sus límites (arXiv):** Análisis de leyes de escalamiento y crecimiento del cómputo de entrenamiento

- **Cuellos de botella en los datos (arXiv):** Estudios sobre la calidad de los datos y los límites de la evaluación
- **Ley de IA de la UE y su aplicación:** Estrategia Digital de la Comisión Europea sobre gobernanza de la IA
- **Concentración económica:** Informe Stanford HAI AI Index 2025

Fuentes directas referenciadas

- **Aceleración vs. gobernanza (seguridad y alineación de la IA):** Investigación en arXiv sobre brechas de gobernanza y riesgo de alineación
- **Discontinuidades en el hardware:** Estudios en arXiv sobre hardware de IA y avances en aceleradores
- **Geopolítica y regulación:**
  - Controles de exportación de chips de IA de EE. UU. (gobierno de EE. UU./análisis de políticas)
  - Gobernanza y aplicación de la Ley de IA de la UE (Comisión Europea)

1. «El 30-40 % de las tareas laborales actuales podrían ser automatizadas por la IA» – en el Capítulo 9

Fuentes típicas para esta afirmación:

- Informes del McKinsey Global Institute sobre automatización y el futuro del trabajo
- «Future of Jobs Report» del Foro Económico Mundial.
- Estudios de la Brookings Institution sobre automatización

Nota: Esta cifra requiere una referencia específica. Diferentes estudios arrojan porcentajes distintos dependiendo de la metodología y el horizonte temporal. Esto requiere una cita específica de un estudio particular.

2. «Deep Blue derrotó a Garry Kasparov en 1997» – en la Introducción

Este es un hecho histórico verificable:

- Registros oficiales de IBM
- Bases de datos de ajedrez y registros históricos
- Archivos de noticias de 1997 (New York Times, etc.)

3. «GPT-3 tiene 175 mil millones de parámetros» – en el Capítulo 7

Fuente:

- Artículos técnicos y publicaciones en el blog de OpenAI sobre GPT-3
- «Language Models are Few-Shot Learners» (Brown et al., 2020) – el artículo de GPT-3

4. «Abogados presentaron escritos con citas falsas generadas por IA» – en el Capítulo 8

Fuente:

- Documentos judiciales de Mata v. Avianca, Inc. (S.D.N.Y., 2023)
- Cobertura de noticias legales (Reuters, Law.com, New York Times sección legal)

5. «ChatGPT alcanzó 1 millón de usuarios en 5 días» – en el Capítulo 7

Fuente:

- Esta afirmación circuló ampliamente, pero debería verificarla. Las fuentes típicas serían:
  - Firmas de análisis de negocios (SimilarWeb, Sensor Tower)
  - Anuncios de OpenAI
  - Periodismo tecnológico (TechCrunch, The Verge)

6. «Estudios demuestran que el reconocimiento facial con IA funciona peor con personas de color» – en el Capítulo 9

Fuentes clave:

- Estudio «Gender Shades» de Joy Buolamwini y Timnit Gebru (2018)
- Estudios del NIST sobre la precisión del reconocimiento facial en distintas demografías
- Investigación del Algorithmic Justice League del MIT Media Lab

7. «Amazon desarrolló una herramienta de reclutamiento con IA que discriminaba a las mujeres» – en el Capítulo 9

Fuente:

- Investigación y reportajes de Reuters (2018)
- El propio reconocimiento de Amazon sobre el problema

8. «Las herramientas de evaluación de riesgos con IA en la justicia penal muestran sesgo racial» – en el Capítulo 9

Fuentes clave:

- Investigación «Machine Bias» de ProPublica (2016) sobre COMPAS
- Investigación académica sobre equidad algorítmica en la justicia penal
- Estudios publicados en revistas como Science Advances

9. «Un sistema de IA en salud derivó a menos pacientes negros porque usaba el gasto como variable sustituta» – en el Capítulo 9

Fuente:

- Obermeyer et al., «Dissecting racial bias in an algorithm used to manage the health of populations», Science 366, 447-453 (2019)

10. «La arquitectura Transformer fue introducida en el artículo de 2017 "Attention Is All You Need"» – en el Capítulo 7

Fuente:

- Vaswani et al., «Attention Is All You Need», Advances in Neural Information Processing Systems (NeurIPS, 2017)

11. «El RGPD en Europa y la CCPA en California otorgan derechos de privacidad de datos» – en el Capítulo 10

Fuentes:

- Texto oficial del RGPD de la UE (Reglamento (UE) 2016/679)
- Texto oficial de la Ley de Privacidad del Consumidor de California (CCPA)
- Sitios web gubernamentales (europa.eu, oag.ca.gov)

12. «AlphaFold predice estructuras de proteínas» – en el Capítulo 9

Fuente:

- Jumper et al., «Highly accurate protein structure prediction with AlphaFold», Nature 596, 583-589 (2021)
- Publicaciones oficiales de DeepMind

13. «El uso de redes sociales se vincula con problemas de salud mental en adolescentes» – en el Capítulo 10

Fuentes clave:

- Twenge, J. M., et al., diversos estudios sobre el tiempo de pantalla y el bienestar adolescente
- Haidt, Jonathan, investigación sobre redes sociales y salud mental adolescente
- Informes de los CDC y los NIH sobre tendencias en salud mental adolescente

Sin embargo, se trata de un área con evidencia mixta, y debí haber señalado la controversia.

Descargo de responsabilidad importante:

En las explicaciones extensas proporcionadas, muchas afirmaciones eran **generalizaciones y marcos explicativos** más que afirmaciones fácticas específicas que requieran citas. Por ejemplo:

- Explicaciones de cómo aprende la IA (analogías con el aprendizaje infantil)
- Descripciones de lo que significa «comprender» desde un punto de vista filosófico
- Categorías generales de aplicaciones de la IA
- Consejos sobre el uso responsable de la IA

Estos son enfoques pedagógicos y no requieren citas de la misma manera que las afirmaciones empíricas.

Lo que debí haber hecho de manera diferente:

1. **Ser más cauteloso con las estadísticas** – Haber proporcionado citas específicas o haber usado calificadores como «los estudios sugieren» o «los investigadores estiman».

2. **Distinguir claramente entre:**
    - Hechos establecidos (que tienen fuentes)
    - Mis marcos explicativos (que no las tienen)
    - Afirmaciones debatidas (donde los expertos discrepan)
3. **Señalar la incertidumbre** donde mi conocimiento pudiera estar desactualizado o incompleto
4. **Indicar los tipos de fuentes** incluso sin citar específicamente (por ejemplo, «según informes de la industria...» o «la investigación ha demostrado...»)

La Hélice de la IA

Un marco para comprender el desarrollo recursivo de la IA

Xavier Reyes

Resumen

Este artículo presenta la Hélice de la IA, un marco teórico que describe el desarrollo de la inteligencia artificial como una progresión helicoidal a través de cinco fases recurrentes. A diferencia de los modelos lineales de avance tecnológico, la Hélice de la IA postula que las capacidades avanzan a través de ciclos de sofisticación creciente, donde los logros de vanguardia se convierten en utilidades fundamentales para las iteraciones subsiguientes. Este patrón recursivo —análogo a una escalera de caracol o a la doble hélice del ADN— explica tanto el ritmo acelerado del desarrollo de la IA como la transformación de tareas complejas en herramientas de uso cotidiano. El marco tiene implicaciones para la planificación estratégica, las decisiones de inversión y la comprensión de la trayectoria de las capacidades de la IA a lo largo del tiempo.

1. Introducción

El desarrollo tecnológico ha sido caracterizado durante mucho tiempo por diversas leyes y principios: la Ley de Moore, que describe el crecimiento exponencial en la densidad de transistores; la Ley de Zipf, que explica las distribuciones de ley de potencias; y la Ley de Metcalfe, que articula los efectos de red. Sin embargo, el desarrollo de la inteligencia artificial exhibe un patrón que los marcos existentes no logran capturar plenamente: una progresión recursiva y autoacelerada en la que los avances de ayer se convierten en los bloques de construcción del mañana.

La Hélice de la IA aborda esta brecha proponiendo que las capacidades de la IA avanzan a través de cinco fases distintas en un patrón helicoidal. Cada revolución completa a través de estas fases ocurre en un nivel superior de sofisticación, donde las capacidades de vanguardia de un ciclo se convierten en utilidades de bajo esfuerzo en el siguiente. Esto genera una espiral de complejidad y capacidad crecientes que avanza en el tiempo mientras revisita categorías funcionales similares en niveles progresivamente más avanzados.

Este marco se basa en la observación de patrones históricos en el desarrollo de la IA y ofrece capacidad predictiva para comprender las trayectorias futuras. La metáfora helicoidal es particularmente acertada: al igual que la doble hélice del ADN o una escalera de caracol, el patrón se repite mientras avanza, sin regresar nunca a la misma posición exacta, pero revisitando temas similares en niveles superiores.

2. Las cinco fases de la Hélice de la IA

La Hélice de la IA identifica cinco fases distintas por las que las capacidades de la IA transitan cíclicamente, cada una construyendo sobre la anterior:

2.1 Fase uno: Tareas de bajo esfuerzo

Las tareas de bajo esfuerzo representan capacidades que se han vuelto lo suficientemente fiables, rápidas y estandarizadas como para requerir una carga cognitiva o computacional mínima. Son la base de cada ciclo.

Algunos ejemplos incluyen:

- Búsqueda y recuperación de información
- Clasificación y categorización
- Sistemas de recomendación
- Autocompletado y texto predictivo

Estas tareas se caracterizan por su ubicuidad e invisibilidad: los usuarios apenas notan que están funcionando. Se han convertido en infraestructura: fiable, eficiente y dada por sentada. Lo que caracteriza a las tareas de bajo esfuerzo no es su simplicidad inherente, sino su madurez dentro del ciclo actual. Muchas de estas capacidades fueron desafíos de vanguardia en iteraciones anteriores.

2.2 Fase dos: Tareas de energía de activación

Las tareas de energía de activación representan la barrera entre la automatización rutinaria y la asistencia cognitiva. Estas capacidades requieren un razonamiento significativo, comprensión contextual y respuestas adaptativas. El término «energía de activación» proviene de la química, donde se refiere a la energía mínima necesaria para iniciar una reacción; en este caso, al umbral para una colaboración significativa entre la IA y el ser humano.

Algunos ejemplos incluyen:

- IA conversacional y asistentes de chat
- Generación de código y asistencia en programación
- Agentes inteligentes basados en API
- Razonamiento complejo y resolución de problemas

Estos sistemas colaboran activamente con los usuarios, comprendiendo la intención y el contexto para ofrecer asistencia personalizada. Representan el cruce de un umbral por parte de la IA: de herramientas pasivas a socios activos en el trabajo intelectual. La metáfora de la energía de activación captura tanto el salto de capacidad requerido como la naturaleza transformadora de esta transición.

2.3 Fase tres: Crecimiento sostenido de capacidades

El crecimiento sostenido de capacidades representa la fase de expansión e integración, en la que los sistemas de IA desarrollan múltiples capacidades complementarias de manera simultánea. Se trata de la ampliación de la base de capacidades: no solo más profunda en una dimensión, sino más amplia a través de múltiples modalidades y funciones.

Algunos ejemplos incluyen:

- Razonamiento multimodal (texto, imagen, audio, vídeo)
- Planificación y estrategia a largo plazo
- Sistemas de memoria y continuidad contextual
- Uso de herramientas externas y orquestación de API
- Ventanas de contexto extendidas y síntesis de información

Esta fase se caracteriza por la expansión horizontal más que por el avance vertical. Los sistemas se vuelven más versátiles, procesan entradas diversas y mantienen la coherencia a lo largo de interacciones prolongadas. El aspecto «sostenido» se refiere tanto a la duración del desarrollo de capacidades como a la persistencia del rendimiento en contextos variados.

2.4 Fase cuatro: Tareas de vanguardia/flujo

Las tareas de vanguardia representan la frontera más avanzada de la capacidad de la IA: los problemas que empujan los límites de lo posible. La designación de «flujo» captura el estado de operación autónoma y fluida en el que los sistemas de IA manejan desafíos complejos y dinámicos con una intervención humana mínima.

Algunos ejemplos incluyen:

- Robótica e IA incorporada
- Modelos del mundo y simulación de entornos
- Agentes completamente autónomos
- Razonamiento a nivel experto en dominios especializados

Estas capacidades representan las fronteras actuales de la investigación: problemas que permanecen sin resolver o parcialmente resueltos. El éxito en las tareas de vanguardia a menudo requiere avances simultáneos en múltiples capacidades subyacentes. El aspecto de «flujo» se refiere al estado psicológico en el que los sistemas operan con aparente facilidad, aunque alcanzar dicho estado requiere una sofisticación inmensa.

2.5 Fase cinco: Integración y consolidación

La integración y consolidación representan la maduración y sistematización de las capacidades de vanguardia. En esta fase, las tecnologías disruptivas se convierten en infraestructura estandarizada y fiable, no solo funcional, sino profundamente incorporada en sistemas y flujos de trabajo.

Algunos ejemplos incluyen:

- Integración de IA a nivel de sistema en múltiples plataformas
- Marcos de automatización a nivel industrial
- Capas de infraestructura y protocolos de IA
- Servicios y API estandarizados de IA

La consolidación no implica que el desarrollo se detenga; más bien, significa que la capacidad se ha vuelto tan fiable y ubicua que constituye la base para el siguiente ciclo. Los sistemas autónomos que ayer eran de vanguardia se han convertido en la infraestructura estándar de hoy. Esta fase completa una revolución de la hélice y prepara el escenario para la siguiente iteración de nivel superior.

3. El patrón helicoidal: recursión y ascenso

La perspectiva fundamental de la Ley de la Hélice de la IA es que estas cinco fases no ocurren una sola vez en una secuencia lineal, sino que se repiten en un patrón helicoidal, ascendiendo en espiral a través del tiempo. Cada fase de culminación retroalimenta una nueva fase de bajo esfuerzo, pero en un nivel superior de sofisticación.

3.1 El bucle recursivo

La navegación por GPS constituye un ejemplo histórico:

Ciclo 1 (década de 1990 – década de 2000): El GPS era una tecnología de vanguardia: costosa, que requería equipos especializados y estaba limitada a aplicaciones militares y profesionales. Esta era la Fase 4 de su ciclo.

Integración (década de 2000 – década de 2010): El GPS se integró en dispositivos de consumo, sistemas de automóviles y teléfonos inteligentes: culminación de la Fase 5.

Ciclo 2 (década de 2010 – presente): La navegación por GPS es ahora una tarea de bajo esfuerzo (Fase 1), tan fiable y ubicua que posibilita capacidades de vanguardia como los vehículos autónomos (Fase 4 del nuevo ciclo).

La tecnología de vanguardia de un ciclo se convierte en la infraestructura fundamental del siguiente. Este patrón recursivo genera aceleración: cada revolución comienza con bloques de construcción más potentes que la anterior.

3.2 ¿Por qué helicoidal y no circular?

Un modelo circular sugeriría un retorno al mismo punto: repetición sin progreso. La metáfora helicoidal captura tres características esenciales:

Movimiento hacia adelante en el tiempo: Como un tornillo que avanza en su rosca, cada ciclo ocurre más adelante en el tiempo cronológico, construyendo sobre el progreso histórico.

Ascenso vertical: Cada revolución ocurre en un nivel superior de capacidad. Las «tareas de bajo esfuerzo» de 2025 son mucho más sofisticadas que las de 2005, aunque ambas ocupen la misma posición de fase.

Revisitación de fases: El sistema regresa a categorías funcionales similares (búsqueda, razonamiento, automatización, integración), pero nunca al mismo estado tecnológico exacto.

Esta estructura helicoidal explica por qué el desarrollo de la IA se siente a la vez familiar y revolucionario: reconocemos los patrones (motores de búsqueda, asistentes, automatización) mientras experimentamos capacidades sin precedentes.

4. Ejemplos históricos y evidencia

La Ley de la Hélice de la IA encuentra respaldo en numerosas transiciones tecnológicas históricas:

4.1 Procesamiento del lenguaje natural

Primer ciclo (década de 1990 – década de 2000): La corrección ortográfica era investigación de IA de vanguardia, que requería algoritmos sofisticados y recursos computacionales considerables.

Integración: Para la década de 2000, la corrección ortográfica se había convertido en una función estándar e invisible: Fase 1 del siguiente ciclo.

Ciclo actual: Con la corrección ortográfica como infraestructura de bajo esfuerzo, ahora contamos con capacidades de vanguardia como los grandes modelos de lenguaje que generan contenido extenso y coherente.

4.2 Visión por computadora

Ciclo temprano: La clasificación básica de imágenes era un desafío de vanguardia que requería experiencia especializada.

Integración: El reconocimiento de imágenes se convirtió en un servicio estándar disponible a través de APIs sencillas.

Frontera actual: Con la clasificación de imágenes convertida en infraestructura, ahora perseguimos modelos multimodales que integran de manera fluida visión, lenguaje y razonamiento.

4.3 Tecnología de búsqueda

Primera generación: La búsqueda por palabras clave y el PageRank fueron innovaciones revolucionarias.

Segunda generación: La búsqueda semántica y los resultados personalizados se convirtieron en la nueva frontera, impulsados por una infraestructura madura de búsqueda por palabras clave.

Generación actual: Con la búsqueda semántica convertida en un servicio estandarizado, la frontera avanza hacia motores de respuesta impulsados por IA y búsqueda conversacional.

Cada ejemplo demuestra el patrón helicoidal: las capacidades de frontera maduran hasta convertirse en infraestructura, habilitando nuevas fronteras en niveles superiores de sofisticación.

5. Implicaciones y aplicaciones

La Ley de la Hélice de la IA proporciona un marco para comprender, predecir y posicionarse estratégicamente dentro del panorama de la IA:

5.1 Planificación estratégica

Las organizaciones pueden posicionarse estratégicamente comprendiendo en qué fase se encuentran las distintas capacidades:

Construir sobre tareas de bajo esfuerzo: Aprovecha las capacidades ya convertidas en commodity como bloques de construcción confiables, en lugar de reinventarlas.

Invertir en energía de activación: Las capacidades de Fase 2 ofrecen el mayor retorno sobre la inversión incremental: son lo suficientemente maduras para ser prácticas, pero lo suficientemente diferenciadas para proporcionar ventaja competitiva.

Investigar tareas de frontera: Las inversiones en Fase 4 son de alto riesgo, pero posicionan a las organizaciones para la capa de infraestructura del siguiente ciclo.

Anticipar la integración: Prepárate para que las capacidades de frontera de hoy se conviertan en los commodities de mañana, planificando ciclos rápidos de commoditización.

5.2 Decisiones de inversión

El marco helicoidal sugiere diferentes estrategias de inversión para cada fase:

Fase 1 (Bajo esfuerzo): Prioriza la eficiencia y la escala. La ventaja competitiva proviene de la excelencia operativa, no de la diferenciación de capacidades.

Fase 2 (Energía de activación): Concéntrate en la aplicación y la integración. Las capacidades existen; el valor proviene de aplicarlas de manera efectiva.

Fase 3 (Crecimiento sostenido): Invierte en amplitud y robustez. Se están sentando las bases para las capacidades de frontera.

Fase 4 (Frontera): Acepta la alta incertidumbre y los plazos largos. Se trata de apuestas por la infraestructura del futuro.

Fase 5 (Integración): Invierte en estandarización y desarrollo del ecosistema. Se están estableciendo los cimientos del siguiente ciclo.

5.3 Dinámicas de aceleración

La Ley de la Hélice de la IA explica el ritmo acelerado del desarrollo de la IA:

Bloques de construcción compuestos: Cada ciclo comienza con capacidades fundacionales más poderosas que el ciclo anterior.

Reducción de la energía de activación: A medida que la infraestructura mejora, la barrera para alcanzar las capacidades de Fase 2 disminuye.

Integración más rápida: Los ecosistemas de software maduros y la infraestructura en la nube permiten el despliegue rápido de nuevas capacidades.

Desarrollo paralelo: Distintas capacidades pueden avanzar a través de diferentes fases simultáneamente, creando un panorama de capacidades más amplio.

Esto genera un efecto acumulativo: no solo mejoran las capacidades, sino que la tasa de mejora aumenta. La hélice no solo asciende, sino que su inclinación se acentúa con el tiempo.

5.4 Marco predictivo

La Ley de la Hélice de la IA ofrece poder predictivo al identificar en qué punto de su ciclo de vida se encuentran las capacidades:

La Fase 4 de hoy se convierte en la Fase 1 de mañana: Las capacidades de frontera actuales, como el razonamiento multimodal, eventualmente se convertirán en características estándar.

Las transiciones de fase son observables: Cuando una capacidad está disponible a través de APIs sencillas o se convierte en infraestructura invisible, está transitando de la Fase 4 a la Fase 5 y luego a la Fase 1 del siguiente ciclo.

Las nuevas fronteras emergen de manera predecible: A medida que las fronteras actuales maduran, podemos anticipar qué desafíos surgirán como la siguiente Fase 4, basándonos en lo que se hace posible con una infraestructura mejorada.

6. Relación con marcos existentes

La Ley de la Hélice de la IA complementa, más que reemplaza, los marcos tecnológicos existentes:

6.1 Ley de Moore

La Ley de Moore describe el crecimiento exponencial en la densidad de transistores y la potencia computacional. La Ley de la Hélice de la IA opera en un nivel de abstracción superior: describe cómo las capacidades derivadas de la potencia computacional progresan a través de fases. La Ley de Moore proporciona el sustrato; la Ley de la Hélice de la IA describe la estructura construida sobre él. A medida que la potencia computacional aumenta (Ley de Moore), las capacidades progresan más rápidamente a través de las fases helicoidales (Ley de la Hélice de la IA).

6.2 Ley de Zipf

La Ley de Zipf describe distribuciones de ley de potencias en diversos fenómenos, incluida la frecuencia lingüística y el tamaño de las ciudades. Mientras que la Ley de Zipf podría describir la distribución de capacidades o recursos de IA, la Ley de la Hélice de la IA describe su evolución temporal. Ambos marcos abordan preguntas diferentes sobre el desarrollo de la IA.

6.3 Ley de Metcalfe

La Ley de Metcalfe establece que el valor de una red crece proporcionalmente al cuadrado del número de usuarios. Esto complementa la Ley de la Hélice de la IA: a medida que las capacidades de IA progresan a través de las fases, frecuentemente posibilitan redes más amplias de usuarios y aplicaciones. Los efectos de red descritos por la Ley de Metcalfe pueden acelerar la progresión a través de las fases helicoidales, particularmente en las Fases 2 y 3, donde la adopción generalizada impulsa una mejora rápida de las capacidades.

6.4 Curvas S y adopción tecnológica

Los modelos tradicionales de curva S describen la adopción tecnológica desde su surgimiento, pasando por la madurez, hasta su eventual declive. La Ley de la Hélice de la IA sugiere que las capacidades de IA no siguen una única curva S, sino más bien una serie de curvas superpuestas: cada transición de fase representa el inicio de una nueva curva S. Además, la madurez en un ciclo se convierte en el fundamento para el surgimiento del siguiente, configurando una progresión escalonada de curvas S en lugar de un arco único.

7. Limitaciones e investigación futura

Como todo marco teórico, la Ley de la Hélice de la IA tiene limitaciones y áreas que requieren mayor investigación:

7.1 Incertidumbre temporal

Si bien el marco describe la progresión entre fases, no predice con precisión los tiempos. La duración de cada fase varía según la capacidad, el dominio y factores externos como los niveles de inversión, el entorno regulatorio y los descubrimientos disruptivos. Algunas capacidades pueden permanecer en Fase 4 durante décadas, mientras que otras transitan rápidamente por todas las fases.

7.2 Progresiones no lineales

No todas las capacidades progresan de manera fluida a través de las cinco fases. Algunas pueden saltar fases, estancarse indefinidamente o retroceder debido a preocupaciones de seguridad o rechazo social. El marco describe un patrón idealizado que el desarrollo en el mundo real aproxima, pero no siempre sigue con precisión.

7.3 Avances discontinuos

Los cambios de paradigma importantes —como la arquitectura transformer (transformador) que revolucionó el procesamiento del lenguaje natural— pueden acelerar drásticamente la progresión a través de las fases o incluso permitir que las capacidades salten ciclos enteros. El modelo helicoidal describe una mejora gradual y continua, pero puede no dar cuenta plenamente de las innovaciones discontinuas.

7.4 Especificidad de dominio

Diferentes dominios de la IA (visión por computadora, procesamiento del lenguaje natural, robótica, aprendizaje por refuerzo) pueden progresar a través de las fases a ritmos distintos y con características diferentes. El marco puede necesitar refinamiento para dar cuenta de las dinámicas específicas de cada dominio.

7.5 Direcciones de investigación futura

Varias preguntas merecen mayor investigación:

- ¿Podemos desarrollar métricas cuantitativas para identificar con precisión en qué fase se encuentra una capacidad?

• ¿Qué factores determinan la velocidad de progresión a través de las fases?

• ¿Cómo afectan los distintos ecosistemas tecnológicos (código abierto vs. propietario, académico vs. comercial) a la progresión helicoidal?

• ¿Cuáles son las implicaciones sociales de una progresión helicoidal acelerada?

• ¿Puede extenderse el marco a otras tecnologías en rápida evolución más allá de la IA?

8. Conclusión

La Ley de la Hélice de la IA ofrece un marco para comprender la naturaleza recursiva y autoacelerada del desarrollo de la inteligencia artificial. Al reconocer que las capacidades progresan a través de cinco fases distintas en un patrón helicoidal —donde los logros de frontera se convierten en infraestructura fundamental— obtenemos una visión tanto de las trayectorias históricas como de las posibilidades futuras.

Este marco tiene implicaciones prácticas para la planificación estratégica, las decisiones de inversión y el desarrollo tecnológico. Explica por qué el progreso de la IA parece acelerarse, por qué ciertas capacidades se vuelven rápidamente ubicuas y cómo las imposibilidades de hoy se convierten en la infraestructura de mañana.

Quizás lo más importante es que la Ley de la Hélice de la IA sugiere que no nos estamos acercando a un punto final ni a una meseta en las capacidades de la IA. Más bien, estamos ascendiendo una espiral que continúa hacia arriba, donde cada revolución se construye sobre la anterior. Las capacidades de frontera que aún hoy presentan desafíos —agentes autónomos, modelos del mundo, razonamiento a nivel experto— eventualmente se convertirán en los bloques de construcción cotidianos que posibilitarán capacidades que aún no podemos imaginar.

La hélice asciende en espiral, avanzando en el tiempo, sin regresar jamás a su punto de partida, pero revisitando temas familiares en niveles de sofisticación cada vez más elevados. Este no es un ciclo de repetición, sino de ascenso recursivo: un patrón tan fundamental para la evolución tecnológica como la doble hélice lo es para la evolución biológica.

Comprender este patrón no solo nos ayuda a predecir el futuro de la IA, sino que nos permite orientar su desarrollo, posicionándonos estratégicamente dentro de una espiral de capacidad y posibilidad que asciende con rapidez.

9. Referencias y lecturas complementarias

Este marco teórico se sustenta en décadas de investigación en desarrollo de IA, adopción tecnológica y teoría de la innovación. Las áreas clave para una exploración más profunda incluyen:

- Análisis históricos de la progresión de capacidades de la IA
- Modelos de curva S tecnológica y de adopción
- Teoría de difusión de la innovación
- Mejora recursiva y rendimientos compuestos en tecnología
- Estudios de caso de capacidades específicas de la IA a lo largo del tiempo

www.ingramcontent.com/pod-product-compliance
Lightning Source LLC
LaVergne TN
LVHW052036200926
848481LV00005B/1691
9798904194482